Épreuve
de français/philosophie
Prépas scientifiques
Concours 2025-2026

La communauté et l'individu
en 21 dissertations

Eschyle, *Les Suppliantes, Les Sept contre Thèbes*
Spinoza, *Traité théologico-politique,*
Préface et chapitres 16 à 20
Edith Wharton, *Le Temps de l'innocence*

Direction
Sophie Rochefort-Guillouet et Dalie Farah

Patrice Begnana
Nathalie Blaise
Audrey Blind
Brahim Boumeshouli
Michel Delattre
Lahoucine El Merabet
Dalie Farah
Philippe Henry
Mustapha Jbilou
Laurence Lecarpentier
Pascal Melmoux
Milène Moris
Vincent Puymoyen
Julie Reynaud
Sophie Rochefort-Guillouet
Christophe Rouge
Charlotte Simonin

ellipses

ISBN 9782340-087583

8/10 rue la Quintinie 75015 Paris

www.editions-ellipses.fr

Sommaire

Introduction

SOPHIE ROCHEFORT-GUILLOUET

Cet ouvrage est destiné aux élèves des Classes Préparatoires aux Grandes Écoles Scientifiques. Il s'agit d'un recueil de 21 dissertations rédigées sur le thème *La communauté et l'individu*, selon le modèle de celles qu'ils seront appelés à composer, en Lettres-Philosophie, au moment des concours. Cette année, un dramaturge tragique, un philosophe et une romancière conjuguent leurs approches autour d'un sujet riche et complexe : *La communauté et l'individu*. Les trois œuvres au programme, pour aborder le thème choisi, sont *Les Suppliantes* et *Les Sept contre Thèbes* d'**Eschyle**, des extraits du *Traité théologico-politique* de **Spinoza** et un roman d'**Edith Wharton**, *Le Temps de l'innocence.*

Il n'est pas bon que l'homme soit seul… mais dès qu'il fait couple, famille ou société, il se trouve confronté à des difficultés qui peuvent évoluer en tragédies. Les œuvres au programme déclinent des situations où l'individu et la communauté se heurtent dans leurs exigences antagonistes de liberté d'une part et de conventions, d'ordre d'autre part. Du champ de bataille grec aux salons feutrés new-yorkais, en passant par l'atelier d'un philosophe polisseur de lentilles, excommunié par sa communauté, la voie est bien étroite pour *exister* pleinement, sans laisser les autres mutiler sa vie. Les utopistes ont bien tenté de créer *ex nihilo* des sociétés parfaites dans lesquelles l'individu et la société ne feraient qu'un, où chacun serait heureux, utile et surtout à la place qui lui est assignée – Cité du soleil, New Harmony, Phalanstère, Abbaye de Thélème, Icarie et autre Eldorado, mais c'est sans compter avec l'irréductibilité de la nature humaine à des modèles et stéréotypes. Même dans le *Meilleur des mondes*, les *alphas* peuvent avoir des états d'âme et il suffit d'un sauvage lettré pour faire voler en éclats les carcans et surtout l'illusion de la perfection communautaire. Il faudra donc qu'il disparaisse.

Les dissertations de ce recueil sont précédées d'une méthodologie pratique, permettant aux étudiants d'acquérir la technique de cet exercice réputé, à juste titre, difficile. Les sujets – traités ensuite *in extenso* – se présentent sous la forme d'une phrase, d'une citation, suivie d'une question qui invite à une analyse plurielle, en sollicitant toujours les trois œuvres. Les références aux textes du programme proposent un éclairage croisé et fournissent la matière nécessaire pour formuler une problématique et ce, avant de construire pas à pas une dissertation. Le choix a d'ailleurs été fait de conserver le plan apparent dans les dissertations rédigées afin de guider l'approche.

La première étape pour les candidats aux concours est une lecture estivale méthodique des œuvres. Il convient en effet de commencer très tôt à réfléchir de façon documentée et pertinente au thème de l'année. Pour nourrir la réflexion, on trouvera également en fin d'ouvrage une fiche d'analyse de l'adaptation cinématographique du roman d'Edith Wharton par Martin Scorsese, dans un film tourné en 1993.

Concluons donc avec John Donne (1772-1631), poète métaphysique anglais, de l'âge élisabéthain, qui évoque dans sa *XVII Méditation* (1624) le destin inexorablement lié des hommes : « *Aucun homme n'est une île, un tout, complet en soi ; tout homme est un fragment du continent, une partie de l'ensemble ; si la mer emporte une motte de terre, l'Europe en est amoindrie, comme si les flots avaient emporté un promontoire, le manoir de tes amis ou le tien ; la mort de tout homme me diminue, parce que j'appartiens au genre humain ; aussi n'envoie jamais demander pour qui sonne le glas : il sonne pour toi.* »

« Méthodes » et techniques de la dissertation

DALIE FARAH

Comme professeure j'ai longtemps enseigné des méthodes, comme écrivaine, je n'en ai jamais eu aucune. Penser, écrire, ne procèdent pas d'une démarche raisonnée qui ressemblerait au montage d'un meuble suédois. Je suis même assez triste que des êtres intelligents soient convaincus de leur nullité au prétexte d'une « méthode » qu'ils ne comprennent pas. Ce qui existe ce sont des « codes ». La dissertation *à la française*, possède des règles, il faut les envisager comme les règles d'un jeu, et non comme une « méthode » accessible aux génies de l'univers. À vrai dire, je voudrais vous transmettre ici des techniques pour donner confiance à votre propre esprit, j'aimerais que vous trouviez une manière, une posture qui vous sera propre et sera renforcée par les conseils que vous lirez. Aucune intelligence ne se ressemble, il n'y a qu'une *méthode*, celle que l'on trouve pour soi. Je vous parlerai de *technique et d'art* car l'écriture est un artisanat, on apprend à écrire en écrivant.

Le chemin entre la dissertation et vous est un chemin personnel, unique. Il s'agit de vous donner des points d'appui, mais ce sera à vous de construire votre parcours selon le sujet proposé et vos connaissances sur les œuvres. **Croire en une méthodologie magique et procédurale (comme une recette de cuisine), c'est nier sa propre puissance intuitive et sa capacité à créer du sens**. L'intelligence n'est pas l'apanage de ceux qui ont toujours eu des bonnes notes à l'école, il y a une intelligence que l'on développe peu parce qu'on ne la reconnaît pas en soi, c'est l'intuition qui permet par la déduction et la synthèse de données de résoudre des problèmes philosophiques et littéraires.

Bien sûr, il y a **des étapes techniques nécessaires**, il y a **des savoirs savants nécessaires**, il y a aussi des attentes précises. Vous aurez besoin de lire les œuvres, profiter des cours de votre professeur. Mais ce qui fait une bonne dissertation, c'est le *désir* d'écrire une **démonstration**, le désir de comprendre une problématique et de l'explorer ; cela passe par des prises de conscience et des exercices. Cet ouvrage vous permettra les deux et veut vous rendre capable de rédiger avec aisance – et donc plaisir – une dissertation académique.

Dans cette optique nous procéderons par questionnement : **se poser les bonnes questions et y répondre de manière progressive, c'est la meilleure manière d'aboutir**. Mes réponses seront pratiques et concrètes et je vous proposerai des exercices d'entraînement sur un sujet précis relié au thème au programme « Individu et communauté ».

Le thème de cette année peut paraître difficile, abstrait, il l'est un peu mais comme souvent, il sera passionnant à plusieurs titres, au cœur du présent et du passé, au cœur de la philosophie et de la littérature, vous aurez à réfléchir aux liens sociaux, à leurs enjeux. Les œuvres au programme proposent une expérience exigeante mais d'une grande richesse : il sera question droits, de liberté, de justice, de limite de l'individu, de démocratie, de justice, de vie en société…

I. La dissertation comparée français-philosophie, qu'est-ce que c'est ?

En première année, l'exercice est inédit pour tout le monde, ce qui est finalement une bonne chose : vous n'avez aucun mauvais réflexe, vous pouvez apprendre avec plus de légèreté et de rigueur. Pour aborder cette épreuve, il faut donc envisager la dissertation comme un exercice scientifique malgré sa teneur philosophique et littéraire.

Vous avez trois œuvres au programme. Ces œuvres constituent des données (idées, exemples, citations, personnages, analyses). Vous avez ensuite un sujet de dissertation, la plupart du temps sous la forme d'une citation. Ce sujet s'apparente à un algorithme dont il faut comprendre la logique pour s'assurer dans quelle mesure il est applicable aux données. Dans cette citation, **on cherchera le paradoxe, c'est-à-dire la question posée par l'apparente contradiction des données.** Parfois le paradoxe est « fourni », il est explicite, d'autres fois, il faut le déduire. **En somme, la citation pose un problème qu'il faut résoudre non avec des réponses mais avec un questionnement pertinent.**

Dès lors, il s'agira de considérer la problématique en comparant son effet sur les différentes œuvres. Les œuvres sont homogènes dans leur thème et hétérogènes dans leur forme : un traité politique du XVIIe siècle, un roman du XIXe et deux tragédies de l'antiquité.

C'est un magnifique programme, mais il vous faudra fournir des efforts pour pénétrer la langue et les raisonnements de Spinoza et l'univers d'Eschyle. Le roman sera le plus facile à lire. Même si souvent l'œuvre philosophique sert d'assise à la réflexion globale et les œuvres de fiction sont un peu comme des modélisations expérimentales, dans ce programme l'on pourra puiser dans le texte de Spinoza la structure argumentative mais la teneur politique des pièces de théâtre sera aussi pertinente, les trois auteurs mettent en vis-à-vis *individu* et *communauté*.

Enfin, le programme va vous obliger à définir des termes qui ont un sens commun et souvent totalement faux dans le langage courant. Qu'est-ce qu'un individu ? L'individualisme ? Qu'est-ce qu'une communauté ? Quel lien avec la société ? Tout ce questionnement va entrer en résonnance avec les bavardages contemporains plus ou moins réfléchis. Vous pourrez – et c'est une bonne nouvelle – vous rendre compte par vous-même à quel point ces termes utilisés partout ne sont jamais définis avec justesse.

L'enjeu d'une dissertation comparée est de chercher des parentés entre des ouvrages proches malgré leurs différences. Vous, étudiants de classes préparatoires, vous allez être des passeurs entre des auteurs qui ne se sont jamais rencontrés. Cette année, ce sera plutôt facile de relier Spinoza à Eschyle, les affrontements entre « État » et « individu », les enjeux de vie ou de mort au nom de « croyances » structurent ces textes ; il faudra aussi et vous vous en amuserez j'espère, relier la question « individu et communauté » à la chic société new-yorkaise du *Temps de l'innocence.*

II. Comment se préparer à la dissertation ?

- **La première étape, essentielle, vitale, c'est la lecture attentive des œuvres. Une lecture estivale est primordiale**. Il faut anticiper les cours, c'est le secret de celles et ceux qui veulent maintenir un rythme de travail régulier en classe préparatoire. Lire attentivement, c'est chercher le sens d'une œuvre à travers un thème mais aussi à travers son expérience de lecture. Vous aimez un passage ? Surlignez-le. Une citation vous étonne, repérez-là. Un autre passage vous semble obscur ? Notez-le. Il sera temps en cours d'année de tirer parti de cette lecture active. Toutes les lectures passives finissent dans l'oubli comme le souvenir d'une journée ordinaire. Quand vous lisez, ne consommez pas les mots, interrogez-les. Faites des relevés subjectifs. Listez des lieux, des personnages, des citations. Fabriquez vos propres données, votre mémoire personnelle. Cela peut paraître fastidieux mais sachez que ce sera déterminant et précieux toute l'année.
- **Puis, le cours du professeur viendra donner sens à vos données, vos notes,** il vous permettra de prendre du recul et de considérer la question au programme dans une perspective à la fois philosophique et littéraire. Tâchez de relire régulièrement vos citations, vos impressions de lecture et celles du cours qui vont se structurer et vous appartenir en propre. Faites des schémas, relevez des citations, réalisez votre propre florilège. J'ai l'habitude de dire à mes étudiants que les personnages et même les auteurs doivent devenir leurs amis. Des amis proches, ceux dont on connaît les véritables défauts et les authentiques qualités. Ceux dont on connaît les douleurs et les joies, les désirs et les peurs. Bref, soyez au plus près de vos textes et vous aurez toutes les chances de pouvoir les analyser.
- **Ensuite, la dernière étape, c'est la pratique de la dissertation**. C'est là que le volume que vous avez entre les mains va pouvoir intervenir.

Nous allons procéder par strate, en suivant une chronologie essentielle à la bonne compréhension des attentes de l'épreuve du concours. Dans un premier temps, lisez attentivement dans l'ordre ce que je vous propose. Puis dans le courant de l'année, en fonction de vos réussites et de vos difficultés, reconsidérez le/les questions qui vous posent encore problème. Entraînez-vous sur les sujets proposés. Apprenez à travailler en temps limité.

III. Quel est l'objectif d'une dissertation ?

1. Ce que n'est pas une dissertation

Une dissertation, ce n'est pas

× Une récitation de cours même s'il y a des liens entre les deux…

× Un long/court bavardage philosophique sur ce que l'on pense ou pas du sujet.

× Une liste d'exemples des œuvres.

× Un exposé en trois parties, en consacrant une œuvre par partie.

× Le commentaire de la citation du sujet (que l'on découpe en deux ou trois morceaux) et auquel on ajoute quelques références aux œuvres.

× Une liste de citations interrompue de bavardages.

× Un petit peu de tout ça.

× Ces erreurs-là mènent à une note qui ne vous plaira pas…

Que doit-on faire dans une dissertation ? J'y arrive…

2. Démonstration *versus* association d'idées

✔ Une dissertation doit développer une DÉMONSTRATION.

✔ Il faut même la penser comme un parcours. Vous partez d'un point A (la question posée) pour aller vers un point B (des réponses données). De manière progressive et raisonnée.

✔ Démontrer nécessite de mettre en relation des concepts (issus des œuvres et du cours), d'associer des exemples, des idées.

✔ Pourtant ce qui fait la force et la précision d'une démonstration, c'est bien le mouvement réfléchi (porté par un plan) d'une pensée qui cherche à élucider la véracité, la réalité, la justesse d'une citation dans le cadre d'un programme.

Tous les sujets sont accompagnés de ce type de formule : « Dans quelle mesure ces propos éclairent-ils votre lecture des œuvres inscrites au programme ? » ou encore « Vous évaluerez la pertinence de ce jugement à la lumière des œuvres au programme. »

✔ Vous mettez en lumière la problématique.

✔ Vous vérifiez « la pertinence » de cette problématique dans les œuvres qui sont au programme.

✔ Puis, vous présentez vos conclusions dans un développement organisé qui permet à votre lecteur de vous suivre depuis un point A (introduction) jusqu'à un point B. (conclusion)

3. L'importance du brouillon

Le brouillon est souvent négligé, rapide, non structuré comme si le terme même de « brouillon » signifiait qu'il n'a aucune valeur. C'est une grave erreur. LE BROUILLON C'EST LE PLUS IMPORTANT, LES ÉCRITS ET PENSÉES INTERMÉDIAIRES FERONT LA QUALITÉ DE L'EXERCICE FINALISÉ. Vouloir vite écrire, vite faire un plan, vite conclure, c'est vouloir vite échouer. Donc, on vous donne un sujet, vous prenez une feuille de brouillon et vous RECOPIEZ sur l'espace de la feuille en laissant des marges pour pouvoir le commenter et l'annoter. Vous recopiez **toujours** le sujet sur une feuille à part pour l'analyser, même s'il est long, même s'il est court, même s'il est facile, même s'il est difficile, même si… tout ce que vous voulez. En le recopiant, on essaie de le mettre en page en fonction de la syntaxe, on pose le sujet, on le regarde dans les yeux, calmement, on prend un stylo, un crayon, on ne le quitte pas des yeux ; on laisse venir ses pensées, ses intuitions, on est prêt.

Parce qu'apprendre à écrire ne consiste pas à suivre des commandements abstraits qu'on appelle méthode qui sous-entend que tout le monde fonctionne de la même manière, voyons ensemble avec un sujet bien concret comment vous pouvez réaliser un exercice académique en gardant votre singularité, nous allons travailler une citation qui pourrait tout à fait être un sujet de concours.

SUJET DE TRAVAIL

John Rawls dans son ouvrage : *Théorie de la Justice* affirme : « Chaque personne possède une inviolabilité fondée sur la justice qui, même au nom du bien-être de l'ensemble de la société, ne peut être transgressée ». Vous évaluerez la pertinence de cette assertion à la lumière du thème et des œuvres au programme.

La disposition sur la feuille permet d'avoir un début d'analyse fondée sur la syntaxe (l'ordre des mots et la structure de la phrase.) Ici l'on va aligner quatre moments de la citation. Une affirmation qui va être complétée par une caractérisation. Ensuite, l'on va mettre en valeur les termes importants et surtout LEURS LIENS, ce qui permet de comprendre la citation.

«Chaque personne possède

**une inviolabilité fondée sur la justice
qui,**

**même au nom du bien-être
de l'ensemble de la société,**

ne peut être transgressée.»

Le point de départ (le sujet de la phrase) « chaque personne » va être relié à une possession « une inviolabilité » dont l'auteur va affirmer une impossible transgression.

- Dans cette citation le terme « inviolabilité » renvoie à *l'intégrité* de l'individu, c'est-à-dire ce qu'il est, ce qu'il vit, ce qu'il pense, ce qu'il croit. C'est une intégrité physique et morale.
- Le pronom relatif « qui » sert de pivot à une éventuelle contradiction : Rawls donne un caractère impératif à cette « inviolabilité » car elle est reliée à l'idée de justice. La conséquence réside dans la fin de la citation : elle ne peut être transgressée, c'est-à-dire enfreinte, contredite, violée…
- La partie incise (mise en italique ci-dessous), ajoute au sacré de cet impératif : rien ne peut s'y opposer même pas l'ensemble de la société.

«Chaque personne **possède**

une inviolabilité fondée sur la justice

qui,

même au nom du bien-être
de l'ensemble de la société,

ne peut être transgressée.»

Cette technique peut paraître anecdotique, voire inutile mais elle est une garantie de ne rien n'oublier, de ne pas extrapoler et d'avoir une première approche de compréhension. Il faut prendre son temps et ainsi on évite les contresens et les oublis !

C'est une étape primordiale, si vous l'évitez, vous donnez plus de probabilités d'échec à votre travail, à vous de voir !

IV. Que faire à la lecture du sujet ?

Après avoir repéré la structure générale de la phrase, il faut en comprendre la logique pour laisser émerger la thèse de l'auteur, c'est-à-dire la pensée concentrée dans cette citation. La citation, c'est comme un slogan publicitaire ou un vers de poésie, c'est un type de déclaration qui est presque toujours fondé sur une ou plusieurs figures de style, et qui dans une formulation condensée va proposer un conflit (souvent appelé paradoxe) entre plusieurs concepts. **La lecture doit chercher ce conflit**, elle doit le chercher en s'appuyant sur la structure syntaxique, l'usage du lexique. Il faut remobiliser des connaissances de collège et de lycée sur la **cohésion** de la phrase (s'il n'y a qu'une phrase) et de la **cohérence** d'un passage (s'il y a plusieurs phrases). L'ordre des mots, l'ordre des phrases ne sont pas aléatoires, il faut s'entraîner à en chercher la logique en analysant les choix d'écriture pour en déduire une pensée. L'objectif est d'être capable après analyse de formuler une assertion du type : « l'auteur pense que… »

1. Analyse

Dans la citation que nous avons choisie, on complète le brouillon en interprétant les mots. Si le devoir est à faire à la maison on consulte un dictionnaire, son cours, les notions vues en classe. Mon site fétiche pour les définitions, c'est celui-ci : https://www .cnrtl.fr/. Voilà ce que cela peut donner pour la citation qui nous occupe.

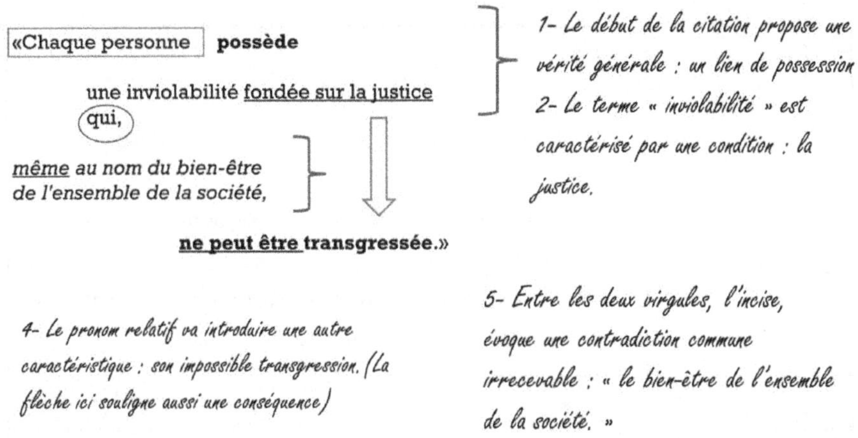

Évidemment, plus vous avancerez dans l'année, plus votre capacité d'élucidation sera précise et rapide. Quand vous aurez lu les œuvres, il est probable que de multiples idées vous viennent à l'esprit, notez-les sur une feuille à part, ce seront des outils pour construire votre plan… On sous-estime souvent la puissance de l'intuition qui n'est finalement qu'un mécanisme naturel de la pensée.

Vos capacités intuitives se développeront grâce à la pratique et surtout grâce à une habitude très simple : **faites confiance aux premières idées qui vous passent par la tête.** Oui, je suis très sérieuse ! Nourri deux heures par semaine par le cours de votre enseignant, nourri de vos lectures, des exercices, vous êtes riche d'une matière qui surgit avec justesse, **encore faut-il apprendre à la laisser venir. L'intuition a besoin de liberté, de confiance, et elle nourrit aussi la confiance en soi, en sa puissance de pensée.**

2. Reformulation et thèse

Après avoir analysé la citation, il faut nécessairement passer par une étape de reformulation, c'est-à-dire présenter la thèse de l'auteur de manière à fixer un point de départ pour votre réflexion. Prenez l'habitude de la formuler sous la forme suivante :

- ✔ L'auteur pense que…
- ✔ L'auteur affirme que…
- ✔ L'auteur définit…, etc.

En reformulant la thèse, on se détache de la syntaxe pour faire apparaître la pensée de l'auteur de manière simple et accessible. Cela tient en une ou deux phrases. Cette étape est cruciale. Une dissertation réussie c'est **un désir de cohérence, un désir de relier sans tricher**, sans craindre, <u>sans manipuler la citation</u>.

Pour proposer une formulation juste qui vous protège de tout hors-sujet, il faut appliquer plusieurs principes :

- Règle N° 1 : **rien ne se perd** (on n'enlève aucun concept présent dans la citation)
- Règle N° 2 : **rien ne s'ajoute** (on n'apporte aucun concept absent de la citation)
- Règle N°3 : **on hiérarchise les idées de la citation** (tous les mots ou propositions n'ont pas la même valeur)

Pour cela ne négligez pas une ressource vitale : le bon sens.

Évidemment, cela demande plusieurs essais pour réussir à manier ces règles, entraînez-vous avec les sujets présents dans cet ouvrage et ceux donnés par votre enseignant. Pour notre sujet, cela donnerait ceci :

> Pour Rawls, l'intégrité d'un individu, ne peut être enfreinte, même si cela engage le bien-être commun car cette intégrité est « fondée sur la justice », c'est-à-dire en droit.

Dans ce thème et avec ce sujet, on ne pourra se passer de définir les mots du sujet. La notion de « viol » ici concerne à la fois une intégrité physique, morale et juridique. Il y a une sorte de définition de l'individu vis-à-vis de la société. L'affirmation de Rawls place le respect de l'intégrité de l'individu avant tout car elle est « fondée sur la justice », cela veut dire fondée juridiquement mais aussi fondée sur l'idée de justice. Cette « inviolabilité » ne dépend pas des critères dominants de la société mais de la nature même de l'individu. En somme, le repère ce n'est pas l'utilité du plus grand nombre, mais la justice individuelle. Vous voyez, votre analyse vous permet d'établir la pensée de l'auteur.

Établir la thèse c'est comme poser une opération pour un problème scientifique : <u>**C'EST LA BASE DE LA DISSERTATION**</u>.

3. Ce qu'il ne faut pas faire : quelques exemples

Pour vous montrer les erreurs **à éviter, voici quelques exemples À NE PAS SUIVRE!** Une thèse mal formulée, c'est le hors-sujet quasi assuré… Pardonnez-moi, les thèses un peu caricaturales sur ce sujet.

× Pour Rawls, la justice protège l'individu de la société.	***La règle n° 1*** *n'est pas respectée et* ***la règle n° 2*** *non plus. Le hors-sujet pointe son nez.*
× Pour Rawls, l'individu est supérieur à la société.	***La règle n° 1*** *n'est pas respectée et amène à une généralisation excessive. Le sujet ne sera pas traité avec précision.*
× Pour Rawls, l'individu peut faire ce qu'il veut même si cela dérange le plus grand nombre.	***La règle n° 2*** *n'est pas respectée et amène à une présentation partielle et erronée du sujet car l'auteur ne propose pas d'exercer une volonté. Le hors-sujet est possible.*
× Pour Rawls, la société n'a aucun droit sur l'individu.	*Là, ce sont* ***les trois règles*** *qui ne sont pas respectées. La thèse est partielle, et la mauvaise hiérarchisation amène à un contresens généralisant. Le hors-sujet est plus que probable.*

DONC Il ne faut pas :

- **ajouter,**
- **retrancher,**
- **modifier l'ordre et la logique**

que vous avez repérés dans votre analyse.

V. Comment trouve-t-on une problématique ?

La problématique,
pose un problème,
sous-tend un paradoxe, c'est-à-dire

une apparente contradiction, elle-même présente dans la thèse de l'auteur.
Il suffit alors d'interroger…cette thèse.

UNE PROBLEMATIQUE NE SE TROUVE PAS, ELLE SE DEDUIT.

Il est courant de voir un étudiant se jeter avec angoisse sur une citation pour en extraire comme un alchimiste fou une problématique en or dissimulée dans une citation faite de boue. Cela n'a pas de sens ; pas plus que ceux qui observent leur phrase, sidérés par une formule comme un lapin de Pâques ébloui par les phares d'une voiture…

Si vous avez procédé avec méthode en suivant les étapes précédentes en respectant le « protocole intuitif et déductif » et les règles de cohérence, la problématique apparaît comme l'aboutissement de ce processus, c'est une simple posture logique. La problématique, pose un problème, lui-même présent dans la thèse de l'auteur. Ce problème c'est le paradoxe de la thèse que chaque concepteur de sujet s'oblige à glisser dans la formulation de la citation. **Donc pas de farfadets ni de licornes, pas de mystères mystiques : DE LA LOGIQUE ET DU BON SENS.**

1. Interroger la thèse

Interroger la thèse consiste à mettre **en question** la thèse.

- Pour déduire une problématique, il faut mettre à jour un conflit, un paradoxe dans la citation.
- La thèse rend compte
  - ✓ D'une définition paradoxale
  - ✓ D'une relation paradoxale
  - ✓ D'un processus paradoxal

Le Larousse définit le paradoxe comme une opinion contraire à « l'opinion admise », et dans un second sens comme des faits, des éléments qui semblent « défier la logique parce qu'ils présentent des aspects contradictoires. »

Pour notre sujet, Rawls semble mettre l'individu au-dessus de la société, il sacralise les droits d'un seul face au bien-être de tous, ce qui *peut sembler paradoxal.*

RAPPEL DE LA THÈSE

Pour Rawls, l'intégrité d'un individu, ne peut être enfreinte, même si cela engage le bien-être commun car cette intégrité est « fondée sur la justice », c'est-à-dire en droit.

PROBLÉMATIQUES POSSIBLES

- **Sous forme d'une *question totale*** (c'est-à-dire une question à laquelle on répond par oui ou par non) :

✔ Rawls a-t-il raison d'affirmer la « juste » intégrité de l'individu face à la société ?

✔ L'intégrité de l'individu est-elle protégée par la justice indépendamment du « bien-être » de la société ?

- **Sous forme de *question partielle* :** (c'est-à-dire avec un mot interrogatif)

✔ <u>Dans quelle mesure</u> Rawls a raison d'affirmer la « juste » intégrité de l'individu face à la société ?

✔ <u>En quoi</u> l'intégrité de l'individu peut-elle être protégée ? Est-elle indépendante du « bien-être » de la société ?

✔ Les questions partielles permettent un approfondissement de la thèse dans la construction même du plan. Se demander « **pourquoi** », « **comment** », « **dans quelle mesure** » et « **en quoi** » une thèse est juste, cela offre l'avantage de la nuance. Quand le sujet se présente comme l'explication d'un mécanisme, les questions partielles deviennent nécessaires.

- **Sous forme de *plusieurs questions* :**

✔ Doit-on s'accorder avec Rawls pour affirmer « l'inviolabilité » de l'individu ? Cette intégrité est-elle fondée en justice même si cela engage le « bien-être » de la société ?

Quand la problématique offre deux ou trois temps de réflexions, mieux vaut plusieurs questions qu'une question fourre-tout sans queue ni tête. **En somme, plus les formulations sont simples, plus vous comprenez ce que vous écrivez, plus vous avez de chances d'être compris.**

De cette manière, le HORS-SUJET est impossible !

2. Qu'est-ce qu'une mauvaise problématique ? (Au cas où...)

Qu'est-ce qu'une BONNE problématique ?

Une/deux question(s) qui interrogent <u>DIRECTEMENT</u> la thèse de l'auteur.

Qu'est-ce qu'une MAUVAISE problématique ?
TOUTES LES AUTRES.

Pour vous montrer les possibles erreurs, voici quelques... mauvais exemples classés selon la gravité croissante des erreurs :

× *Une question trop restrictive qui n'aborde qu'une partie du sujet (qui n'est pas hors-sujet et ne disqualifie pas le candidat)*	Doit-on protéger l'individu de la société ?
× *Une question trop générale qui certes englobe le sujet mais ne permet pas de le traiter directement. (Dangereuse car va perdre de vue le sujet)*	L'individu est-il important ?
× *Une question qui prend les mots du sujet au hasard, ou même un seul mot ou pas de mot du tout. (Approche très partielle qui amène au hors-sujet)*	Est-il juste de respecter l'individu ?
× *Une question qui n'a pas de sens et reprend les mots du sujet dans le désordre.*	Doit-on supprimer la société pour protéger l'individu ?
× *Une question décalée et trop éloignée de la thèse.*	Faut-il respecter la société moins que l'individu ?

VI. Comment trouve-t-on un plan ?

<u>Il suffit de répondre à la question que vous avez vous-même posée !</u>

Souvent les étudiants paniquent et se demandent comment trouver un plan. Il ne s'agit toujours pas de vous transformer en détective, en extra-lucide, en médium ou d'avoir des supers pouvoirs ; pas question non plus de croire que seuls les étudiants « bons » en français ou en philosophie au lycée sont les seuls « élus » qui peuvent accéder à la problématique et au plan suprêmes...

La problématique, comme vous l'avez vu dépend de votre technique d'analyse, de votre bon sens, et de votre rigueur. Et en tant que scientifique, futurs ingénieurs, devinez quoi ? Ce sont des qualités que vous possédez. En plus ou moins grande quantité, je vous l'accorde… Mais en quantité suffisante pour acquérir une aisance dans la construction des plans de dissertation. Je vais le redire ici, dès lors que vous avez lu les œuvres et/ou que vous en avez une connaissance précise, que vous suivez les cours de votre enseignant, **l'épreuve du concours vous est accessible par une approche intuitive ET rigoureuse.**

Nous avons donc déjà montré que la problématique est DÉDUITE d'un sujet par le biais d'une analyse lexicale et analytique qui établit la thèse de l'auteur.

Il en est de même avec le plan.

Le plan est une réponse directe à la problématique posée. La formulation du plan doit DECOULER de la formulation de la problématique.

✓ON NE « TROUVE » PAS UN PLAN.

✓ON LE <u>DEDUIT</u>

1. Le plan dialectique

Le plan va **dépendre** de la problématique, il faut le penser comme une **RÉPONSE** et non comme un programme ou un exposé. **Vous devez rédiger une démonstration et non une description.**

On conseille l'usage du plan dialectique, le fameux thèse/antithèse/synthèse qui correspond plutôt à ceci :

I. Première partie

Démonstration *partielle* ou *totale* de la thèse de l'auteur

II. Deuxième partie :

Contradiction *partielle* de la thèse de l'auteur

III. Troisième partie

Dépassement de la contradiction des deux premières parties

Concrètement, à quoi cela peut-il correspondre ? Nous allons choisir trois problématiques formulées différemment. Vous observerez comment les formulations des parties **épousent scrupuleusement** celles des problématiques. Malgré la proximité des questions, les plans peuvent différer et traiter le sujet. Les dernières parties offrent des dépassements qui varient selon l'orientation de la problématique. Il y a toujours plusieurs possibilités. **Le tout est de rester cohérent.**

Exemple 1 : L'intégrité de l'individu est-elle protégée par la justice indépendamment du « bien-être » de la société ? **QUESTION TOTALE**	**I. Certes,** les œuvres au programme nous amènent à considérer l'individu devant être protégé dans son « intégrité ». **II. Pour autant,** on constate une transgression permanente de l'intégrité de l'individu en société **III. Dès lors,** comment organiser la défense et protection de cette « intégrité » ?
✔ La question totale amène à reformuler la thèse (Certes) qui englobe les deux angles du sujet : l'intégrité de l'individu et le lien de cette intégrité avec la société. L'antithèse, (Pour autant) amène à poser le paradoxe, à opposer à la thèse un angle contradictoire. Enfin, la « synthèse » (Dès lors) offre l'angle mort du paradoxe proposé.	
Exemple 2 : En quoi l'intégrité de l'individu doit-elle être protégée ? Est-elle indépendante du « bien-être » de la société ? **QUESTION PARTIELLE**	**I. Certes,** l'individu possède une « inviolabilité » indépendante du bien-être de la société **II. Pour autant,** la transgression de cette intégrité semble courante et parfois nécessaire **III. Dès lors,** comment résoudre l'équilibre entre cette juste protection de l'individu et celle de la société ?
✔ Ici encore, la formulation de la problématique induit la formulation de la thèse en deux questions. L'antithèse est l'angle de contradiction de cette thèse-là (différent de la précédente) ; ce qui implique que « l'angle mort » du paradoxe soit légèrement différent et s'interroge sur la résolution du paradoxe et la question d'un équilibre entre « individu » et « société ».	
Exemple 3 : Doit-on s'accorder avec Rawls pour affirmer « l'inviolabilité » de l'individu ? Cette intégrité est-elle fondée en justice même si cela engage le « bien-être » de la société ? **PLUSIEURS QUESTIONS**	**I. Certes,** l'individu est « inviolable » par nature et justice **II. Pour autant,** la réalité des œuvres offre l'expérience inverse. **III. Dès lors,** comment œuvrer à une société protectrice d'elle-même et des individus ?

Ces trois plans fonctionnent sans que l'on puisse dire formellement que l'un est meilleur que l'autre. C'est la réalisation, la rédaction qui feront la différence.

<u>Tout plan logique est bon.</u>

Comment vérifier que mon plan est bon ?

En somme un bon plan répond à notre problématique. Faites le test : lisez la question et le titre des parties, cela doit être logique et fluide et correspondre de manière DIRECTE. L'approche thématique est dangereuse car le plus souvent elle empêche l'analyse et s'en tient à une description superficielle.

PS1. Lorsque le sujet est particulièrement paradoxal, on peut commencer dans la première partie par contredire la thèse de l'auteur, puis dans une seconde, montrer dans quelles conditions elle peut être éventuellement valable, enfin dans la dernière partie, envisager une question plus centrale par rapport aux œuvres et moins caricaturale que l'opposition marquée par le sujet de dissertation. Mais ce type de plan est rare.

VII. Comment trouve-t-on la troisième partie ?

Les deux premières parties **découlent** de la problématique qui **découle** de la thèse qui **découle** de l'analyse du sujet. La troisième partie a pour objectif de dépasser l'opposition. Quand on a dit ça – et je suis sûre qu'on vous l'a déjà dit – on n'a rien dit du tout. Parce qu'il faut avouer que cette troisième partie ne se présente pas tout de suite à l'esprit. La troisième partie est aussi *logique* que les deux premières mais elle demande de la pratique pour la trouver ; la métaphore que j'utilise est celle de « **l'angle mort** ». L'angle mort est une zone inaccessible au champ de vision direct, on doit opérer un mouvement de tête ou utiliser un miroir. Je vous vois soupirer, tortiller la tête et penser, mais oui, bien sûr… **Lorsque vous avez compris qu'un sujet présente un paradoxe, une interrogation ambivalente, il vous faut penser votre troisième partie comme un angle qui n'est pas visible lorsqu'on se concentre sur l'opposition. Le plan dialectique ce n'est pas : OUI/NON. C'est OUI/MAIS. La troisième partie c'est la partie qui cherche une solution pour échapper à l'opposition.**

Que veut dire dépasser l'opposition ?

→ C'est **renoncer au paradoxe** proposé par le sujet

→ C'est **envisager un autre angle.**

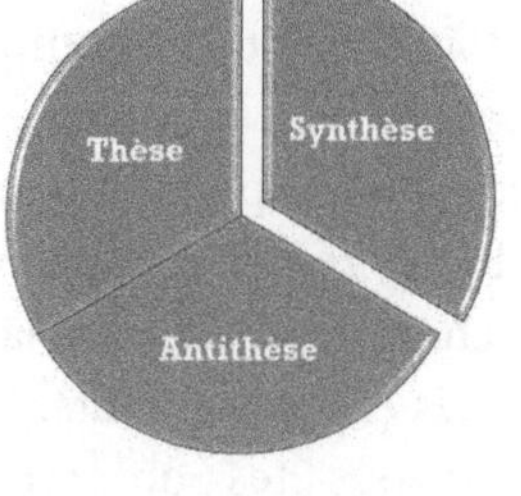

Pour le sujet qui nous occupe, sitôt que l'on aura évalué cette opposition entre l'intégrité de l'individu et le bien-être de la société, l'on peut s'interroger sur la manière de considérer un équilibre social entre ces deux instances.

Une troisième partie peut

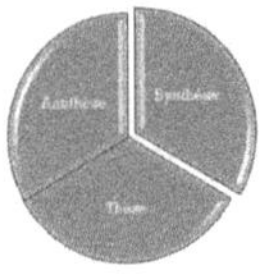

- Penser une **cause ou une conséquence** de l'opposition
- Chercher à **redéfinir** ce qu'une opposition ne fait que mettre en vis-à-vis
- Proposer de **généraliser un processus** perçu dans l'opposition
- **Proposer un contrepied** à l'opposition trop binaire
- **Adosser** le paradoxe à **la réalité**

C'est sortir d'une ornière où s'affrontent deux vérités partielles qui ne s'excluent pas.

Bien sûr, **sans la lecture des œuvres, poser un dépassement est impossible.** Par ailleurs, il est possible que vous tâtonniez au début pour envisager cette troisième partie, c'est normal, soyez patient(e).

VIII. Comment détailler un plan ?

La plupart du temps, les étudiants arrivent à construire un plan en deux (ou trois) parties. Il est plus difficile ensuite de trouver des dissertations où les candidats ont pris soin de subdiviser leur pensée, c'est-à-dire de subdiviser en sous-parties. Prendre soin de construire des sous-parties, c'est se protéger d'un devoir superficiel, généraliste qui, dans le meilleur des cas, ne peut dépasser la note de 8 ou 9 dans certains concours (s'il est parfaitement rédigé et illustré) ou 5 ou 6 dans d'autres.

1. Subdiviser

Pour subdiviser une partie, il faut réfléchir à ce qui la compose ou ce qui l'amène à exister. Parfois ce sont des exemples qui nous amènent à trouver les sous-parties, parfois des éléments du cours, ou encore le plan des autres dissertations réalisées en cours d'année. Il est important, par exemple, de considérer les plans de cet ouvrage. La multiplicité des rédacteurs permettra d'aborder le sujet de manière subjective et diverse. Cherchez à comprendre la logique des plans proposés, interrogez-vous sur le bien-fondé des enchaînements. Une attitude critique et distante est celle du futur scientifique que vous êtes : observez le mécanisme, repérez les forces de réflexion qui ont présidé aux choix des sous-parties.

Une sous-partie ne fait pas de constat, elle ANALYSE. Elle répond à la question **pourquoi** et/ou **comment**. Subdiviser empêche la description linéaire.

2. Hiérarchiser

Il est important ensuite de hiérarchiser les sous-parties et de détailler le plan selon les trois principes suivants. Ces « lois » sont mon invention pour aider mes propres étudiants.

LOI DE COMPOSITIONTHEMATIQUE : Une/plusieurs sous-partie(s) peut/peuvent *composer, détailler, définir, éclairer, JUSTIFIER* l'argument principal de la partie.

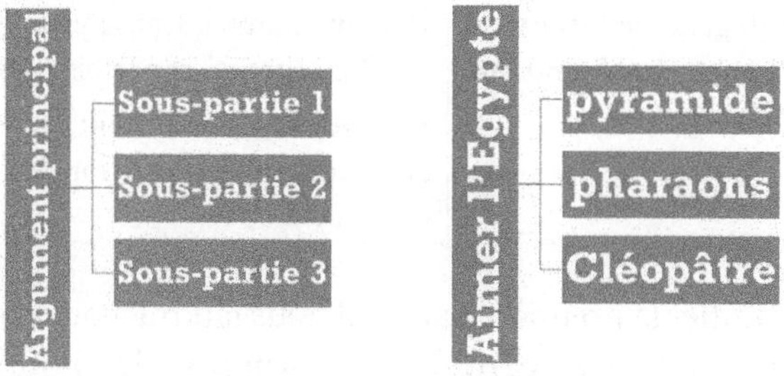

LOI DE PROGRESSION : L'ensemble des sous-parties (2 ou 3) sont *hiérarchisées de manière croissante*. (du moins important au plus important)

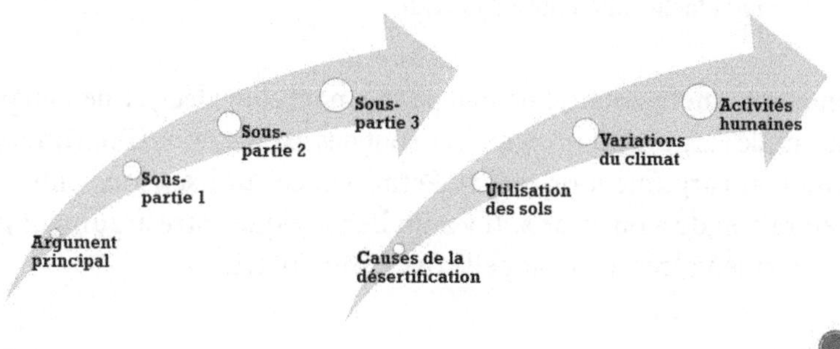

LOI DE DEMONSTRATION : Les sous-parties doivent être conçues comme des *arguments intermédiaires qui démontrent par palier l'argument principal*. (structure en escalier donc croissant : on met en premier l'argument le plus EVIDENT)

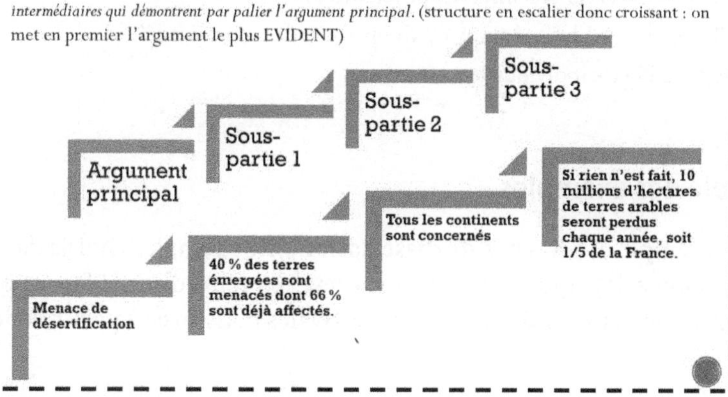

Mais voyons un exemple concret avec notre citation de Rawls. Nous allons choisir une des problématiques et le plan afférent. Vous remarquerez que j'utilise et conseille de faire précéder chaque assertion du plan par un connecteur bien particulier : « certes », vient défendre partiellement ou totalement la thèse de la citation ; « pour autant » vient s'opposer à la thèse de manière partielle et « dès lors » présente la troisième partie qui ouvre le champs de la contradiction du I et du II.

Exemple 2 : En quoi l'intégrité de l'individu doit-elle être protégée ? Est-elle indépendante du « bien-être » de la société ?	**I. Certes,** l'individu possède une « inviolabilité » indépendante du bien-être de la société. **II. Pour autant,** la transgression de cette intégrité semble courante et parfois nécessaire. **III. Dès lors,** comment résoudre l'équilibre entre cette juste protection de l'individu et celle de la société ?

Si nous voulons détailler la première partie, il nous faudra trouver des **arguments intermédiaires** pour montrer **pourquoi et comment** l'individu possède une « inviolabilité » indépendante du bien-être de la société.

I. Certes, l'individu possède une « inviolabilité » indépendante du bien-être de la société.

1. Intégrité physique et morale de l'individu
2. L'appartenance à soi plutôt qu'à la communauté
3. La liberté individuelle inhérente à l'individu

Les arguments intermédiaires ne sont pas des nouvelles idées, ce ne sont pas non plus des illustrations de l'argument principal, ce sont des explications **(Pourquoi/comment)** qui vont renforcer l'argument principal. Petite astuce : utiliser/sous-entendre « parce que » ou « en raison de » ou « car ». Il y a un lien logique entre argument principal et arguments intermédiaires qu'on appelle des « sous-parties ».

EXEMPLE :

L'individu possède une « inviolabilité » indépendante du bien-être de la société.
Parce qu'il doit préserver son intégrité physique et morale
Parce qu'il appartient à lui-même avant d'appartenir la communauté
En raison de sa liberté individuelle

3. Le rôle des exemples

Sans exemple, il n'y a pas de dissertation. Les exemples choisis dans les œuvres font l'autre moitié de l'argumentation. Vous devez en cours d'année fabriquer vos propres fiches d'exemples à partir de vos lectures estivales mais aussi à partir des ouvrages lus durant l'année, des cours et des exercices réalisés. Plus vos exemples seront **personnels, précis et pertinents,** plus votre argumentation sera de qualité. Rien de plus pénible pour un correcteur qui corrige jusqu'à 500 copies de lire 500 fois le même exemple rebattu, général et passe-partout…

Chaque exemple doit être choisi, et non prétexte à bavardage. Il doit parfaitement correspondre à votre argument, lui aller comme un gant. Par ailleurs, il faut penser à mettre en relation vos exemples. Je conseille d'utiliser un exemple majeur (issu d'une œuvre) qui est développé et ensuite un exemple mineur (issu d'une autre œuvre ou des deux autres) qui lui est adjoint. Il est aussi possible de proposer les trois œuvres pour un même argument majeur. Dans ce cas-là, mieux vaut ne pas surcharger avec un exemple mineur.

On considère comme majeur un exemple particulièrement probant que l'on va analyser en détail, l'exemple mineur corrobore (ou pas) et apporte un éclairage secondaire ou complémentaire.

I. Certes, l'individu possède une « inviolabilité » indépendante du bien-être de la société

1. Intégrité physique et morale

   Exemple majeur : ESCHYLE, *Les Suppliantes :* le mariage « forcé »

   Exemple mineur : WHARTON, *Le Temps de l'innocence :* le mariage arrangé

2. L'appartenance à soi plutôt qu'à la communauté

   Exemple majeur : SPINOZA, *Traité Théologico-Politique : Le Droit de nature (chapitre XVI)*

   Exemple mineur : WHARTON, *Le Temps de l'innocence : la communauté chrétienne*

3. La liberté individuelle

   Exemple majeur : ESCHYLE, *Les 7 contre Thèbes et Les Suppliantes : les figures d'opposition individuelle*

   Exemple mineur : SPINOZA, *Traité Théologico-Politique* : le contexte d'écriture du TTP

LES PRINCIPES ABSOLUS POUR L'UTILISATION DES EXEMPLES

1. Utiliser **toutes les œuvres** dans toutes les parties
2. Choisir ses **exemples** en fonction de **l'argument**
3. **Être précis** dans son exemple (passage précis, détail précis, citation précise.)
4. **Varier** les exemples.
5. Ne pas être allusif, **détailler son exemple** dans la rédaction

IX. Comment rédige-t-on une introduction ?

L'introduction, c'est la manière dont vous allez aborder votre lecteur, elle doit être polie, respectueuse et assez solennelle. Choisissez un ton élégant que vous garderez tout au long de la copie, cela n'empêche pas l'humour, mais croyez-moi, une dissertation, c'est comme une soirée VIP : tenue correcte exigée, non pas que vos correcteurs soient guindés, mais il s'avère que l'exercice de dissertation est un exercice guindé malgré tout ! Idéalement, il faut quatre étapes dans une introduction.

1. Les étapes

LES 4 ETAPES D'UNE INTRODUCTION en 4 PARAGRAPHES

1. Amorce
2. Analyse du sujet et problématisation
3. Problématique
4. Présentation du plan

Chaque paragraphe doit être précédé d'un ALINÉA, c'est-à-dire un retrait de deux ou trois carreaux.

1. L'AMORCE : c'est le début, c'est le moment, l'angle qui vous permet de montrer d'emblée que vous avez compris l'enjeu du sujet. La réussite d'une amorce dépend d'un premier élément essentiel : elle doit être <u>liée de manière DIRECTE à la thématique du sujet</u>. Pas forcément à sa problématique, mais à sa **THÉMATIQUE.**

Elle peut prendre plusieurs formes :

- une référence littéraire (du programme ou hors programme) ;
- une référence philosophique (du programme ou hors programme) ;
- une citation (très courte) littéraire ou philosophique ;
- une définition littéraire ou philosophique ;
- une référence cinématographique ;
- une référence picturale, etc.

Ensuite, elle doit être brève et permettre non d'étaler des connaissances mais d'amener au sujet avec finesse. Il suffit parfois de prendre un élément dans les œuvres étudiées, dans les dissertations déjà réalisées en cours, ou dans les citations personnelles.

Si vous ne trouvez pas d'amorce, je vous conseille un début « in médias res », c'est-à-dire dans le vif du sujet, plutôt que de commencer à évoquer « l'aube de l'humanité » ou « l'art préhistorique » avant d'en venir au fait. Mieux vaut une amorce directe, juste, pertinente qu'une amorce tordue, maladroite, générale ou absurde.

Pour être plus claire une amorce qui commence par « De tous temps les hommes ont… » est une très mauvaise amorce. Pour notre sujet, il faut faire le lien entre « individu » et « communauté » par le biais soit de la justice, soit en opposant l'un à l'autre : les deux thèmes nous permettront de parler du sujet de la citation.

Voilà quelques propositions pour notre sujet :

Type d'amorce	Bonnes amorces *(lien direct avec le thème et précision de la relation entre l'amorce et le sujet)*
Une référence « contemporaine »	À l'époque du réseau social, l'individu se trouve presque « forcé » à l'interaction et à ne pas respecter sa propre intégrité. Pour Rawls, c'est la société qui pourrait menacer cette intégrité. En effet,…
Une référence à « l'opinion commune »	Il est courant de citer John Stuart Mill « La liberté des uns s'arrête là où commence celle des autres ». L'individu semble trouver sa limite devant un autre individu. Pourtant Rawls semble penser au contraire que l'individu n'a pas à être limité… etc.
Une référence philosophique	« L'enfer, c'est la autres » affirme Sartre dans sa pièce *Huis-Clos*. Dans cette pièce, les personnages se retrouvent en enfer et loin de l'image du diable et du feu, ils font l'expérience de l'altérité. À ce titre, Rawls évoque l'idée de cette altérité capable de « violer » l'intégrité individuelle… etc.
Une référence artistique (Je choisis cette amorce)	Le tableau de Munch, Le Cri, montre un visage hurlant entouré d'un halo de couleurs vives. Le personnage est seul au premier plan sur un pont, derrière lui deux silhouettes. Quel est ce cri ? Exprime-t-il la violence subie de la solitude ou celle d'une impossibilité à être avec les autres ? L'interprétation de ce tableau ne peut être définitive mais l'on peut rapprocher ce « cri » à l'impuissance de l'individu isolé ou rejeté de la « communauté », de la société. Ce cri est-il alors l'expression d'une transgression volontaire ou subie ? Dans sa Théorie de la Justice, Rawls… etc.
Une référence au programme	Dans la société huppée de New York décrite par le roman de Wharton, les individus appartiennent davantage à leur famille qu'à eux-mêmes. Ils se doivent de défendre l'honneur du groupe avant leur propre désir. Cette supériorité du groupe sur l'individu est critiquée par Rawls. En effet… etc.
Une référence au texte source de la citation si on le connaît ou qu'on n'a pas d'autre.	Dans son texte *Théorie de la justice*, Rawls défend l'idée d'un principe de liberté citoyenne : chacun doit avoir accès aux mêmes libertés, et la liberté de chacun doit être compatible avec la liberté des autres membres de la société. À ce titre, etc.

2. L'ANALYSE DU SUJET, c'est donc la seconde étape de l'introduction. Elle est importante, nécessaire, elle témoigne d'emblée de la qualité future de votre dissertation. Pour la rédiger, appuyez-vous sur le travail que vous avez réalisé au brouillon, faites des phrases courtes qui vont reprendre les grandes étapes de votre analyse. Il faut alterner *paraphrase* (reformulation du sujet) et *étude* du sujet (la syntaxe, le vocabulaire, les concepts). Ce moment de la dissertation est aussi appelé : problématisation.

- Voilà ce que cela peut donner pour notre exemple :

> Dans sa Théorie de la justice, John Rawls écrit : « Chaque personne possède une inviolabilité fondée sur la justice qui, même au nom du bien-être de l'ensemble de la société, ne peut être transgressée. » Ainsi, le philosophe établit une nature individuelle « inviolable », sacrée, que l'on ne peut forcer. Rawls associe cette « inviolabilité » à une conformité au droit qui « ne peut être transgressée. » Ce caractère « sacré » de l'individu ne doit souffrir aucune concession même pour le « bien-être de l'ensemble de la société. » Il doit rester intact. Donc, Rawls, affirme la pleine et entière intégrité de l'individu, même si cela engage un plus grand nombre car cette intégrité est un droit.

Il est nécessaire de **RECOPIER LA CITATION DANS L'INTRO** soit en entier de cette façon si le sujet est court, soit par « morceaux » si la citation est longue. Vous pouvez sonder le sujet en posant des questions, faites bien attention qu'elles ne soient pas trop nombreuses et qu'elles n'étouffent pas la réflexion.

3. LA FORMULATION EXPLICITE ET PRÉCISE DE LA PROBLÉMATIQUE constitue la troisième étape de l'introduction. Vous pouvez rédiger une question ou deux. Veillez à ne pas confondre le discours direct et le discours indirect.

Pour notre exemple, voilà comment l'on peut faire avec la première des deux questions posées :

> **FORMULER UNE PROBLEMATIQUE**
>
> **Inversion sujet/verbe et point d'interrogation = Discours direct**
> *1- En quoi l'intégrité de l'individu doit-elle être protégée ?*
> *2- Nous pouvons nous demander : En quoi l'intégrité de l'individu doit-elle être protégée ?*
>
> **Pas d'inversion sujet/verbe et point ordinaire = Discours indirect**
> *Nous pouvons nous demander en quoi l'intégrité de l'individu doit être protégé.*
>
> **Un mélange entre discours direct et discours indirect = n'importe quoi.**
> *Nous pouvons nous demander en quoi l'intégrité de l'individu doit-elle être protégée ?*

4. Enfin, c'est LA PRÉSENTATION RÉDIGÉE ET CLAIRE DU PLAN. Je vous conseille de présenter de manière explicite votre plan en prenant soin de consacrer une phrase par partie ce qui permet une grande clarté et évite les formulations abstraites et confuses.

> **Certes,** l'individu possède une « inviolabilité » indépendante du bien-être de la société. **Pour autant,** les œuvres au programme illustrent surtout la transgression de cette intégrité, elle est courante et parfois nécessaire pour « vivre ensemble. » **Dès lors,** comment résoudre l'équilibre entre cette juste protection de l'individu et celle de la société ?

L'on peut utiliser d'autres connecteurs du type et d'autres formules mais il faut rester léger et élégant : (éviter le « je », éviter le mot « partie », éviter le verbe « voir »)

EX : Dans un premier temps, nous pourrons envisager en quoi l'individu… Dans un second temps, nous pourrons analyser en quoi les œuvres… Finalement, il sera question de résoudre…

EX : Tout d'abord, l'individu… Pourtant, les œuvres… Enfin, comment…

- Ce qui donne entièrement rédigée

Texte		Commentaire
Le tableau de Munch, Le Cri, montre un visage hurlant entouré d'un halo de couleurs vives. Le personnage est seul au premier plan sur un pont, derrière lui deux silhouettes. Quel est ce cri ? Exprime-t-il la violence subie de la solitude ou celle d'une impossibilité à être avec les autres ? L'interprétation de ce tableau ne peut être définitive mais l'on peut rapprocher ce « cri » à l'impuissance de l'individu isolé ou rejeté de la « communauté », de la société. Ce cri est-il alors l'expression d'une transgression volontaire ou subie ?	1	Amorce
Dans sa Théorie de la justice, John Rawls écrit : « Chaque personne possède une inviolabilité fondée sur la justice qui, même au nom du bien-être de l'ensemble de la société, ne peut être transgressée. » Ainsi, le philosophe établit une nature individuelle « inviolable », sacrée, que l'on ne peut forcer. Rawls associe cette « inviolabilité » à une conformité au droit qui « ne peut être transgressée. » Ce caractère « sacré » de l'individu ne doit souffrir aucune concession même pour le « bien-être de l'ensemble de la société. » Il doit rester intact. Donc, Rawls, affirme la pleine et entière intégrité de l'individu, même si cela engage un plus grand nombre car cette intégrité est un droit.	2	Analyse explicite du sujet et problématisation qui s'appuient sur le travail au brouillon
En quoi l'intégrité de l'individu doit-elle être protégée ? Est-elle indépendante du « bien-être » de la société ?	3	Formulation explicite et claire de la problématique
Certes, l'individu possède une « inviolabilité » indépendante du bien-être de la société. Pour autant, les œuvres au programme illustrent surtout la transgression de cette intégrité, elle est courante et parfois nécessaire pour « vivre ensemble. » Dès lors, comment résoudre l'équilibre entre cette juste protection de l'individu et celle de la société ?	4	Formulation explicite du plan en trois phases distinctes

X. Comment rédige-t-on un paragraphe de dissertation ?

La rédaction d'une dissertation obéit à certaines règles ou plutôt obéit à certains objectifs : vous devez rédiger une démonstration en vous appuyant sur les œuvres. Disserter, c'est donc écrire un essai argumenté dont les preuves argumentatives résident dans des œuvres bien déterminées par un programme officiel.

1. La structure

Il n'y a à proprement parler aucune structure attendue, mais il y a des étapes nécessaires. Dans un premier temps nous pouvons, notamment en première année nous appuyer sur un schéma établi, puis prendre plus d'aisance en seconde année quand la pratique de l'exercice est acquise.

LES INGREDIENTS OBLIGATOIRES D'UN PARAGRAPHE DE DISSERTATION (sous-partie)

1. La formulation d'un argument (un seul)
2. L'explication de cet argument
3. La présentation d'un exemple majeur
4. Le commentaire de cet exemple majeur
5. Le lien avec un exemple mineur
6. Le commentaire de l'ensemble à relier à l'argument

AFFIRMER CE N'EST PAS DEMONTRER, un paragraphe de dissertation doit absolument être construit.

Voilà ce que cela peut donner pour le premier argument de notre première partie :

PLAN DÉTAILLÉ AU BROUILLON

I. Certes, l'individu possède une « inviolabilité » indépendante du bien-être de la société.

1. Intégrité physique et morale

Exemple majeur : ESCHYLE, *Les Suppliantes* : le mariage « forcé. »

Exemple mineur : WHARTON, *Le Temps de l'innocence* : le mariage arrangé.

Une communauté, une société peuvent chacune être définies comme un groupe vivant en collectivité. Ce groupe comporte un ensemble d'individus. **Si l'on doit considérer avec Rawl que l'individu possède une inviolabilité indépendante du bien-être « collectif »**, le terme « inviolabilité » renvoie à une protection intouchable et totale de l'individu. *Ce qu'il est et ce qu'il vit constituent son expérience propre, libérée du groupe social.* Ce caractère sacré est défendu par les Danaïdes dans Les Suppliantes, elle réclame la protection de Zeus car elles ont été « forcées » au mariage. Leur acte de vengeance semble se fondre dans cette défense de leur intégrité morale et physique, elles ne veulent pas de l'alliance avec les fils d'Egyptos, frère de leur père Danaos. Même si ces mariages peuvent garantir une paix durable entre les deux frères ennemis, elles ont désobéi à leur serment. Cette « inviolabilité » est aussi au cœur de la souffrance de Newland Archer quand il est partagé entre « ce qui se fait » et « ne se fait pas ». Il est engagé auprès de sa jeune fiancée May, et il est attiré par une autre femme. Newland ne peut avouer à May qu'il cherche à résoudre la dissonance entre son émoi face à Mme Olenska et ses devoirs vis-à-vis de la société. On ne rompt pas des fiançailles avec une femme mariée qui voudrait divorcer. Cette dissonance à la fois morale et physique va à l'encontre « du bien-être » de la société dans laquelle Archer vit. Cette contradiction intérieure se manifeste physiquement, Archer a l'impression d'être déjà mort car il renonce à sa volonté et à son désir.

- Introduction et formulation de l'argument principal de la partie I
- Formulation de l'argument intermédiaire 1
- Présentation de l'exemple majeur : Eschyle
- Commentaire de l'exemple majeur
- Lien et présentation de l'exemple mineur : Wharton
- Commentaire de l'exemple mineur qui conclue le paragraphe en reprenant l'argument intermédiaire 1

« Méthodes » et techniques de la dissertation

2. L'art du lien

La force d'un paragraphe, outre son argument et le choix des exemples, réside dans sa fluidité. Cette fluidité s'obtient par un maillage équilibré entre éléments précis issus des œuvres et commentaires précis de ces mêmes éléments. Il faut ajouter à cela des connecteurs, encadrés dans l'extrait ci-dessus. **Le titre des œuvres dans votre copie doit ABSOLUMENT être souligné** (dans cet ouvrage, pour des raisons éditoriales, elles sont en *caractères gras*), cela balise la lecture et facilite la compréhension.

POUR OBTENIR UNE RÉDACTION CLAIRE, IL FAUT TRAITER UNE IDÉE À LA FOIS, FAVORISER UNE SYNTAXE SIMPLE ET ÉVITER LES PHRASES TROP LONGUES.

Pour cela, il est nécessaire aussi de varier les verbes introducteurs et bannir les verbes « dire » et « voir » qui ne rendent pas compte de la palette énonciative des auteurs.

Quelques verbes pour introduire les exemples

Un auteur de fiction peut : raconter, décrire, caractériser, peindre, mettre en scène, comparer, dévoiler, énumérer, évoquer, faire apparaître, évoquer, mettre en évidence, rapporter, représenter, révéler, suggérer, utiliser etc.

Un philosophe peut aussi : aborder, affirmer, ajouter, analyser, énoncer, concéder, considérer, constater, démontrer, développer, examiner, expliquer, faire part, illustrer, indiquer, montrer, observer, présenter, remarquer, signaler, souligner etc.

Mémorisez cette liste, faites varier votre lexique : cela enrichira votre style de façon...mécanique !

3. Introduire les exemples

C'est parfois un véritable casse-tête pour l'étudiant que d'introduire un exemple. Entre les « comme dans l'exemple du roman de Truc. » et « comme le dit Machin », voire « on voit dans Bidule », etc. les maladresses sont si nombreuses que c'est parfois une source majeure de lourdeurs dans l'écriture de la dissertation. Cette maladresse traduit le malaise et la croyance qu'il faut utiliser des « béquilles » inutiles à la lecture (c'est comme si on gardait les échafaudages d'un immeuble après avoir refait la façade).

Introduire les exemples

1- **De manière directe**. Ce caractère sacré est défendu par les Danaïdes dans Les Suppliantes, elle réclame la protection de Zeus car elles ont été « forcées » au mariage. Leur acte de vengeance semble se fondre dans cette défense de leur intégrité morale et physique, elles ne veulent pas de l'alliance avec les fils d'Egyptos, frère de leur père Danaos.

2- **Par le biais de citations du texte :** Dans le chapitre XVI du TTP, Spinoza énonce que « C'est, observons-le, une loi universelle de la nature que nul ne renonce à ce qu'il juge être bon, sinon par espoir d'un bien plus grand ou par crainte d'un dommage plus grand, ni n'accepte un mal, sinon pour éviter un mal pire ou par espoir d'un plus grand bien. » Cette loi universelle appliquée au groupe fait fi de l'individu.

3- **En reliant à l'idée qui précède** : Cette « inviolabilité » est aussi au cœur de la souffrance de Newland Archer quand il est partagé entre « ce qui se fait » et « ne se fait pas ». Lorsqu'il désire précipiter son mariage, sa fiancée May se doute que cet empressement dissimule une peur.

- « *Par exemple,* dans la pièce d'Eschyle » ⟹ Dans la pièce d'Eschyle, …
- « *On peut donner comme exemple,* le roman de Wharton » ⟹ Dans son roman, Wharton….
- « *On a un bon exemple qui illustre bien cette idée* dans le traité de Spinoza… » ⟹ Spinoza, dans son traité, …..

XI. Comment rédige-t-on une conclusion ?

Comme nous avions commencé, il faut terminer : l'art de conclure est un art de la politesse, il nécessite donc des convenances mais aussi des règles.

1. L'objectif

La conclusion a deux objectifs majeurs : faire le bilan de la dissertation et prendre congé de votre lecteur. Votre dissertation n'existe que parce qu'elle est lue ! Vous écrivez TOUJOURS à quelqu'un. Même si vos devoirs sont numérisés, rappelez-vous que votre lecteur est de type humanoïde – pour l'instant – et qu'il a donc les forces et les faiblesses de cette espèce. Prenez-en soin… il vous évalue.

2. Les étapes

Je conseille d'établir une conclusion en 3 étapes

1. **Lien avec la dernière partie, rappel du sujet et de la problématique**
   → Une phrase pour se relier à ce qui précède. Une ou deux autre(s) pour rappeler quel était l'enjeu du devoir (en somme le sujet et la problématique)
2. **Bilan des réponses formulées en fonction des œuvres**
   → Reprendre globalement les réponses apportées par chacune des œuvres. Une ou deux phrase(s) pour chaque œuvre.
3. **Ouverture**
   → Envisagez une réflexion découlant de votre bilan, ou **ne faites pas d'ouverture si vous n'êtes pas sûr(e) d'être élégant(e) ou subtil(e) !**

Il ne faut pas bâcler la conclusion, prenez soin de la rédiger au brouillon, organisez votre temps pour cela. Faites des phrases courtes, simples mais prenez le temps de faire le point. Enfin, pour l'ouverture, je vous conseille de **ne pas changer complètement de thème, de ne pas proposer des ouvertures plaquées, absurdes ou complètement décontextualisées.** Mieux vaut pas d'ouverture qu'une ouverture idiote (même principe que pour l'amorce d'une introduction).

Lorsque Rawls affirme l'impossible transgression de l'individu, il fait référence à l'intégrité et aux pulsions de cet individu, il relie l'inviolabilité au « droit » à la justice, car il affirme une égalité entre les individus. Les œuvres au programme proposent une quête vers cet équilibre égalitaire : la protection de la cité et celle de l'individu pourraient être convergents. Pourtant, il semble que la force de la communauté et/ou de la société priment et menacent en permanence l'individu. Cette inviolabilité est donc toujours menacée et menaçante.

▶ 1 *Lien avec le sujet et rappel de la problématique et bilan général*

Eschyle laisse s'affronter jusqu'à la mort des forces qui s'excluent, Wharton décrit l'émancipation d'un personnage et la soumission de tous les autres. Pour Spinoza la véritable servitude c'est l'impossibilité et l'impuissance de l'individu à maîtriser voire retenir ses affects. Nul ne peut prétendre être une île capable de vivre sur une île. L'image est belle, elle suscite des fantasmes mais se révèle assez exceptionnelle, la vocation de l'humanité n'est pas de devenir une foule d'ermites ! Sans solidarité et sans entraide, nous serions une foule de loups se dévorant les uns les autres en fonction de nos intérêts et/ou de nos pulsions.

▶ 2 *Bilan des réponses formulées en fonction des œuvres*

En conséquence, protéger l'individu et la société serait possible dans une organisation sociale et économique qui prône une conscience et une pratique d'une solidarité démocratique inconditionnelle. Car comme l'écrit Spinoza dans son Ethique : « À l'homme donc, rien de plus utile que l'homme (...) »

▶ 3 *Ouverture sur la notion de solidarité et d'entraide*

XII. Comment fait-on des transitions ?

1. À quoi ça sert ?

Une dissertation ne juxtapose jamais : pas de listes d'exemples ou d'arguments : il faut tout relier comme nous le montrons dans l'explication du paragraphe de dissertation. Entre les parties, il faut faire davantage : il faut rédiger des transitions. Cela améliore la fluidité de lecture mais surtout cela permet de suivre votre **fil argumentatif,** c'est-à-dire le cheminement par lequel vous voulez que votre lecteur passe.

2. Où les placer, comment les rédiger ?

Rédiger une transition

Deux transitions nécessaires : à la fin de la première partie et à la fin de la seconde.

- **Vous devez reprendre l'argument principal de la partie pour le relier à un autre argument principal** soit à partir de votre dernier exemple, soit à partir d'une citation.
- **Revenir à l'auteur du sujet** pour faire le point sur ce que vous vouliez démontrer.

Une astuce : *pensez à relire votre partie avant de rédiger votre transition. Pour que votre dissertation soit fluide et toujours bien rédigée : relisez chaque paragraphe avant de passer au suivant et relisez chaque partie avant de passer à la suivante.*

Voilà l'une des transitions de notre dissertation, vous pouvez la détacher de votre devoir en sautant une ligne avant et une ligne après.

Dès lors, Rawls a raison d'affirmer la nécessité d'une intégrité fondée sur la justice, raison de croire au caractère sacré de l'individu, à la protection de sa volonté et de ses pensées vis-à-vis de la société pour autant, la transgression semble courante dans les œuvres au programme. Parfois, elle semble nécessaire pour protéger l'individu lui-même.	Reprise arg partie i Présentation partie ii

La qualité d'une dissertation se mesure à la fluidité de la lecture : l'enchaînement est LOGIQUE, balisé par les codes que je viens de vous évoquer. Il faut veiller aux transitions, aux liens entre les idées, aux seuils. Vous pouvez utiliser des connecteurs pour relier vos paragraphes en eux. Attention, ils ne substituent pas à la logique, ils viennent la souligner, la manifester.

Quelques connecteurs

Introduire ou ajouter	Préciser ou prouver	Contester	Conclure ou résumer
Tout d'abord	Notamment	Mais	Ainsi
Ensuite	En effet	Or	*In fine*
En outre	Car	Néanmoins	*Finalement*
De plus	En effet	En revanche	Donc
Puis	Comme	Cependant	Par conséquent
In fine	C'est-à-dire	Toutefois	Dès lors
Par ailleurs	Certes	Pourtant	En définitive
			En somme

XIII. Comment présenter une dissertation ?

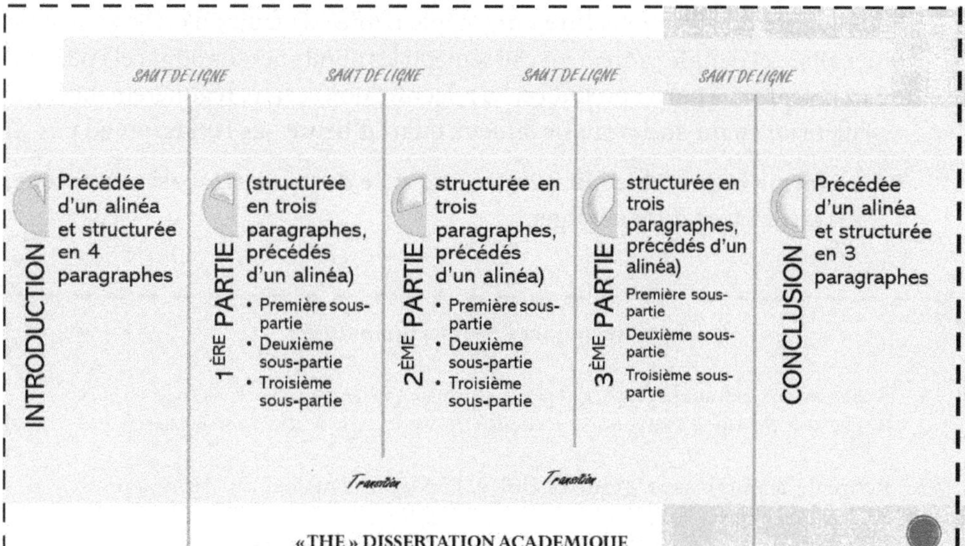

« THE » DISSERTATION ACADEMIQUE

Une dissertation de concours en trois/quatre heures doit comporter au moins une copie d'examen et demi et peut aller jusqu'à deux copies d'examen, pour une écriture de taille ordinaire, cela s'entend. Une partie se compose en une page et demie environ. Les parties doivent être équivalentes et la présentation des parties doit permettre visuellement d'en repérer la structure et les étapes. ***Dans cet ouvrage, le plan est explicité pour des raisons pédagogiques, dans votre copie, le plan ne doit pas être apparent.***

Retrouvez l'ensemble de la dissertation rédigée par mes soins sur le sujet de Rawls plus loin dans la partie dissertation.

1. Le poids de la forme

Je vous rappelle et ne l'oubliez jamais : **vous écrivez à quelqu'un** pour qu'il/elle suive votre pensée. Dès lors la forme de votre dissertation doit être la plus lisible possible. Votre lecteur doit évaluer entre 200 à 600 copies, selon les concours. L'effet de masse impacte nécessairement sur sa lecture. Il est donc absolument nécessaire de faire des efforts pour améliorer :

- **Votre écriture :** trop petite, confuse, ou trop penchée, elle gène la lecture, la ralentit et fait buter le lecteur comme si vous aviez mis des obstacles sur son chemin. Comment voulez-vous que cela permette d'avoir une juste image de votre pensée ? Choisissez un stylo dont l'encre sera foncée, oubliez les turquoises, les bleus pastels : avec une lumière artificielle, c'est insupportable, il en est de même quand les copies – comme c'est de plus en plus le cas – sont numérisées et corrigées sur écran. Ensuite, évitez de mettre tout et n'importe quoi en majuscules, c'est inutile, surtout pour faire semblant d'avoir cité toutes les œuvres…
- **La qualité de votre relecture :** une copie truffée de fautes d'orthographe est pénalisée et dans le cadre d'un classement, les points perdus pour cela peuvent largement vous porter préjudice. La relecture doit se faire régulièrement et pas seulement en fin de devoir. (le fameux quart d'heure que l'on ne prend pas…)
- **Une forme impeccable fait monter une note de manière quasi mécanique, vous auriez tort de la négliger.**

Quelques techniques de relecture efficace

1. **Relire au fur et à mesure** (paragraphe, sous-partie, partie, ensemble de la copie)
2. **Relire son devoir à l'envers** pour ne pas être « pris » par le sens : commencer par la fin.
3. **Relire de manière stratégique et ciblée.** Vérifiez vos terminaisons é/er/ées/ai/ais etc dans chaque paragraphe
   - → Vérifiez les groupes nominaux (déterminant+nom+adjectif à harmoniser)
   - → Vérifiez le verbe et son sujet de manière systématique
   - → Vérifiez les homophones sur lesquels vous avez des difficultés (son/sont ; et/est ; c'est/s'est ; se/ce etc.

Astuce : Etablissez une cartographie de vos erreurs orthographiques (types d'erreur) et ayez ce « document » pour chaque devoir maison. Même si vous faites beaucoup d'erreurs, vous faites toujours les mêmes et il est toujours temps de réviser et apprendre quelques règles… Ce n'est pas une fatalité. Si vous êtes dyslexique, votre handicap peut aussi trouver une compensation dans cette cartographie.

- **Je recopie le sujet en respectant la syntaxe**
- **J'analyse le sujet pour déduire la thèse**
- **Je formule la thèse**
- **J'interroge la thèse = c'est ma problématique**
- **je déduis mon plan de la problématique**
- **Je subdivise mes parties en sous-parties**
- **Je trouve un exemple majeur et mineur à chaque argument**
- **Je rédige**

RECAPITULATIF

FICHE DE RELECTURE ET D'AUTOCORRECTION : LES CRITÈRES DE RÉUSSITE D'UNE DISSERTATION

Étapes	Dissertation n° 1	Dissertation N° 2	Dissertation n° 3
Brouillon et préparation			
Analyse globale du sujet (thèse et intention)			
Analyse détaillée (relation entre les termes)			
Reformulation de la thèse			
Problématisation en relation avec l'ensemble du travail au brouillon			
Introduction			
Bonne amorce			
Analyse du sujet			
Problématisation			
Plan			
Développement			
Taille de la dissertation adaptée à l'épreuve (2 feuilles doubles)			
Contextualisation			
Argumentation			
Traitement des exemples (précision et analyse)			

Étapes	Dissertation n° 1	Dissertation N° 2	Dissertation n° 3
Diversité et pertinence des exemples			
Logique de l'argumentation			
Troisième partie pertinente			
Transitions			
Reprise régulière de la citation et de la pensée de l'auteur			
Références hors programme pertinentes			
Conclusion			
Reprise de la question			
Synthèse « éclairée » des réponses			
Forme			
Écriture lisible et agréable			
Alinéas, paragraphes			
Titres des œuvres soulignés			
Orthographe			
Syntaxe			
Note			

XIV. Schémas d'étude du thème « Individu et communauté »

« Individu et communauté»

- « Individu et communauté : définitions
- Les liens ambigus entre individu et communauté
- Espaces et limites de l'individu et de la communauté

Le thème de cette année touche plusieurs aspects philosophiques et littéraires. Il explore la philosophie morale et politique. Les concepts d'individu et de communauté demandent à être définis. Il faudra aussi mettre en vis-à-vis la communauté et la société. Ces termes sont en apparence courants, mais il faudra toujours les définir dans les diverses citations car ils n'ont pas toujours le même sens selon l'époque et le contexte.

Quand on parle de « communauté internationale » à quoi cela renvoie-t-il ? Est-ce le même usage lorsque l'on parle de la communauté de fans de Michel Sardou ou d'Aya Nakamura ? Et lorsqu'il s'agit d'une communauté religieuse ? La notion de « communauté » renvoie à un lien social parfois valorisé d'autres fois critiqué. Ce qui va aussi nous intéresser, ce sont les relations entre « individu » et « communauté ». L'individualisme est-il un mal ou un bien ? Porte-t-il préjudice à la « communauté » ? Est-ce que la « communauté » n'empiète pas trop sur les droits de l'individu ? Peut-on exister individuellement sans appartenir à une communauté ? La question des liens et des limites de ces deux concepts permet de réfléchir aux contours de l'un et de l'autre. Dans cet ouvrage, nous allons donc pouvoir explorer cette notion sous trois facettes.

Pour conclure, je reprendrai pour partie mon propos de l'an passé. Le thème au programme permettra à votre génération de réfléchir à une question fondamentale dans l'exercice de sa présence au monde. Personne ne compte pour rien, ou pour le dire autrement : **chaque créature humaine compte.** Le danger des sociétés passées et contemporaines est de créer une hiérarchie dans la valeur des individus selon son genre, sa couleur de peau, son âge, sa santé, son salaire, son métier, le lieu où il vit, son niveau d'étude, ses notes… Cette hiérarchie est une gigantesque escroquerie qui permet de nombreuses violences à l'apparence légitime contre les individus et les communautés.

L'égalité de valeur de la vie humaine est une conquête perpétuelle, une conquête philosophique et politique, individuelle et collective. Dès lors qu'un pouvoir veut imposer l'idée qu'une population, une catégorie de population ne vaut rien, il se renforce par les abus qu'il désire exercer. Dès lors qu'une personne, une communauté veut vous convaincre que vous valez moins qu'elle ou que vous ne valez rien, elle légitime sa violence et renforce son pouvoir à votre égard. Ne la croyez pas, elle ment.

« La communauté et l'individu » : définitions

« L'homme n'est ni bon ni méchant, il naît avec des instincts et des aptitudes ; la Société, loin de le dépraver, comme l'a prétendu Rousseau, le perfectionne, le rend meilleur ; mais l'intérêt développe alors énormément ses penchants mauvais. »

Balzac, *Avant-propos de la Comédie humaine*

➥ *En quoi cette réflexion éclaire-t-elle les rapports entre individu et communauté dans les œuvres inscrites au programme ?*

VINCENT PUYMOYEN

Analyse du sujet

- En 1842, Balzac publie pour la première fois son œuvre sous le titre de « la Comédie humaine ». L'écrivain entreprend d'être un « historien des mœurs », à l'école des savants naturalistes comme Cuvier ou Geoffroy Saint-Hilaire. Dans son avant-propos, Balzac développe une métaphore zoologique dans laquelle il compare la société au monde animal tout en critiquant le point de vue de Rousseau qui veut que la société soit corruptrice.
- On peut opposer l'instinct individuel, qui singularise ou isole, et l'instinct collectif (parfois appelé péjorativement instinct grégaire) qui rassemble les individus en communautés.
- Les « penchants mauvais » de l'individu ne sont pas pour Balzac la conséquence de la vie en société, cette dernière étant plutôt le milieu dans lequel ces penchants se développent.

Enjeux du sujet

1. La communauté n'a-t-elle pas l'effet de neutraliser et même de transformer les penchants de l'individu, qui doit agir par rapport à elle, pour la jauger, la consulter, définir ses propres manœuvres individuelles ? Comment s'articulent l'intérêt individuel et l'intérêt collectif ?
2. Quel « bien » la communauté apporte-t-elle à l'individu ? Mais également, en quoi constitue-t-elle un risque de corruption ou même d'anéantissement pour ce dernier ?

PROBLÉMATIQUE

- Comment la société révèle-t-elle la destinée morale de l'individu ?

PLAN

I. L'instinct humain résiste à la communauté
   1. La solitude essentielle
   2. L'individu persévère dans son être
   3. Difficile rébellion

II. Par l'obéissance à la société, l'intérêt individuel cède à l'intérêt collectif
   1. L'importance des rites sociaux
   2. L'obéissance aux dieux
   3. Les bons fruits de l'obéissance

III. Devenir meilleur ? L'individu et le bien commun
   1. L'individu réconcilié avec le peuple
   2. La résolution du dilemme individu/communauté
   3. L'intérêt individuel dans l'empire démocratique

Introduction

Dans son « Avant-propos de la Comédie humaine », Balzac expose presque en naturaliste sa vision de la société : pour lui il y a autant d'espèces sociales que d'espèces animales. Cette représentation le rapprocherait de ce que **Spinoza** dit de la nature au début de son *Traité théologico-politique* : un ordre qui prévoit que les gros poissons mangent les plus petits. On voit que ce qui n'est qu'un « instinct » dans le monde animal devient un « penchant », dans le monde social, et donc se prête à un jugement moral. Si la société est dans l'ordre de la nature, comme nous l'indiquerait la métaphore zoologique de Balzac, alors il n'y a pas lieu d'y voir comme chez Rousseau une dépravation de l'humanité. L'instinct est passé dans les mœurs. Balzac émet cependant une réserve au sujet de l'intérêt qui « développe les penchants mauvais ». **Eschyle** nomme les Sept des « loups au ventre creux ». Il faut donc supposer que, contrairement là encore à Rousseau, ces penchants mauvais, dont l'origine n'est pas précisée par Balzac, préexistent à l'ordre social et trouvent dans la société l'occasion de se développer, en fonction de l'intérêt, lorsque les rapports de force et les stratégies individuelles se mettent en place.

Comment la société révèle-t-elle la destinée morale de l'individu ?

I. L'instinct humain résiste à la communauté

1. La solitude essentielle

Dans un premier temps, l'individu libre, s'il a de l'orgueil, va résister au groupe social. C'est le cas d'Archer, personnage rétif, qui ne cesse de cultiver sa singularité et se reconnaît dans la solitude d'Ellen : « La solitude, c'est de vivre parmi ces gens aimables qui ne vous demandent que de dissimuler vos pensées » (*Le Temps de l'innocence*, p. 87). Car, selon **Spinoza**, il y a une chose que la société ne peut vous prendre, c'est la liberté de jugement, contrairement au « droit d'agir » (*Traité théologico-politique*, chap. xx) qui peut être cédé afin que tout le monde puisse vivre en paix.

En cédant son droit d'agir, par le mariage et le sacrifice aux conventions sociales, Archer, dans le roman d'**Edith Wharton**, se condamne à vivre dans le déchirement entre son amour pour Ellen, qui partage son désir d'indépendance, et son lien indissoluble avec May. La scène finale où on le voit renoncer à rejoindre Ellen dans son appartement parisien est l'image d'une abdication qui remonte à son mariage. On voit aussi que la solitude ne l'a pas quitté, comme une trace de son instinct primordial à rejeter la société, à la manière d'Ellen qui se sent elle aussi « trop autre » (*Le Temps de l'innocence*, p. 233). Tous deux se sentent mus dans le monde par un instinct solitaire.

2. L'individu persévère dans son être

Si l'on considère comme le dit **Spinoza** (chap. xvii) le peuple hébreu comme une individualité au milieu des autres nations, refusant jalousement de se mélanger ou de reconnaître d'autres coutumes que celles de Moïse, on constate que l'individualité, au sens politique, renforce la souveraineté en s'opposant aux autres, et s'affaiblit dans la compromission.

D'autre part, on pourrait croire que l'individu, une fois intégré à la société, se montre meilleur, mais pourtant, loin de le faire renoncer à son égoïsme, la communauté pourrait être le moyen de rendre cet égoïsme encore plus nuisible. Car c'est un fait que l'individu, une fois qu'il est reconnu par un groupe social, ne s'y dissout pas et peut y manifester tout son potentiel, comme le Rastignac balzacien. Dans le pire des cas il peut même y croître pour exercer une forme de tyrannie.

Car le rapport de l'individu à la société est aussi un rapport de prédation, l'intérêt égoïste de milieu new-yorkais que décrit **Edith Wharton**, ce qui arrive au banquier Julius Beaufort, un parvenu éminemment balzacien, le montre bien. Le plus souvent cet égoïsme est empêché d'agir par la société qui neutralise l'individu. À Beaufort on ne pardonnera pas la banqueroute qui fera de lui un indésirable.

3. Difficile rébellion

La rébellion pourrait exprimer l'inassimilable de l'individu. Archer Newland, cependant, y a renoncé, par un conformisme de façade. Sans doute est-ce là la raison pour laquelle il est attiré par Ellen, dont l'insoumission va jusqu'au scandale public. On pourrait voir en Archer un équivalent de Polynice, dans le sens où, ennemi de son groupe social, il est métaphoriquement enterré : « il avait le sentiment d'être enterré vivant » (*Le Temps de l'innocence*, p. 144).

La rébellion de l'Antigone d'**Eschyle** est au moins aussi audacieuse que celle d'Ellen Olenska. Antigone demande « une tombe pour lui [Polynice] et des funérailles ». Le Héraut alors lui intime de « cesser sa révolte incivique », et s'indigne que l'on puisse « honorer d'un tombeau celui qui hait la ville ». Mais à la fin de la pièce, une partie du chœur va se rallier à rébellion d'Antigone et la convertir en acte de piété. Dans la catharsis tragique, Polynice cesse alors d'être l'ennemi de la communauté.

Cela nous invite à considérer comment l'individu (sans pour autant mourir réellement ou symboliquement) passe de sa solitude fondamentale, exprimée parfois par la résistance, à l'obéissance aux règles sociales.

II. Par l'obéissance à la société, l'intérêt individuel cède à l'intérêt collectif

1. L'importance des rites sociaux

Quand bien même il risquerait de perdre une grande partie de sa souveraineté, il est difficile à l'individu de s'accomplir en dehors d'un groupe. Ne pouvant renoncer à son jugement, il doit donc céder son « droit d'agir ». **Spinoza**, dans le chapitre XVI du *Traité théologico-politique*, évoque bien les risques d'une obéissance aveugle aux commandements absurdes de l'empire, mais il est possible de trouver un compromis entre liberté et soumission dans la société : « l'obéissance, elle ôte la liberté d'une certaine manière, mais elle ne rend pas incontinent esclave ». On retrouve cette idée dans l'attitude d'Archer Newland vis-à-vis de l'institution du mariage, fondement de la vie sociale : « Archer se résignait à cette formalité, comme à toutes les exigences d'un rite qui semblait venir de la nuit des temps » (*Le Temps de l'innocence*, chap. 19). La force de cette institution est de nature à vaincre les résistances. Malgré qu'il en ait, l'individu doit ainsi se conformer à l'ordre qu'il fonde lui-même en renonçant à sa liberté. Il ne peut le faire qu'en se soumettant à des rites sociaux qui l'intègrent à la société, tout en le pacifiant.

2. L'obéissance aux dieux

Devant le peuple de Thèbes, étéocle affirme que « l'Obéissance est la mère de la réussite » (Les *Sept contre Thèbes*) et cette obéissance est pour lui supérieure à la piété envers les dieux protecteurs de la cité. À son tour, le chœur de Thèbes défend les valeurs conservatrices de la cité. On peut donc opposer l'obéissance de la piété et l'obéissance au tyran, celle-là donnant aux individus la garantie de la stabilité par un consentement pacifique. Pour **Spinoza** la monarchie religieuse est le moyen de garantir cette stabilité au prix d'une tromperie, en persuadant que « la majesté est sacrée et qu'elle joue le rôle de Dieu sur terre, et que c'est par Dieu, non par le suffrage et le consentement des hommes, qu'elle a été établie et qu'elle est conservée et défendue par une assistance singulière et une protection divine » (*Traité Théologico-politique*, chap. 17) Cette tromperie fondatrice est confortée par la croyance des peuples. Pour **Spinoza** le recours à la religion relève le plus souvent de l'attitude superstitieuse. C'est également le motif de la colère d'Étéocle devant la piété du chœur au début de la pièce d'**Eschyle**.

3. Les bons fruits de l'obéissance

Quand bien même les fondements de l'autorité seraient douteux – et incontestablement la pensée de **Spinoza** opère une véritable déconstruction de ces fondements, ces derniers apportent à la société des bienfaits appréciables. Lorsqu'un groupe social impose ses codes ou sa mode, il apporte cette sécurité bien protégée qu'incarne parfaitement dans le roman d'**Edith Wharton** le personnage de Mr Sillerton Jackson, une sorte de dieu omniscient régnant sur la meilleure société new-yorkaise, incollable sur les généalogies et les alliances (*Le Temps de l'innocence*, p. 16), société dont il garde sous clef les secrets et les scandales. À un tel dieu il faut se soumettre pour garder ses prérogatives, et c'est sans doute en se sacrifiant à ce conformisme qu'Archer épouse finalement May, lui qui avait déjà pressenti, au début du roman, que malgré sa supériorité sur son milieu, « il serait à la fois incommode et de mauvais goût de faire cavalier seul » (*idem*, p. 16). Enfin **Spinoza** ne dit-il pas que le but de la république est de « libérer chacun de la crainte, pour qu'il vive en sécurité autant que faire se peut, c'est-à-dire pour qu'il conserve au mieux son droit naturel à exister et à opérer sans qu'il y ait dommage pour lui ou pour autrui » (*Traité théologico-politique*, chap. xx) ?

III. Devenir meilleur ? L'individu et le bien commun

1. L'individu réconcilié avec le peuple

L'individu est par définition celui qui n'est pas divisible, l'indivis. Or le droit individuel, même naturel, peut être considéré comme une agression contre l'ordre social : Polynice se lève contre Thèbes.

Pour **Spinoza**, ce qui est à craindre est « l'adulation des pontifes, la corruption de la religion et des lois », dont les mauvais fruits seront les querelles et les divisions de la communauté en « sectes. » (*Traité théologico-politique*, chap. XX) C'est de ces divisions que sont nées les guerres entre Israël et Juda, conséquence de l'établissement de la royauté qui ne s'exerce pas en lien avec le peuple (*Idem*, chap. XVII).

Il n'en est pas de même dans les tragédies d'**Eschyle**, quand le roi consulte le peuple. La faute d'œdipe est surmontée lorsqu'à la fin des *Sept contre Thèbes*, le chœur ému de compassion pour les deux frères entre-tués se divise en demi-chœurs. Nous voyons donc que la querelle individuelle et fratricide, due au déchaînement des Érinyes après la faute d'œdipe, se résout dans un acte de piété, où le chœur ne se divise pas pour s'affronter, mais au contraire pour accomplir un deuil séparé. Dans ce cas, la division du peuple réconcilié donne une image inversée du duel fratricide.

En laissant le peuple accomplir les devoirs de la piété, on évite la situation que déplore Spinoza dans le chapitre XVII de son *Traité théologico-politique*, l'appropriation exclusive par les Lévites du pouvoir sacerdotal, décision qui selon lui fut à l'origine de l'instauration de la royauté sous le contrôle des Lévites. Il en résulta des divisions et des guerres civiles ainsi qu'une période de décadence religieuse, avec, comme effet pervers, l'introduction des cultes étrangers par les rois qui voulaient contester la mainmise de la caste sacerdotale.

2. La résolution du dilemme individu/communauté

La situation de dilemme est celle qui exprime le mieux le rapport conflictuel de l'individu et de la communauté. L'individu intériorise alors le conflit, en le traduisant par une délibération privée ou publique. Nous avons vu que chez un personnage comme Archer le refus de s'assimiler se neutralise dans un conflit larvé qui ne n'est jamais tout à fait déclaré. D'un côté May « cygne voguant dans la gloire d'un soleil couchant » (*Le Temps de l'innocence*, p. 199), de l'autre Ellen Olenska, qui elle, serait plutôt un Phénix, jamais complètement morte dans le souvenir d'Archer, et toujours renaissante dans « les grèves lumineuses » (p. 215).

Remarquons cependant que la situation de dilemme, que l'on rencontre dans la tragédie, est tranchée, dans les *Suppliantes*, par la consultation du peuple. Le roi met l'accueil des filles de Danaos en balance avec la survie de la cité, et le peuple accepte les suppliantes, donnant au roi la légitimité d'affronter le Hérault d'égyptos.

3. L'intérêt individuel dans l'empire démocratique

« Or si c'est la ville entière qui est entachée/c'est au peuple entier d'y porter remède » (*Les Suppliantes*). Ainsi le roi sage s'en remet-il au peuple, et dans les deux tragédies d'**Eschyle** qui sont à notre programme, il appartient à ce dernier de résoudre le conflit tragique, et de conforter ainsi l'autorité du roi. Si le roi ne peut rien promettre avant d'en parler à tous, c'est que même à celui qui détient le pouvoir il est indispensable d'associer le peuple à sa souveraineté. **Spinoza** reformule le transfert de souveraineté, déjà formulé par Hobbes, comme un pacte avec la raison (*Traité théologico-politique*, chap. XVI). L'empire démocratique étant dans le chapitre XX considéré comme le meilleur régime, il « s'approche le plus de l'état naturel ». On peut donc considérer que l'empire démocratique, qui est de tous les régimes de plus favorable au droit et à l'intérêt individuel, permet au dernier de s'exercer tout en préservant une certaine vertu politique, dans la garantie de la liberté individuelle et du bien commun.

Conclusion

La critique que fait Balzac de Rousseau postule que l'intérêt a son fondement dans l'instinct. En confrontant cet instinct à la communauté (dont la constitution relève également d'un instinct, dit grégaire), l'individu, à qui il est impossible de renoncer à sa singularité, peut certes céder au groupe son pouvoir d'agir, mais non pas sa liberté de jugement. Il est donc invité à réévaluer son intérêt dans rapport avec la communauté, et à repenser sa transcendance en rapport avec d'autres transcendances (les dieux, Dieu, le peuple…). C'est par cet intérêt bien compris qu'il peut non plus nuire aux autres ou à lui-même mais s'élever dans la société par la prise en compte du bien commun, alors il devient vraiment meilleur.

Exposant dans le *Discours de la méthode* sa « morale par provision » Descartes énonce ainsi sa première maxime : « obéir aux lois et aux coutumes de mon pays » en « me gouvernant en toute autre chose suivant les opinions les plus modérées et les plus éloignées de l'excès qui fussent communément reçues en pratique par les mieux sensés de ceux avec lesquels j'aurais à vivre. »

➥ *Les œuvres au programme vous semblent-elles plaider en faveur de cette règle de conduite ?*

MICHEL DELATTRE

Analyse du sujet

- Le projet central de Descartes est de remettre en question ses préjugés et déboucher autant qu'il est possible, en usant de sa faculté de raisonner, sur des connaissances certaines. Il reconnaît cependant que ce projet n'est pas réalisable dans tous les domaines. En particulier, dans la vie quotidienne, aussi bien que sociale et politique, « les actions de la vie ne souffrant souvent aucun délai, c'est une vérité très certaine que, lorsqu'il n'est pas en notre pouvoir de discerner les plus vraies opinions, nous devons suivre les plus probables ; et même, qu'encore que nous ne remarquions point davantage de probabilité aux unes qu'aux autres, nous devons néanmoins nous déterminer à quelques-unes ». Descartes, ici, énonce donc qu'on doit suivre les lois et coutumes de son pays, non parce qu'elles sont les meilleures, mais parce qu'il est bien nécessaire de suivre, faute de mieux, les règles en vigueur, souvent héritées du passé.

Enjeux du sujet

Les trois œuvres au programme mettent en scène la relation, toujours compliquée, de l'individu avec la communauté à laquelle il appartient. La « morale par provision » proposée par Descartes invite à se plier d'une part aux lois localement en vigueur et d'autre part aux mœurs, mais par-là, d'une certaine manière, aux croyances collectives et aux valeurs héritées de la communauté au sein de laquelle on vit. Le sujet invite à interroger la pertinence de cette règle de conduite.

PROBLÉMATIQUE

- La condition humaine est habitée par une contradiction : les règles que la communauté impose aux individus doivent être respectées mais, contrairement aux raisonnements mathématiques ou aux lois de la nature, il n'est pas possible de les considérer comme des lois universelles, donc incontestables. Par ailleurs, contrairement aux lois naturelles, il est toujours possible de transgresser les règles humaines. Nous sommes donc contraints, pour éviter qu'elles soient contestées, de nous résigner à accepter une part d'incertitude, parfois d'arbitraire. D'où l'autorité de la tradition. Cela signifie-t-il qu'elle est par principe au-delà de tout soupçon, comme si la vie sociale était soumise à une forme de déterminisme, certes différent de celui des sciences exactes, mais tout aussi contraignant ? Est-il au contraire toujours possible de contester la pertinence de certaines règles qui nous sont imposées au nom de ses traditions ?

PLAN

I. Les mœurs, des supplétifs de la justice et de la politique ?
1. Ambiguïtés de la notion de justice
2. Le droit et la coutume
3. Les incertitudes de la vie publique

II. Le poids des traditions
1. Traditions religieuses et identités des peuples
2. Les traditions séparent les peuples les uns des autres
3. Peuples et individus caméléons

III. La justice, les traditions et le droit
1. Ambiguïtés des bonnes mœurs
2. Victimes de la tradition
3. Ne pas oublier le droit et la morale…

Introduction

« Plaisante justice qu'une rivière borne. Vérité en-deçà des Pyrénées, erreur au-delà. Ils confessent que la justice n'est pas dans ces coutumes, mais qu'elle réside dans les lois naturelles communes en tout pays. Certainement ils le soutiendraient opiniâtrement si la témérité du hasard qui a semé les lois humaines en avait rencontré au moins une qui fût universelle. Mais la plaisanterie est telle que le caprice des hommes s'est si bien diversifié qu'il n'y en a point ». Cette *Pensée* de Pascal dénonce ceux, en particulier les théoriciens du droit naturel, qui prétendent définir la justice par des lois universelles. En évoquant des caprices, il semble constater, sinon promouvoir, une forme de relativisme qui s'imposerait dans les domaines politiques et sociaux.

Dans le même fragment, Pascal écrit : « certainement s'il la connaissait [la justice] il n'aurait pas établi cette maxime, la plus générale de toutes celles qui sont parmi les hommes, que chacun suive les mœurs de son pays », ce qui vise très vraisemblablement Descartes.

La relation entre la justice et les mœurs se trouve au cœur des deux tragédies d'**Eschyle**, *Les Suppliantes* et *Les Sept contre Thèbes* ; elle l'est également dans le roman d'**Edith Wharton**, *Le Temps de l'innocence* ; et nous la retrouvons, cette fois théorisée, dans la philosophie politique de **Spinoza**, telle qu'elle est exposée dans le *Traité théologico-politique*. Chacune de ces œuvres interroge à sa façon les limites de l'autorité de la tradition, même si le projet de Spinoza est d'établir des règles fondamentales de la vie politique. Nous nous demanderons donc ce qui peut parfois conduire à se reporter à la tradition plutôt qu'à des principes politiques raisonnés. Nous verrons cependant comment le poids des mœurs ne peut être totalement méconnu, mais que cela peut placer les individus dans des situations qui relèvent parfois du tragique.

I. Les mœurs, des supplétifs de la justice et de la politique ?

1. Ambiguïtés de la notion de justice

La notion de justice renvoie à deux registres différents : celui du droit et celui de la morale. La loi ou les décrets du souverain dictent des règles impératives (c'est le cas, par exemple, de l'interdit prononcé par Créon d'enterrer Polynice). C'est ce qu'établit **Spinoza** lorsqu'il montre que, lorsque l'exercice de la souveraineté est légitime, nous devons obéir aux décrets prononcés en son nom. Mais, lorsqu'on affirme qu'une loi est injuste, on se réfère à une exigence de justice plus fondamentale, qu'on peut parfois qualifier de morale (par exemple lorsque, dans *Les Suppliantes*, les femmes refusent d'être mariées sans leur consentement), et qui relève aussi parfois des mœurs, comme lorsque Antigone annonce qu'elle enterrera son frère malgré l'interdit : « je ne rougirai point de ma désobéissance et de ma rébellion aux ordres de la Cité. On est fortement lié par la communauté du sein où l'on a pris naissance… ». Ces différents sens du mot justice manifestent le caractère au moins en partie relatif de nos systèmes juridico-politiques. De ce fait, il existe différents types de justification des lois : on peut les référer à une forme de rationalité juridique, en considérant que le droit doit respecter un certain nombre de principes universels, tout en admettant sa variabilité (« La cité souvent varie dans l'appréciation du droit », dit **Eschyle**). C'est, par exemple, ce qui donne sens à la notion de « droits de l'homme ». Et c'est à certains égards ce que fait **Spinoza**.

2. Le droit et la coutume

Mais on peut également soutenir que tout système juridico-politique est au moins en partie coutumier : il résulte d'un héritage enraciné dans un long passé, qu'on ne saurait négliger. Cet héritage ne prend pas seulement une forme juridique. Il s'incarne également dans les mœurs : des habitudes et des codes de vie quotidienne qui n'ont pas valeur contraignante explicite, mais que, souvent, on ne saurait impunément ignorer (comme l'illustre le petit monde du *Temps de l'innocence*), et qu'on doit à la fois distinguer du droit et de la morale. À certains égards, Euripide le déclarait déjà : « La coutume est plus sûre que la loi. »

Dans son rapport à la communauté, l'individu se trouve donc contraint de gérer trois types d'injonctions pesant sur son comportement : les lois, les mœurs, et ce que sa conscience lui présente comme obligation morale. L'espace de la vie quotidienne d'un individu est donc semé d'incertitudes.

3. Les incertitudes de la vie publique

En effet, si le *Traité théologico-politique* de **Spinoza** se réclame d'un rationalisme aussi exigeant que celui de Descartes. Comme lui, il reconnaît que la vie publique est un domaine en partie contingent : « Ce qui procure de grands avantages à l'État, ce que nous pouvons croire absolument sans risques ni périls, il y aurait folie à le rejeter par ce seul prétexte que cela ne peut être démontré mathématiquement; comme si, pour régler sagement la vie, nous n'admettions comme vraies que des propositions qu'aucun doute ne peut atteindre, ou comme si la plupart de nos actions n'étaient pas très incertaines et pleines de hasard. »

Cela peut conduire à se tenir à l'écart de la vie politique, comme on le voit dans le roman d'**Edith Wharton** où elle n'est presque jamais mentionnée (seul Newland Archer s'y essaie à la fin de sa vie, mais il est content de ne pas être réélu et se réfugie dans les arts). Cela peut également conduire à assumer la marge d'incertitude qu'elle comporte, comme le font les personnages mis en scène par **Eschyle**, qui inexorablement s'en remettent aux dieux quant à l'issue périlleuse de leurs entreprises. Et cela peut enfin conduire à accorder un grand poids aux règles tacites de la vie quotidienne, vécues comme évidentes, mais souvent non formulées de façon explicite, quitte à en payer le prix.

II. Le poids des traditions

1. Traditions religieuses et identités des peuples

La tradition et les mœurs jouent donc un rôle non négligeable dans l'articulation entre l'individu et la communauté à laquelle il appartient. Cela peut prendre la forme du dogme religieux, comme c'est le cas dans l'Antiquité biblique. Selon **Spinoza**, c'était même le vecteur exclusif de transmission de la loi chez les Hébreux, et il en est de même dans l'univers mental de l'Antiquité grecque, comme en attestent *Les Suppliantes* et *Les Sept contre Thèbes*, où le recours aux dieux tutélaires de la Cité est omniprésent : « Dieux protecteurs de notre pays, venez, venez tous. » Le chœur témoigne du fait que cette prière, en même temps qu'elle unit un peuple, le distingue des autres : « Ne livre pas notre ville pressée par les lances à une armée qui parle une autre langue ».

2. Les traditions séparent les peuples les uns des autres

Ce qu'on peut rapprocher de la façon dont **Spinoza** interprète le récit biblique qui présente le peuple hébreux comme élu de Dieu : non comme un privilège, mais au contraire parce que c'est selon lui la voie que Moïse a empruntée pour s'adresser à la singularité d'un peuple qui n'était pas en état de connaître la béatitude par la seule raison : « Moïse s'y est pris de cette façon et s'est servi de ces raisons pour avertir les Hébreux, suivant la portée enfantine de leur esprit, de s'attacher plus fortement au culte de Dieu », donc à la loi qui impose la justice et l'amour du prochain.

3. Peuples et individus caméléons

De la même façon, **Spinoza** relève que Paul était grec avec les Grecs et juif avec les Juifs. En un sens, la loi est toujours la loi de Dieu (elle tend à l'universalité et fixe des règles fondamentales identiques) ; en un autre elle prend selon les peuples des formes particulières. Jérémie demande aux Hébreux en exil de respecter la loi de leur pays d'accueil. Paul demande aux chrétiens de respecter la loi romaine. Et Descartes, exilé en Hollande, alors qu'il est catholique, éduquera sa fille dans la religion protestante. Les règles coutumières enracinées dans la théologie ne prennent donc pas une forme universelle. C'est une limite, mais elle ne fait que reconduire les limites de ceux à qui elle s'adresse. Et selon **Spinoza**, cela reste vrai pour un grand nombre de ses concitoyens.

III. La justice, les traditions et le droit

1. Ambiguïtés des bonnes mœurs

La tradition a jusqu'ici été appréhendée sous des jours favorables, comme un succédanée de justice, à défaut de pouvoir parier sur la raison des individus. Elle présente cependant un revers moins positif : loin de toujours unir les membres d'une communauté, elle assure aussi parfois une fonction de discrimination. Si les suppliantes veulent se faire entendre, il leur faut adopter les manières d'Argos : « Évitez le bavardage et la prolixité de vos discours : les gens d'ici ne le peuvent souffrir » et s'en remettre à de nouveaux dieux, dont le héraut égyptien ne reconnaît pas l'autorité. Si l'on appartient au monde décrit par **Edith Wharton**, il faut en accepter les règles : « nous sommes d'ici, et, quand on vient parmi nous, on doit respecter nos habitudes », dit sa mère à Archer. Les bonnes manières sont bien, à la façon dont la sociologie les a plus tard décrites, des signes de distinctions sociales. Elles ont pour effet que vous êtes intégré à ce microcosme social qui vous reconnaît à ces signes, ou que vous en êtes exclu.

Le système des bonnes manières peut aussi dissimuler des fractures internes au microcosme social, mesquines et plus ou moins méprisables. Il peut prendre la forme d'un univers de dissimulation, d'hypocrisie, de mensonge ou de double jeu. Ainsi May, la fiancée modèle, accepte de jouer le rôle de cruche qui a été écrit pour elle – mais elle n'en est pas dupe et elle en avertit Newland : « Ne croyez pas que les jeunes filles soient aussi ignorantes que l'imaginent leurs parents… On écoute, on observe ; on a ses sentiments et ses idées… ». Elle le lui prouve en lui laissant entendre à plusieurs reprises qu'elle a bien perçu son amour pour la comtesse Olenska, mais elle saura manœuvrer pour parvenir à ses fins, au prix d'une parodie de vie de couple. La soumission aux usages a en effet un coût.

2. Victimes de la tradition

Cette sacralisation des règles traditionnelles fait des victimes. C'est même ce qui définit les destins tragiques : Antigone est prise en étau entre le devoir d'obéir à Créon et celui d'enterrer son frère. Elle se sacrifiera. Hegel, dans ses *Principes de la philosophie du droit*, y verra l'illustration de l'incapacité de la culture politique antique à concilier les droits de l'individu avec ceux de la Cité, motif littéraire central, selon lui, de la tragédie.

Dans le roman **d'Edith Wharton,** l'existence de Newland peut être perçue comme écartelée entre un désir d'authenticité et les exigences du milieu social. Il y a chez lui une semi-conscience de la vanité de la vie qui lui est promise : il prévoit « la résignation qui allait certainement devenir un des principaux éléments de sa vie d'homme marié. » Il voudrait « ne pas faire comme tout le monde », ce qui conduit May à admirer son originalité, mais il sait aussi que cette prétendue originalité n'est qu'un des stéréotypes conventionnels de son milieu : le *nec plus ultra* de la mondanité étant de savoir donner le sentiment que, tout en en respectant les codes, on n'en est pas dupe. Sa lucidité va cependant plus loin, et c'est ce qui en fait un individu sacrifié. Il est déchiré entre, d'une part la passion sincère qu'il éprouve pour la comtesse Olenska (qui lui fait entrevoir ce qu'est « la vraie vie ») et d'autre part la conformité aux normes d'une vie matrimoniale dont il déclare également à plusieurs reprises, sinon l'authenticité, du moins la « vérité ». Au temps de ses fiançailles, en apercevant sa fiancée de loin, il éprouve que : « La vérité, la réalité, la vraie vie se trouvait là ! » Pris entre deux « réalités », il ne choisit pas : sa fiancée et la comtesse maîtriseront bien mieux la situation. Ou alors seulement après coup : Newland conjuguera de la sorte le souvenir de Madame Olenska, symbole de « tout ce dont il a été privé » et, après le décès de son épouse, le bilan suivant : « le mariage le plus ennuyeux n'est pas une faillite, tant qu'il garde la dignité d'un devoir. Archer honorait ce passé dont il portait le deuil : après tout, il y avait du bon dans les anciennes traditions ». Mais un choix rétrospectif n'est pas un choix. Ici se révèle l'ambiguïté qu'il y aurait à ne s'en remettre qu'aux coutumes de son milieu. On peut le vérifier dans le rapport de Newland à la liberté des femmes. Lorsqu'il s'agit de la comtesse, il la revendique : « les femmes doivent être libres, aussi libres que nous-mêmes ». Mais c'est « une liberté que jamais il n'accorderait à sa femme, si un jour elle venait à la revendiquer ». Deux systèmes de valeurs inconciliables cohabitent en lui.

Si on retrouve des déchirements comparables chez Ellen, c'est sans ces ambiguïtés. Elle est le personnage sacrifié sur l'autel de « ce qui se fait » et « ce qui ne se fait pas », mais avec une grande noblesse et avec courage. Peut-être le seul personnage authentique du roman d'**Edith Wharton**. Elle demande à Newland de lui expliquer les règles de vie à New York, mais il constate que c'est elle qui lui ouvre les yeux à des choses qu'il a sous les yeux depuis toujours et qu'il ne voit pas. On assiste à un chiasme : Newland a révélé à Ellen que sous l'apparence d'insipides mondanités pouvaient couver « des choses si belles, si nuancées » qu'elle en vient à juger sa vie antérieure comme « médiocre en comparaison ». Et, inversement, ce que Newland éprouve, c'est que la comtesse lui a fait entrevoir qu'on pouvait être « soi-même ». Chacun à sa manière se trouve dès lors condamné. Et dans ce nœud de contradictions, c'est la comtesse qui, par l'effet d'une « sincérité invincible » parvient à réaliser entre eux un équilibre entre la loyauté qu'ils doivent aux autres et la franchise qu'ils se doivent à eux-mêmes. Elle aussi se sacrifie à des mœurs qu'elle n'a pas décidées, mais elle le fait en connaissance de cause. Paradoxalement, Newland ne la rejoint vraiment qu'à la toute fin du roman, lorsqu'il refuse de monter les étages qui le conduiraient à elle.

3. Ne pas oublier le droit et la morale…

On le voit, si la tradition ne peut être ni négligée, ni disqualifiée, elle n'est pas pour autant la panacée de la relation entre l'individu et la communauté à laquelle il appartient. Les suppliantes n'ont rien à gagner à respecter les mœurs de leur Cité. La Comtesse Olenska, pour des raisons qu'on peut qualifier de morales, assume le sacrifice de son amour pour Newland.

Au bout du compte, si on doit admettre que chaque humain, à sa façon, assume la contingence de son existence, indissociablement singulière et collective, on ne doit pas pour autant renoncer à chercher la conciliation, toujours fragile, entre ces deux dimensions. **Spinoza** relève ainsi que la connaissance de la nature ainsi que la maîtrise des passions dépendent, pour chaque individu, de l'usage qu'il fait de sa raison. Mais dans le cadre de la vie en communauté, qui est nécessaire à la vie humaine, nous avons affaire à un faisceau de causes extérieures à nous que nous ne pouvons prétendre totalement maîtriser. C'est pourquoi il nous faut aussi en la matière, pour assurer la paix et la sécurité au mieux, nous en remettre à une autorité qui représente comme elle le peut les intérêts de l'ensemble de la société. Cela prend la forme du droit et de la souveraineté politique, qui sont la matière centrale de la deuxième partie du *Traité théologico-politique*. Mais la société civile a ses propres règles qui peuvent même parvenir à subvertir celles de l'État.

Conclusion

Descartes, dans sa morale « par provision » déclare qu'il faut suivre les lois et coutumes de son pays. Les trois œuvres auxquelles nous nous sommes référées montrent que si cette injonction semble raisonnable, y obéir ne met pas à l'abri de situations tragiques. Les suppliantes doivent-elles, suivant la coutume, accepter un mariage qui leur répugne ? Antigone doit-elle renoncer à enterrer son frère ? Newland doit-il épouser Madame Olenska et donc l'inciter au divorce, ce que la loi permet, mais que son milieu récuse ?

Le fait même que l'exposé du *Traité théologico-politique* soit clivé entre deux autorités s'exerçant sur les individus, même si selon **Spinoza** elles convergent en droit, celle de la théologie, qui valait au temps des Hébreux, mais doit garder une place majeure au XVIIe siècle, et celle de la politique républicaine qui doit selon lui désormais s'imposer, est l'indice que les principes politiques les mieux pensés se heurtent à une société qui peut leur résister. L'histoire l'a souvent prouvé.

« Être un individu, c'est être défini par le double sceau incompressible de la souveraineté sur soi et de la séparation d'avec les autres. »

Danilo Martuccelli, *Grammaires de l'individu*, Folio, 2002

➥ *En quoi cette réflexion éclaire-t-elle les rapports entre individu et communauté dans les œuvres inscrites au programme ?*

LAURENCE LECARPENTIER

Analyse du sujet

- L'auteur propose une définition de l'individu à travers deux données fondamentales : la « souveraineté sur soi » et la « séparation d'avec les autres ».
- La « souveraineté sur soi » peut se comprendre comme le fait de disposer librement de soi et de ne pas être soumis à un pouvoir supérieur.
- Cette souveraineté implique la « séparation d'avec les autres » : l'individu, par définition, se distingue du groupe ou de la communauté ; l'expression, suggérant une coupure, évoque la singularité de l'individu mais aussi son possible isolement.
- En parlant de « double sceau incompressible », l'auteur présente ces deux éléments de définition comme indissociables et irrévocables.

Enjeux du sujet

1. La définition de l'individu : être un individu, c'est un rapport à soi-même, une expérience de pleine possession de soi, mais aussi un rapport « aux autres » : autres individus, groupe, communauté.
2. La question de l'articulation entre l'individu et les autres : elle se pose à travers celle du pouvoir laissé à l'individu sur lui-même, dans la mesure où il est amené à vivre avec les autres, dans un cadre social et politique, où l'exercice de la souveraineté doit alors être clairement délimité.

PROBLÉMATIQUES

- Comment concilier cette définition de l'individu avec la réalité dans laquelle il vit, c'est-à-dire au contact d'autrui, au sein d'une communauté ?
- L'inclusion de l'individu dans la communauté signifie-t-elle la perte de souveraineté sur soi ? L'individu doit-il alors être séparé des autres pour pouvoir être libre ? Quelles formes peut prendre cette séparation, quelles en sont les conséquences pour l'individu ?
- Comment vivre et exprimer pleinement son individualité sans souffrir de la « séparation d'avec les autres », mais en la conciliant avec la vie en communauté ? L'individu n'est-il pas non plus défini dans sa réunion avec les autres ?

PLAN

I. Par définition, l'individu est à la fois souverain sur soi et séparé des autres

1. La souveraineté sur soi, essentielle à l'individu
2. La séparation d'avec les autres
3. Une liberté individuelle pas toujours bien utilisée

II. L'individu ainsi défini n'entre-t-il pas nécessairement en conflit avec la communauté ? Peut-il tenir par lui-même, séparé des autres ?

1. S'exclure et être exclus
2. L'individu éprouve le besoin des autres
3. La souveraineté sur soi est toute relative hors de la communauté

III. Faire coïncider le respect de l'individualité souveraine et l'intégration dans la communauté

1. L'individu se définit aussi par rapport aux autres, à la communauté
2. Une communauté doit pouvoir écouter les voix singulières
3. Vers une liberté individuelle bien comprise ?

Introduction

La sociologie a longtemps considéré l'individu à travers des rapports sociaux qui déterminaient sa position dans l'espace social, face au monde, et qui suffisaient à le définir. Mais pour Danilo Martuccelli, cette vision ne rend pas pleinement compte de l'expérience de l'individualité ; il faut alors préciser les termes de la définition du mot « individu ». Dans celle qu'il nous donne, il insiste sur ce qui singularise l'individu, le libère des autres, mais peut-être aussi le fragilise. « Souverain sur soi-même », mais « séparé des autres », l'individu a-t-il la solidité de tenir face au monde ? À l'aide des œuvres d'**Eschyle**, **Spinoza** et **Edith Wharton**, nous nous demanderons quelle définition proposer de l'individu qui soit compatible avec sa vie au sein de la communauté.

I. Par définition, l'individu est à la fois souverain sur soi et séparé des autres

1. La souveraineté sur soi, essentielle à l'individu

C'est une donnée du droit naturel selon **Spinoza** : « chaque individu a un droit souverain de persévérer dans son état, c'est-à-dire [...] d'exister et de se comporter comme il est naturellement déterminé à le faire. » (XVI). L'instauration de l'État ne doit pas remettre en question ce droit. Le philosophe souligne aussi le droit à la liberté de l'âme : « Il ne peut se faire que l'âme d'un homme appartienne entièrement à un autre » (XX). L'individu n'a pas à subir le pouvoir d'un autre, ni d'une communauté, pour mener sa vie ou même penser librement : en ce sens, il est « souverain sur soi ». Dans le roman d'**Edith Wharton**, Newland Archer s'enorgueillit de son indépendance d'esprit, fondée sur une culture personnelle qu'il a voulu approfondir et qu'il espère transmettre à sa jeune épouse : « Il avait plus lu, plus pensé, et plus voyagé que la plupart des hommes de son clan. » (I). Enfin, *Les Suppliantes* d'**Eschyle** refusent un mariage qu'on cherche à leur imposer brutalement : elles veulent rester maîtresses de leur destinée.

2. La séparation d'avec les autres

Pour affirmer sa souveraineté, il faut parfois contester ou refuser les règles de la communauté, ce qui peut nous séparer des autres : les Suppliantes fuient leur pays pour échapper aux Égyptiades, notamment. Dans *Les Sept contre Thèbes* d'**Eschyle**, Antigone se distingue des femmes du Chœur qui, entre peur panique et déploration impuissante, n'ont d'existence que collective : « sourde et rebelle aux pouvoirs de l'État », elle affirme son individualité en déclarant vouloir enterrer Polynice ; « des funérailles, l'abri d'une tombe, j'ai beau n'être qu'une femme, c'est moi qui trouverai le moyen de les lui assurer ». Chez **Edith Wharton**, Ellen Olenska est jugée par tous fondamentalement différente : rebelle aux usages, elle ne parviendra pas à faire sa place au sein de la haute société new-yorkaise, elle en restera séparée. Les particularités individuelles peuvent aussi subsister malgré les apparences : pour **Spinoza**, une nation, quoique homogène en termes de « langue, lois et mœurs reçues », est faite avant tout d'individus distincts ; il n'y a donc pas de caractère propre à chaque nation : celle des Hébreux n'était pas spécialement « insoumise ». (XVII)

3. Une liberté individuelle pas toujours bien utilisée

L'individu est attaché à sa souveraineté et donc à sa liberté. En témoigne **Spinoza** : si l'État « comprime » la liberté de parole des individus, il les renforce dans leur opposition et peut générer de la sédition (XX) ; la séparation d'avec les autres devient alors irrémédiable. Si, pour le philosophe, une forme de liberté individuelle est indispensable à la cohésion de la société, encore faut-il que l'individu en fasse bon usage. Dans *Les Sept contre Thèbes* d'**Eschyle**, par contraste avec Etéocle, figure de chef valorisée, son frère Polynice poursuit aveuglément sa conception personnelle de la justice (Antigone considère qu'en attaquant Thèbes « il ne faisait que rendre le mal pour le mal »). Polynice exprime donc son individualité de façon problématique : en ne respectant ni les lois humaines de Thèbes, ni les lois divines. Chez **Edith Wharton**, Ellen est une figure de liberté, mais elle accumule les fautes de goût et les infractions aux convenances ; par ailleurs, elle a gagné sa relative liberté au prix de la séparation scandaleuse d'avec son mari. Pourtant, Archer se prononce passionnément en faveur de la liberté des femmes : « Les femmes devraient être libres, aussi libres que nous le sommes » (V), avant de prendre conscience de sa propre hypocrisie.

Si la souveraineté sur soi de l'individu semble essentielle, que faire si elle nous sépare trop radicalement des autres ? Faut-il y renoncer ? Peut-on réellement être un individu sans les autres ?

II. L'individu ainsi défini n'entre-t-il pas nécessairement en conflit avec la communauté ? Peut-il tenir par lui-même, séparé des autres ?

1. S'exclure et être exclus

Si l'individu se « sépare des autres » au point de rejeter sa communauté, il peut à son tour être rejeté par elle, sans retour possible. **Spinoza** décrit la rancœur des Hébreux contre le pouvoir des Lévites dans le régime mis en place par Moïse (XVII), qui sera l'une des causes de son échec : les Lévites, caste sacerdotale à part, sont perçus comme parasites, d'autant qu'ils cherchent à s'approprier le pouvoir au moyen de l'invective. Dans *Les Sept contre Thèbes* d'**Eschyle**, Polynice se rend coupable du crime de lèse-majesté tel que défini par **Spinoza** : « il a tenté de ravir pour une raison quelconque, ou de transférer à un autre, le droit du souverain » (XVI). Il devient alors l'Ennemi, ne reconnaît pas les lois de la cité, et réciproquement la cité ne lui reconnaît pas de droits ; les « conseillers du peuple » lui refusent une sépulture. « Un peuple sévit durement quand il vient d'échapper au désastre », explique le Hérault à Antigone ; au moment de refaire communauté après le péril, la cohésion est fragile et les individus rebelles sont une menace. Dans le roman d'**Edith Wharton**, la communauté fait front contre la comtesse Olenska, l'étrangère, qu'on croit la maîtresse d'Archer ; « toute la tribu se ralli(e) autour de May » (XXXIII), par un réflexe de « clan ».

2. L'individu éprouve le besoin des autres

L'équilibre voire la survie de l'individu peuvent être menacés si ceux de sa communauté le sont aussi. Si la solitude d'Ellen Olenska est poignante chez **Edith Wharton**, et que c'est pour y échapper qu'elle fréquente des gens infréquentables, quitte à s'exclure elle-même du grand monde, les enjeux sont réellement vitaux dans les deux tragédies d'**Eschyle**. Dans *Les Sept contre Thèbes*, au moment où s'annonce l'assaut de l'armée de Polynice, le Chœur comprend qu'il ne pourra juguler sa terreur et vaincre l'ennemi qu'en faisant front collectivement ; les Suppliantes, dans leur détresse, cherchent à démontrer au Roi Pélasgos qu'elles font bien partie de son peuple en faisant remonter leur lignée à la fameuse Io, née en Argolide ; il doit donc les protéger. Dans ce contexte, la « souveraineté sur soi » n'est plus si évidente : le Chœur est rarement libre de ses mouvements et toujours commandé par une figure d'autorité (Danaos ou Pélasgos dans *Les Suppliantes*, Etéocle dans *Les Sept contre Thèbes*). Enfin, Archer dans *Le Temps de l'innocence* n'échappe pas aux lois de son groupe : il aura, au final, sacrifié son amour Ellen pour rentrer dans le rang et rester un mari fidèle.

3. La souveraineté sur soi est toute relative hors de la communauté

Tant que l'individu ne vit pas en société, nous dit **Spinoza**, il est livré à ses « appétits » et gouverné par « le désir et la puissance », non par la « saine Raison » (XVI) : conflits, haine, colère, aversion en résultent. On peut donc être « séparé d'avec les autres » sans être « souverain sur soi », car prisonnier d'autres déterminations, comme les passions. Dans *Les Sept contre Thèbes*, le Chœur, en proie à la panique, prie les dieux de façon désordonnée et entame le moral des citoyens : Étéocle l'incite donc à prier spécifiquement pour la victoire de Thèbes et surtout à « garde(r) des vues saines ». Lorsqu'il est seul, l'individu peut faire preuve de déraison, se laisser emporter par ses passions ; spécificité féminine dans les pièces d'**Eschyle**, mais non moins masculine aux yeux de l'entourage d'Archer qui l'estime pris dans les filets d'Ellen dans le roman d'**Edith Wharton**. Le personnage d'Archer fait l'expérience d'une impossible souveraineté sur soi aussi bien dans la société qu'hors de celle-ci, car ses codes nous rattrapent toujours, selon Ellen.

Ainsi, pourquoi ne pourrait-on être « souverain sur soi » qu'en se séparant des autres ? Quelles seraient les conditions d'une existence individuelle pleine et entière qui soit compatible avec celle de la communauté ?

III. Faire coïncider le respect de l'individualité souveraine et l'intégration dans la communauté

1. L'individu se définit aussi par rapport aux autres, à la communauté

L'homme est « sépar(é) d'avec les autres » au sens où il est la plus petite entité (la partie indivise) du Tout formé par les autres. On peut donc envisager l'individu par rapport aux autres, à la communauté, où il s'intègre à travers des fonctions ou places bien définies. Chez **Edith Wharton**, Archer est un individu mais aussi un membre de son clan new-yorkais : « en bloc, ils représentaient "New York". » (I). **Spinoza** évoque « l'ordre éternel de la nature entière dont l'homme est une petite partie » : il tient dans la nature une place voulue par celle-ci, qui l'autorise à suivre ses appétits ; mais il est souhaitable qu'il vive conformément à la Raison, comme partie d'un tout politique (XVI). Dans les tragédies d'**Eschyle**, la définition des places spécifiques au sein de la cité est nette : les femmes n'ont pas leur place à la guerre, mais peuvent contribuer au bien commun en priant les dieux ; les figures de Rois (Etéocle, Pélasgos) jouent pleinement leur rôle de guide. La responsabilité royale est par ailleurs écrasante : il faut prendre des décisions dans le respect des lois divines, tout en restant à sa place de mortel (les Suppliantes menacent Pélasgos des représailles de Zeus s'il ne leur apporte pas son aide), pour protéger la vie de ses concitoyens.

2. Une communauté doit pouvoir écouter les voix singulières

Dans *Les Sept contre Thèbes* d'**Eschyle**, si Etéocle rappelle aux femmes leur devoir de « se taire et de rester chez (elles) », elles parviennent à faire entendre leur voix puisque le Chœur est présent sur scène tout au long de la tragédie ; il se scinde finalement en deux, mais pour mieux représenter les deux aspirations contraires de la communauté : enterrer Polynice ou enterrer Etéocle. Peut-on y voir l'image d'une union au-delà des différends, permise par le régime démocratique reflété dans la structure de la tragédie ? La démocratie est également le modèle à suivre selon **Spinoza** ; elle permet à l'État d'adopter la bonne stratégie vis-à-vis des opinions individuelles et notamment religieuses : réglementer les formes extérieures de la piété pour garantir la paix civile, tout en concédant que « le culte intérieur de Dieu » relève du « droit de l'individu [...] qui ne peut être transféré à un autre » (XIX). On revient donc à l'affirmation d'une forme de « souveraineté sur soi », mais circonscrite au domaine de l'âme, des pensées et de leur expression, sans qu'une « séparation d'avec les autres » ne soit nécessaire.

3. Vers une liberté individuelle bien comprise ?

C'est l'objectif de **Spinoza** dans le *Traité théologico-politique* : déterminer « jusqu'où doit s'étendre, dans l'État le meilleur, cette liberté laissée à l'individu de penser et de dire ce qu'il pense. » L'enjeu du pacte social est de faire coïncider le droit naturel de l'homme conçu comme individu et la loi de l'État qui assure la paix et que l'homme appelle de ses vœux, selon une loi rationnelle de coexistence des libertés (XVI). De plus, par l'obéissance, l'homme peut agir du fait de sa propre souveraineté sur soi tout en agissant selon celle de l'État (XVII). Enfin, comme l'écrit **Spinoza**, « la fin de l'État est en réalité la liberté » : liberté de penser et d'exprimer ses vues individuelles, dans le respect des lois existantes, que l'individu peut discuter pour les faire évoluer tout en respectant la souveraineté de l'État en la matière. Cette liberté s'observe à la fin du roman d'**Edith Wharton** : la nouvelle génération, incarnée par le fils d'Archer, Dallas, possède une ouverture d'esprit nouvelle, débarrassée des préjugés des générations précédentes ; Dallas sera libre d'épouser celle qu'il aime réellement, Fanny Beaufort, sans que la réputation compromise de ses parents n'y fasse obstacle et sans que la société ne se sente menacée. Dallas, tout en restant solidaire de la société, réalise le rêve de souveraineté sur soi que son père n'a pas pu vivre.

Conclusion

La souveraineté sur soi est donc un élément de définition essentiel de l'individu ; distinct du groupe, l'individu ne doit cependant pas être irrévocablement séparé des autres, mais trouver sa place dans la communauté, ce qui lui est indispensable pour se définir en tant qu'individu, voire pour exister tout court. Les œuvres au programme témoignent de la difficulté à trouver ce subtil équilibre entre individu et communauté : difficulté d'autant plus sensible lorsque l'individu se retrouve seul face à des choix moraux, qui lui font sentir plus fortement le « double sceau » de la souveraineté sur soi et de la séparation d'avec les autres ; sa souveraineté bien entendue doit lui permettre d'éprouver sa moralité au sein de sa communauté, mais en restant conscient, tout individu qu'il est, que son choix engagera nécessairement les autres.

« Au plus bas de la hiérarchie vitale, les insectes se reproduisent eux aussi en sociétés, mais de telle sorte qu'instinct et sociabilité coïncident. [...] Rien de tel dans la société humaine, puisqu'elle est faite de volontés libres, d'individus auteurs de mouvements propres. »

Bruno Karsenti, Présentation aux *Deux Sources de la Morale et de la Religion, Bergson*, édition GF Flammarion, 2012

➥ *Vous évaluerez la pertinence de cette assertion à la lumière du thème et des œuvres au programme.*

AUDREY BLIND

Analyse du sujet

- Le sujet oppose deux formes de sociétés : celle des organisations supposées primitives (comme les insectes) où « *instinct et sociabilité* » œuvrent dans le même but, à celle des sociétés humaines, où l'« *instinct* » est lié à une forme de liberté individuelle qui n'est plus indexée sur la « *sociabilité* ».
- Karsenti met donc en valeur la spécificité des sociétés humaines qui doivent concilier en leur sein des intérêts divergents d'individus qui ont leur propre autonomie.
- Cette affirmation suggère une tension entre l'harmonie de la vie sociale et la possibilité pour les individus de manifester leurs désirs singuliers.

Enjeux du sujet

1. Il faut étudier le fonctionnement du « pacte » social : les manières dont les sociétés agrègent les « *volontés libres* » qui les composent, et ce qu'elles font des « *mouvements* » individuels qui les parcourent.

2. Il faut également s'interroger sur la dialectique entre cohésion sociale d'une part (« *sociabilité* »), respect des libertés individuelles d'autre part (« *instinct* ») : se menacent-ils l'un l'autre ? peuvent-ils cohabiter ? à quelles conditions ?

PROBLÉMATIQUES POSSIBLES

- L'instinct des individus menace-t-il le pacte social ?
- Comment des individus libres et différents peuvent-ils œuvrer en commun pour une société tout en respectant leur propre singularité ?
- Dans quelle mesure l'« instinct » des individus entre-t-il en tension avec les lois sociales, pour mieux les questionner et les redéfinir ?

PLAN

I. « Instinct » et « sociabilité » ne coïncident pas dans les sociétés humaines, qui agrègent des libertés individuelles en un tout au moyen d'un pacte

1. Instinct et sociabilité ne coïncident pas dans les sociétés humaines
2. Un pacte conventionnel est donc nécessaire pour en assurer la cohésion interne
3. Les mouvements individuels et volontés libres des individus restent irréductibles à ce pacte, et peuvent risquer de le menacer

II. Les sociétés contrôlent donc strictement les mouvements individuels pour se préserver

1. La création d'un « instinct social » dans les représentations des individus
2. L'érosion de l'individualité comme prix à payer pour la survie des sociétés
3. Le risque de sociétés figées et mortifères, niant la liberté individuelle

III. Comment concilier vitalité individuelle et cohésion sociale ?

1. La nécessité d'instaurer une certaine souplesse au sein des sociétés
2. Les mouvements individuels, créateurs de nouvelles sociétés
3. Individu et communauté : une relation en miroir l'une de l'autre

Introduction

À la différence de l'instinct animal qui « *provoque mécaniquement une conduite* », Bergson dans *Les Deux Sources de la Morale et de la Religion* (1932) propose l'idée d'un instinct qu'il nomme « *virtuel* », qui serait à l'œuvre dans les sociétés humaines pour en assurer la cohésion. En effet, dans la Présentation à cet ouvrage (édition GF, 2012), le philosophe Bruno Karsenti explique : « *Au plus bas de la hiérarchie vitale, les insectes se reproduisent eux aussi en sociétés, mais de telle sorte qu'instinct et sociabilité coïncident.* [...] *Rien de tel dans la société humaine, puisqu'elle est faite de volontés libres, d'individus auteurs de mouvements propres* ». L'insecte n'est pas différenciable du groupe dans lequel il s'insère ; il obéit par nature au fonctionnement social de l'ensemble. À l'autre extrémité de la chaîne du vivant, l'espèce humaine est bien plus individualisée, ce que la citation met en valeur par la formule catégorique « *Rien de tel dans la société humaine* ». La proposition explicative qui suit pose la cause de cette opposition à la fusion entre instinct et société chez les insectes : à l'opposé, les sociétés humaines sont composées d'individus différents, susceptibles de s'éloigner des injonctions sociales, de les questionner, de les critiquer. Leurs « *mouvements* » ne sont pas une chorégraphie parfaite destinée à cimenter le groupe ; ils peuvent autant le nourrir que le désorganiser. De fait, le lexique de la liberté et de la création : « *volontés libres* », « *auteurs* », « *mouvements propres* » marque cette différence radicale avec des sociétés animales, aussi élaborées soient-elles, mais dont aucun « individu » ne saurait être dissident. Quelles sont les relations exactes entre « instinct » et « sociabilité » dans les sociétés humaines, et en quoi le respect des libertés individuelles entre-t-il en tension avec une forme d'harmonie et de cohésion sociale ? Nous réfléchirons à cette question à la lumière des tragédies antiques d'Eschyle *Les Suppliantes* (v. 466 av. J.-C.), *Les Sept contre Thèbes* (v. 467 av. J.-C.) ; du *Traité Théologico-politique* de Spinoza (1670) ; et du roman *Le Temps de l'innocence* de Wharton (1920). Nous verrons tout d'abord qu'« instinct » et « sociabilité » ne semblent pas coïncider dans les sociétés humaines, dans lesquelles un pacte est nécessaire pour agréger les volontés libres des individus qui les composent. Nous interrogerons ensuite la manière dont les sociétés produisent au sein des individus mêmes un instinct d'appartenance et d'agrégation, au risque d'éroder leur liberté. Nous étudierons enfin comment concilier vitalité individuelle et harmonie sociale.

I. Certes, « instinct » et « sociabilité » ne coïncident pas dans les sociétés humaines, qui agrègent des libertés individuelles en un tout au moyen d'un pacte

1. Instinct et sociabilité ne coïncident pas dans les sociétés humaines

Tout d'abord, il est vrai que dans les sociétés humaines, l'instinct naturel semble s'opposer aux règles de la sociabilité. En effet, si l'instinct consiste en un mouvement intérieur accompli à des fins dont l'individu n'a pas conscience, la sociabilité est, elle, l'aptitude à vivre aisément en société. Ces deux notions recoupent donc l'opposition entre la nature d'un côté, la culture de l'autre, dualisme bien établi dans la philosophie occidentale traditionnelle. **Spinoza** reprend cette distinction dès le Livre XVI de son *Traité*, lorsqu'il se représente l'être humain sous l'angle de son « Droit Naturel », c'est-à-dire la manière dont il est fondé à vivre et à exister telle que seule la Nature le détermine. Il pose alors que les individus « *n'en sont pas moins tenus de vivre en attendant et de se conserver autant qu'il est en eux, c'est-à-dire par la seule impulsion de l'Appétit, puisque la Nature ne leur a donné rien d'autre* [...]. » Les deux forces nourrissant ce Droit de Nature sont « *le désir et la puissance* » que l'on peut associer à un instinct qu'a l'individu de se conserver, et qui peut facilement entrer en tension avec les prérogatives de la vie en société. En effet, sera considéré comme ennemi celui qui s'opposera à cet instinct que Spinoza voit comme un « droit », et qui légitime « *les conflits, les haines, la colère, l'aversion* [...] *qu'inspire l'Appétit.* » Nous voyons la manifestation de cet instinct de conservation dans la fuite des Danaïdes chez **Eschyle**, où le lexique de l'horreur apparaît dans les paroles du Chœur afin de justifier ses motivations : « *nous nous sommes exilées, non pas qu'un vote de la cité nous ait condamnées à être bannies pour avoir tué, mais parce que, dans notre répugnance instinctive pour l'homme, nous repoussons avec horreur l'hymen des enfants d'Egyptos et leur dessein impie.* » Leur fuite est bien le résultat de la « *répugnance instinctive pour l'homme* », un mouvement incontrôlable de peur, loin d'une décision concertée en société. Quant au mouvement des fils d'Egyptos, il est traduit par de multiples images de prédation, telles que « *l'oiseau qui dévore l'oiseau* ». Ces animalisations traduisent l'emprise de lois naturelles sur l'espace social, désormais perverti, où règne la loi du plus fort ; l'appétit d'hommes prédateurs sur des femmes réduites à l'état de proies.

2. Un pacte conventionnel est donc nécessaire pour en assurer la cohésion interne

De fait, l'établissement d'un pacte est nécessaire pour substituer à la violence des instincts naturels un fonctionnement social concerté et harmonieux. C'est ce qui marque l'entrée dans un état civilisé de société, protégeant les humains du règne de la violence et de la guerre de tous contre tous. Le roi Pélasgos des *Suppliantes* rappelle cette farouche opposition du monde grec à tout ce qui paraît sauvage ou barbare (terme désignant étymologiquement les ennemis d'Athènes, ne parlant pas la langue grecque), en soupçonnant les Danaïdes d'être « *ces Amazones sans maris, qui mangent de la chair crue* » : elles doivent d'abord prouver leur filiation avec le peuple argien pour pouvoir être défendues. Mais pour autant, leur protection ne peut résulter d'un mouvement affectif et irréfléchi : leur accorder l'asile demandé doit correspondre à une décision collective et démocratique. Le Roi refuse donc de leur répondre tant qu'il n'a pas consulté l'ensemble de ses citoyens. Il emploie ensuite les termes de « *décrets* », « *votes* », « *levée des mains* », « *ratifié* » pour attester du nouveau « pacte » visant à accueillir les Danaïdes et leur père, ainsi qu'à entrer en guerre le cas échéant contre ceux qui contesteront cette protection. La crainte de trahir les intérêts de femmes descendant de leur propre territoire a sans doute poussé les citoyens argiens à défendre les Danaïdes. En effet, **Spinoza** précise que cela ne peut être que la crainte d'un mal plus grand ou l'espoir d'un bien supérieur à la poursuite de leurs appétits qui peut décider les humains à s'associer entre eux : « *pour vivre dans la sécurité et le mieux possible, les hommes ont dû nécessairement aspirer à s'unir en un corps et ont fait par-là que le droit que chacun avait de la Nature sur toutes choses appartînt à la collectivité* [...] ». Cette solidarité sociale, tout artificielle et conventionnelle qu'elle soit, détermine toute la vie des individus du roman de **Wharton**. Ainsi, même l'indépendante Ellen Olenska ressent la nécessité de se conformer aux rituels sociaux pour retrouver une forme de sérénité : « *je veux faire ce que vous faites tous : je veux sentir de l'affection et de la sécurité autour de moi.* » (chap. IX).

3. Néanmoins, les mouvements individuels et volontés libres des individus restent irréductibles à ce pacte, et peuvent risquer de le menacer

Néanmoins, le « *pacte* » social entre les individus ne saurait effacer totalement leurs « *mouvements propres* », qui peuvent alors être vus comme un risque de la brisure du « *cercle* ». L'image du « *cercle* », du « *clan* » domine la description que fait **Wharton** de la haute société new-yorkaise du début du XXe siècle, et évoque l'harmonie autant que la fermeture. Dans ce cercle fermé, difficile à pénétrer, la Comtesse Olenska ne cesse de créer le scandale – étymologiquement l'obstacle sur lequel l'on trébuche. De fait, c'est bien son mouvement individuel qui cause la rupture du cercle, à l'image du moment où, en plein bal, elle décide de rejoindre elle-même Newland : « *puis la comtesse se leva, et, traversant seule la vaste pièce, elle alla s'asseoir près de Newland. L'étiquette à New York voulait qu'une dame attendit, immobile comme une idole; c'était aux hommes à se succéder à ses côtés. Sans doute elle ignorait cette règle.* » (chap. VIII). De même, bien plus tard, alors qu'il est marié à May Welland, Newland se sentira « *attir[é] comme un aimant* » par une ombrelle rose qu'il aperçoit et croit être celle d'Ellen Olenska dont il est amoureux (chap. XXII). **Spinoza** insiste aussi sur la liberté et l'indépendance irréductibles des goûts, des opinions et pensées humaines. Tout en reconnaissant la nécessité de la délégation de pouvoir politique au souverain, les humains ne sauraient pour autant renoncer à leur propre liberté de penser et de s'exprimer : « *encore n'a-t-on jamais fait que les hommes aient cessé d'éprouver que chacun abonde dans son propre sens et qu'entre les têtes la différence n'est pas moindre qu'entre les palais.* » (chap. XX). Les « *mouvements* » individuels doivent être permis par un État sage et modéré, mais seulement en ce qu'ils expriment des opinions diverses et non en ce qu'ils remettent frontalement en question le bien-fondé du pacte social. Or, le mouvement est action, et l'action peut menacer la société. Si une opinion dissidente menace directement le pacte cimentant une société, le mouvement qui en résulte peut mener à la destruction, à l'image de l'attaque de Polynice contre sa propre cité, allié à des rois étrangers : « *Le Héraut : Même mort, il restera souillé par son attentat contre les dieux du pays, qu'il a outragés en lançant une armée étrangère à la conquête de la ville.* » (**Eschyle**, *Les Sept contre Thèbes*).

Face à ces mouvements d'individus imprévisibles et libres, les sociétés réagissent en imposant des conventions, des règles et des lois afin de solidariser les individualités qui les composent. Comment les sociétés imprègnent-elles les individus d'un nouvel « instinct » de « sociabilité », pour se garantir des mouvements qui pourraient les menacer ?

II. Les sociétés contrôlent strictement les mouvements individuels pour se préserver

1. La création d'un « instinct social » dans les représentations des individus

Spinoza met bien en valeur que les humains ont intérêt à s'unir en sociétés par un « pacte » déléguant leur pouvoir au souverain, et que s'ils ne le font pas par l'inspiration de la Raison, ils le feront par l'instinct d'échapper « *à la peur du dernier supplice, universellement redouté* » (livre XVI). C'est la crainte d'un mal plus grand ou l'espoir d'un bien supérieur qui décide les humains à « *réfréner leur Appétit* » et à privilégier l'harmonie de la vie en commun. Or, ce « pacte » semble intériorisé, jusqu'à devenir un second « instinct » dans les autres œuvres au programme : dans *Les Sept contre Thèbes* d'**Eschyle**, Etéocle incarne de façon absolue la règle sociale qui veut que le chef de la cité se sacrifie pour elle, ainsi que les valeurs de piété et de dévotion aux dieux protégeant Thèbes. C'est également un mouvement instinctif pour reformer un groupe social garantissant leurs droits que semble décrire la fuite des Danaïdes dans *Les Suppliantes* : menacées par des viols sanglants et la terreur, elles ont pris le risque de s'exiler afin de trouver refuge là où leurs droits pourront leur être garantis. Dans le roman de **Wharton**, tout se passe de même comme si les conventions sociales étaient devenues un instinct de préservation et de survie des êtres : Newland est soulagé d'épouser May au début de l'œuvre car il épouse ainsi « *une jeune fille de son espèce* » (chap. IV) ; les membres des familles sont décrits dans une surprenante gémellité, à l'image de Mrs Archer et de sa fille, ou des époux Van der Luyden ; les mariages dans la haute société se déroulent selon un « *rite qui semblait venir de la nuit des temps* » (chap. XIX), et May ne s'exprime durant le temps des fiançailles que selon des clichés « *qu'une sorte d'instinct traditionnel lui dictait* » (chap. X). Les nombreuses métaphores liant l'observation des règles sociales à une pratique religieuse dans ce roman renvoient par-delà les siècles aux tragédies d'**Eschyle** : religion (une des étymologies de ce terme est « religare » : relier) et respect de l'autorité socio-politique semblent lier instinctivement les humains entre eux.

2. L'érosion de l'individualité comme prix à payer pour la survie des sociétés

C'est de fait la société et ses lois qui paraissent l'emporter dans nos œuvres sur les tentations et tentatives de mouvements individuels dissidents. Chez **Eschyle**, la violence concupiscente des fils d'Egyptos est mise en déroute par la fermeté du Roi Pélasgos : « *le peuple d'Argos a ratifié d'une voix unanime la résolution de ne point rendre, malgré elle, cette troupe de femmes.* ». L'attaque de Polynice est réprimée dans le sang et « *la ville est sauvée* ». Le châtiment des deux frères voués à s'entretuer peut également se voir comme une restauration des lois de la piété et de la cité puisque Laïos avait commis la faute d'avoir un enfant malgré l'interdiction d'Apollon ; l'inceste qui s'ensuit entre Œdipe et sa mère demande la destruction de cette « *race malheureuse* ». La survie des sociétés paraît aller de pair avec l'érosion de l'individualité. Cela est particulièrement visible dans le traitement du thème du mariage dans *Le Temps de l'innocence* de **Wharton** : ce sont les femmes qui sont les premières victimes de cette érosion de l'individu dans le couple, comme la femme de Lawrence Lefferts qui a été « *si bien façonné[e] à l'image* » de son mari. Mais les hommes n'échappent pas à cette uniformisation, ainsi Newland Archer s'enlisant progressivement dans la routine d'une union décevante et prévisible : « *La monotonie de sa vie lui mettait dans la bouche comme un goût de cendres; par moments, il avait le sentiment d'être enterré vivant.* » (chap. xv). Ainsi la préservation des sociétés semble avoir pour prix la liberté individuelle des êtres qui les composent.

3. Le risque de sociétés figées et mortifères, niant la liberté individuelle

Cette érosion de l'individualité peut aller en effet jusqu'à un assèchement mortifère, où les volontés ne sont plus réellement libres, et les mouvements individuels niés, empêchés. Évidemment, dans l'urgence du temps de la guerre où la société doit faire bloc devant l'ennemi, toute dissidence intérieure est inenvisageable. Ainsi dans la tragédie d'**Eschyle** Etéocle prévient : « *Mais aujourd'hui, le premier qui n'obéira pas à mon commandement, homme, femme, ou tout autre, verra un arrêt de mort porté contre lui : il sera lapidé par le peuple, sans pouvoir échapper à son destin.* » **Spinoza** conforte cette idée avec l'impérative nécessité de l'obéissance du sujet une fois qu'il a consenti à la délégation de pouvoir au souverain : « *Que la conservation de l'État dépende avant tout de la fidélité des sujets, de leur vertu et de leur constance dans l'exécution des commandements, la raison et l'expérience le font voir très clairement* » (livre xvii). Il ne peut, par exemple, formuler d'opinion remettant en cause la légitimité du pacte social établi avec le souverain, ni subtiliser au souverain le pouvoir de l'action; s'il émet une critique, il doit laisser le soin de juger de sa pertinence à celui qui détient le pouvoir (livre xx). Constatant avec amertume l'impossibilité pour Ellen Olenska de divorcer, les personnages de **Wharton** en viennent à la conclusion que « *l'individu* [...] *est presque toujours sacrifié à l'intérêt collectif.* » (chap. xii). Le dilemme auquel ils font face consiste en l'impossibilité de changer leur société sclérosée, alors que fuir pour lui échapper est utopique. En outre, un « *instinct de clan* » puissant œuvre souterrainement pour séparer les amoureux, renvoyant Ellen en Europe alors qu'elle désirait rester auprès de Newland : « *toute la tribu se ralliait autour de May* [...] *C'était ainsi dans ce vieux New York, où l'on donnait la mort sans effusion de sang* » (chap. xxxiii). Il y aurait donc impossibilité de maintenir des mouvements individuels singuliers, faisant bouger les lignes, puisqu'ils sont interprétés comme des menaces par les détenteurs du pouvoir social et politique.

Mais le mouvement individuel est aussi ce qui fait évoluer les sociétés et les sauve de la sclérose. Comment dès lors concilier la vitalité de la liberté individuelle avec l'harmonie de la cohésion sociale ?

III. Comment concilier vitalité individuelle et cohésion sociale ?

1. La nécessité d'instaurer une certaine souplesse au sein des sociétés

Tout d'abord, les sociétés trop fermées sur elles-mêmes, cherchant à censurer toute initiative personnelle, sont fragilisées par les fortes contraintes qu'elles font peser sur les individus. Pour **Spinoza**, c'est la démocratie qui est le régime politique s'accordant le mieux avec la nature humaine, puisque tous les individus déléguant leur droit naturel à tous, ils demeurent égaux et c'est à la collectivité de décider des affaires publiques. À l'opposé, une théocratie telle que celle des Hébreux étudiée dans les livres XVII et XVIII ne peut que convenir « *à des hommes qui voudraient vivre seuls sans commerce avec le dehors, se renfermer dans leurs limites et s'isoler du reste du monde.* » (Livre XVIII). Il vaut mieux laisser davantage de libertés aux individus et respecter la divergence de leurs points de vue plutôt que chercher à les réprimer, ce qui n'aboutira qu'à l'affaiblissement de l'État et à davantage de révoltes (livre XX). De même, **Wharton** est sévère dans sa satire d'une société New-Yorkaise incapable de s'ouvrir à la différence, rejetant artistes et intellectuels, forçant Ellen Olenska à s'éloigner à Washington dans l'espoir d'y trouver « *une plus grande diversité de monde et d'idées* » (chap. XXIV). D'ailleurs, d'autres sociétés sont fréquemment comparées à la société new-yorkaise pour en dénoncer les archaïsmes, comme celles d'Europe, où les rapports entre hommes et femmes semblent moins figés et où le divorce est davantage toléré. L'ouverture des sociétés, leur aptitude à évoluer à et se transformer paraît donc nécessaire pour parvenir à épouser l'élan des individus qui les composent.

2. Les mouvements individuels, créateurs de nouvelles sociétés

Ce sont d'ailleurs bien des mouvements individuels, animés par des volontés libres, qui redéfinissent les contours des sociétés en revivifiant leurs structures, leurs codes. D'après Bergson dans *Les Deux Sources*, les sociétés évoluent selon deux dynamiques : le « *clos* » et l'« *ouvert* ». Elles ont besoin d'une certaine fermeture sur elles-mêmes pour se définir et se défendre contre les ennemis ; mais l'élan vital qui les parcourt demande qu'elles s'ouvrent pour accueillir de nouveaux individus, de nouvelles perspectives. À l'image de la société des Argiens des *Suppliantes* d'**Eschyle** qui s'ouvre pour intégrer en son sein un nouveau groupe ethnique, d'abord perçu comme étranger en raison d'une apparence différente, puis légalement et institutionnellement inclus, protégé et défendu comme n'importe quel membre du peuple : « *rassurez-vous et entrez dans notre ville bien close* [...] *je réponds de vous, moi et tous les citoyens qui vous l'ont garanti par leur vote* », déclare le roi aux Danaïdes. De même, les individus les moins conformistes des sociétés peuvent parvenir à y faire entrer de nouveaux membres. Chez **Wharton**, l'ancien monde se défige par l'audace de certaines figures, comme Catherine Mingott ou Ellen Olenska, qui les premières tentent de faire entrer de nouveaux usages, de nouvelles personnes dans le cercle fermé de leur société. Par exemple, Mrs Lemuel Struthers est progressivement acceptée dans la société, après qu'Ellen Olenska a accepté de venir à ses « dimanches », où un premier lien est établi entre le monde des artistes et la haute société new-yorkaise. Peu après le mariage de Newland avec May, l'évolution est actée : « *tout le monde va maintenant chez Mrs Struthers* » (chap. XXVI). Le mariage du fils de Newland avec Fanny Beaufort à la fin du roman est également la preuve d'un assouplissement des classifications sociales, d'une démocratisation de l'élitisme New-Yorkais, qui aurait fini par mener cette microsociété à sa perte par excès d'exigence et de formalisme.

3. Individu et communauté : une relation en miroir l'une de l'autre

Ainsi, c'est l'instinct de liberté des individus qui amène les sociétés à évoluer, à se transformer pour s'ouvrir à la différence, à la nouveauté. Il en va de leur développement et de l'affirmation de leur pouvoir de créativité ; comme le précise **Spinoza**, respecter « *la liberté de jugement* » est primordial, « *car les sciences et les arts ne peuvent être cultivés avec un heureux succès que par ceux dont le jugement est libre et entièrement affranchi.* » (Livre XX). Ainsi Ellen Olenska retrouve avec joie une communauté artistique chez Mrs Struthers, et le choix de son logement dans le quartier des intellectuels et artistes décloisonne une frontière autrefois étanche entre ces deux milieux. Cette liberté est également celle de l'esprit critique, par laquelle un individu peut questionner le fonctionnement de la société dans laquelle il évolue : Antigone fait entendre une voix dissidente à la fin des *Sept contre Thèbes* : les spectateurs sont face aux sentiments filiaux outrepassant les lois de la cité et amenés à réfléchir au fait que « *la cité varie souvent dans l'appréciation du droit.* » Or, la pièce célèbre du début à la fin le respect des dieux, des pères, de la filiation, et la dernière réplique d'Antigone : « *On est fortement lié par la communauté du sein où l'on a pris naissance, enfants d'une mère misérable et d'un père infortuné.* » n'est pas invalidée par le dispositif théâtral, puisque le Chœur se scinde en deux, le chef du premier demi-chœur suivant Antigone, celui du second demi-chœur préférant respecter l'injonction des conseillers de la cité. La pièce s'achève sur cette scission, redoublant la lutte fratricide et laissant en suspens le sort d'Antigone. Mais sa voix a fait entendre une autre logique sociale et politique, qui amènera la société thébaine à questionner son décret autoritaire sur le sort à réserver au frère considéré comme traître.

Conclusion

En conclusion, l'« *instinct* » individuel entre bien en tension – à la différence des organisations animales comme celles des insectes – avec la « sociabilité ». Mu par des pulsions égoïstes, par l'intérêt et l'appétit des individus, il poursuit son propre but indifféremment des règles et conventions sociales. Le danger qu'il revêt pour la paix des sociétés doit donc être contrôlé par le consentement à un « pacte » social dans lequel les individus acceptent d'obéir aux règles de leurs sociétés, en gagnant en contrepartie leur propre sécurité. Mais cette puissance des sociétés risque alors de réduire à néant tout mouvement créateur, et toute vitalité individuelle, d'autant plus qu'un instinct social figé et conformiste semble se substituer aux « *volontés libres* » des êtres. Les sociétés ne peuvent devenir des forces oppressives niant l'individualité ; elles sont amenées au contraire à se défiger sous l'impulsion audacieuse d'individus qui refusent de voir aliéner leur liberté.

« L'enfer, c'est les autres. »

Jean Paul Sartre, *Huis clos*, 1944

➥ *Vous vous interrogez sur la pertinence de ce propos à la lumière des œuvres inscrites dans votre programme.*

BRAHIM BOUMESHOULI

Analyse du sujet

- La phrase de J.-P. Sartre étonne d'abord par son aspect lapidaire et ramassé. Il s'agit plutôt d'une sentence plus que d'un constat. La dislocation gauche de l'énoncé focalise sur le propos (le prédicat), alors que le thème (ce dont on parle) est relégué au second plan, isolé par la virgule et indexé par le présentatif « c'est ». Les autres sont donc désignés comme responsables de l'enfer, qui empoisonne la vie du sujet. Pis encore ! Le présentatif, après une pause, celle de la virgule et de la délibération, identifie clairement l'enfer aux autres. Dès lors, aucune réconciliation n'est possible. Le cloisonnement est tel qu'on peut parler de rôles figés définitivement. Il y a, d'un côté, un moi ; et de l'autre, l'enfer.
- La tentation est donc grande de trouver refuge dans le régime du solitaire, en méprisant la vie sociale.
- Une analyse sémantique permet de déceler les différentes figures de l'enfer (extérieur ; intérieur) ; et les différentes manifestations de l'autre (autrui ; soi-même)

Enjeux du sujet

1. L'intérêt est de vérifier d'abord la validité d'un tel propos. Certes, il est observable et facilement démontrable, eu égard à la relation, souvent compliquée et saisie par la passion, dans la communauté. Mais, cette évidence ne doit pas dissimuler la dynamique de la vie en commun. Elle permet une dialectique, qui permet à la victime d'être bourreau et vice versa.
2. Mais, l'enfer n'est pas toujours extérieur. Il peut habiter le moi. L'autre n'est pas toujours étranger à soi-même. Le sujet peut parfaitement être un autre envers lui-même, beaucoup plus redoutable. Le je comme un autre, dirait l'autre.

PROBLÉMATIQUE

- Cette situation n'est-elle pas une aubaine pour repenser la vie en commun et pour la fonder sur des valeurs certaines ?

PLAN

I. Certes, l'enfer c'est les autres
1. L'autre façonne l'individu
2. Violence
3. Mépris

II. Mais, l'individu pense pouvoir s'en affranchir
1. Rupture du contrat
2. Solitude
3. Monstruosité du régime du solitaire

III. Vers un nouveau contrat social
1. Connaître soi-même
2. Comprendre l'autre
3. Penser les valeurs

Introduction

La vie en commun est paradoxale, dans la mesure où elle exige une cohabition des sujets, que tout semble associer et dissocier en même temps. C'est ce paradoxe qui permet à **Kant** de parler de « l'insociable sociabilité de l'homme ». Dans un ton moins spéculatif et plus percutant, **Jean Paul Sartre** fait dire à l'un des personnages de sa pièce *Huis clos* que « L'enfer, c'est les autres ». Le sujet conçoit l'autre comme enfer, car il se sent agressé par lui, sans pouvoir s'en séparer complètement. Les deux partagent le même espace public, qu'ils ont du mal à gérer convenablement. Le risque est de se voir réduit à un simple vassal, sans voix ni volonté. Mais, cette vie est dynamique et les rôles ne sont pas figés. Untel est autre, mais il est également un moi, qui ressent les mauvais coups de ses semblables. D'où, l'obligation d'une compréhension mutuelle. En outre, l'autre peut parfaitement habiter le moi et être beaucoup plus menaçant envers lui-même. Il s'ensuit, la nécessité de s'en libérer. Vivre dans une communauté n'est pas un acte qui va de soi puisqu'il nécessite tant d'efforts, pour éradiquer, ou du moins affaiblir, cet enfer, qui s'annonce d'abord comme un mal nécessaire. N'est-il pas, alors, permis de considérer cette situation comme une aubaine pour repenser la vie en commun et pour la fonder sur des valeurs certaines ? Notre lecture de *Les Suppliantes* et *Les Sept contre Thèbes* d'**Eschyle,** de Traité théologico-politique de **Spinoza,** et de *Le Temps de l'innocence* d'**Edith Wharton,** nous permettra de voir, d'abord, que l'enfer peut certainement s'identifier à l'autre. Nous verrons, ensuite, que l'individu pense pouvoir s'en affranchir. Mais, enfin, l'échec du régime du solitaire impose la nécessité de chercher de nouveaux fondements.

Phrase introductive de la première partie.

Si l'autre peut facilement s'identifier à l'enfer, c'est parce qu'il détermine, d'entrée de jeu, l'individu, et qu'il se manifeste souvent dans la posture de l'agresseur qui violente, juge et méprise.

I. Certes, l'enfer c'est les autres

1. L'autre façonne l'individu

L'existence de l'individu est habituellement, et conformément aux lois de la transmission et de l'héritage, qui régissent la communauté, façonnée et forgée par l'autre. Dès sa naissance, l'individu est soumis au régime communautaire qui le détermine souvent et le prive de toute authenticité. C'est ainsi que le fait d'assister à un simple spectacle à New York est déterminé d'avance par les autres. Toute activité doit suivre des règles de conduite, qui n'ont rien à envier aux célèbres Parques de la mythologie, qui s'imposent au simple mortel : « "ce qui se fait" ou "ne se fait pas" jouait un rôle aussi important dans la vie de Newland Archer que les terreurs superstitieuses dans les destinées de ses aïeux, des milliers d'années auparavant. » L'individu est tellement soumis à ce régime qu'il n'a pas, d'entrée de jeu, de vraies chances pour développer sa singularité. Il est un corps, dont la constitution obéit au même principe de fabrication, qui régit ses semblables. Autant dire, un produit : C'est le cas du genre des femmes qui « étaient les produits de ce système ». C'est à juste titre que le narrateur dans *Le Temps de l'innocence* parle d'un système millénaire, puisque cette production de masse se lit clairement dans **Eschyle**. Les suppliantes se définissent, dès l'ouverture, en tant que « troupe ». Bien évidemment, parler de troupe, c'est évoquer le maître ou encore le berger, qui décide en lieu et place pour le corps indivis : « Danaos, notre père, qui inspire nos desseins et guide notre troupe... » Étéocle, dans *Les Sept contre Thèbes*, ne manque pas de faire l'apologie de la formation de l'enfant, pour mieux se sacrifier : « la terre maternelle, qui, lorsque, enfants [...] s'est chargée de tous les soins de votre éducation et vous a nourris pour être des citoyens fidèles ». Et **Spinoza** d'expliquer l'appel d'Étéocle, par le fait que l'homme, pour « vivre dans la sécurité », est acculé à abandonner son droit naturel, lequel sera « déterminé non plus par la force et l'appétit de l'individu, mais par la puissance et la volonté de tous ensemble. »

2. Violence

Vivre au sein de la communauté, comporte le risque d'être agressé et violenter. Par le penchant violent et brutal, l'homme transforme l'existence de l'individu en enfer. Ce dernier doit s'estimer heureux s'il parvient non pas à s'épanouir, mais à sauvegarder son intégrité physique. Si le recours à la « force, la ruse » est plus manifeste dans l'état de nature, c'est-à-dire lorsque la vie est soumise « au seul empire de la Nature », selon **Spinoza**, il n'en demeure pas moins que cet usage est toujours en vigueur, ou du moins observable, dans les communautés, fondée en principe, sur la culture, non la simple nature. Pis encore ! On ne peut parler logiquement de la « violation du droit » que dans « l'état d'une société réglée [...] entre particuliers ». C'est presque une fatalité que de subir la brutalité de l'autre, qui ne peut pas s'empêcher de tout ramener à soi : « chacun pense être seul à tout savoir et tout régler selon sa complexion [...] il désire le mal d'autrui et y prend plaisir. » C'est le destin qu'affrontent les suppliantes, contraintes à l'exil, pour fuir « l'hymen des enfants d'Égyptos et leur dessein impie ». Elles informent, au hasard d'une lamentation, de l'existence d'une violence plus radicale, qui se pratique dans la société : « avoir tué ». Et la violence subie est presque une fatalité, qui se transmet, à travers le temps : « les malheurs que mon antique aïeule a jadis soufferts en ces lieux. » Ce n'est pas sans raison, d'ailleurs, que les femmes thébaines sont effrayées par le sort infernal que leur réservent les sept assaillants : « Je crie ma peur et mes vives douleurs [...] Dieux, Voyez cette troupe de vierges qui vous supplient de les sauver de l'esclavage ». On le sait. La guerre n'est pas faite pour des raisons politiques seulement, mais pour humilier et écraser l'autre, si innocent soit-il. L'individu à New York, dans les temps modernes, n'est pas à l'abri de cet assaut, qui le contraint à capituler et à être humilié par l'autre. Si l'assaut est mené sur un mode autre que la guerre, les termes qui en rendent compte relèvent du registre belliqueux, ce qui dit long sur la férocité et la malveillance des belligérants. On y réserve sa place, au terme d'une lutte sans merci, et on couronne le tout, en y installant définitivement son « clan » ou sa « tribu » : « New York était divisé en deux grands groupes fondamentaux : celui des Mingott, des Manson, et tout leur clan [...] et la tribu des Archer, Newland, Van der Luyden... » Dans ce climat, il n'est pas rare de s'exposer à la violence brutale de l'autre, ou de sentir le besoin d'y recourir : « Les lèvres d'Archer se serrèrent et il eut une furieuse envie de gifler ce long, élégant et vaniteux visage ».

3. Mépris

Le corollaire, ou encore le pendant de cette violence, est le mépris profond et souvent viscéral, qu'on fait subir à l'individu. Et rien n'est plus meurtri et destructeur que le jugement, qu'on prononce ou édicte facilement à l'encontre d'untel, tout simplement parce qu'on se croit supérieur à lui. New York regorge de ces situations à tel point qu'ils s'y trouvent des spécialistes dans le classement et le déclassement, autant dire les condamnations sans appel, des autres individus. L'une de ces figures, qui n'existe peut-être que pour satisfaire, voire institutionnaliser, le désir du mépris, est justement « ce long, élégant et vaniteux visage » qu'est Lefferts. Ce dernier est sollicité, tel un maître, pour juger. Il « était le premier arbitre de New York en matière de "bon ton" ». Il excelle dans cette « étude compliquée et captivante » à telle enseigne que sa sentence est sans appel. Écoutons plutôt l'un de ses « admirateurs » : « Si quelqu'un peut décider quand on peut mettre ou non la cravate noire avec l'habit, c'est Larry Lefferts ». Et lorsque ce *Big Brother* conjugue son travail, avec un autre spécialiste en la matière, comme Mr. Sillerton Jackson, qui portait, tel Atlas, la « forêt d'arbres généalogiques » de New York, le sort de l'individu, ou de la famille considérée, est scellé : « Ces messieurs attendaient donc avec un visible intérêt l'oracle qu'allait rendre Mr. Sillerton Jackson. » Le mépris n'est pas seulement exprimé par le bourreau, il est magistralement et fièrement adopté par la victime. Les suppliantes, à l'article de la mort, trouvent pourtant un certain plaisir de noter leur « répugnance instinctive de l'homme », car il s'agit d'une « race » dont « l'origine » est le « toucher et le souffle de Zeus ». Dès lors, l'autre est ravalé au rang de l'insecte : « insolent essaim de mâle », propre à être rejeté « à la mer. » C'est que l'homme, selon Spinoza, « par gloire, méprise ses semblables [...] il désire le mal d'autrui et y prend plaisir ». Étéocle croit que la guerre fratricide annoncée est le fruit de « l'odieuse, la noire Imprécation d'un père ». Il se trompe en partie, Le Chœur le lui fait savoir, non sans malice. Œdipe, « indigné d'être si maigrement servi, lança contre ses fils des imprécations amères. »

Première transition.

Le contact de l'individu avec sa communauté est donc douloureux. L'individu est agressé, selon différentes modalités, par l'autre, sans être complètement exonéré, lui-même. Cependant, il croit pouvoir s'en affranchir. Il s'inscrit, dès lors, dans une logique contraire à celle qui régit la vie en commun ; ce qui se radicalise par la tentation de l'isolement et ce, jusqu'aux limites de la monstruosité.

II. Mais, l'individu pense pouvoir s'en affranchir

1. Rupture du contrat

L'une des sources majeures de la douleur, infligée à l'individu par les siens, est le non-respect des fondements ou des termes du contrat social. **Spinoza** le note avec amertume, et en conclut que le principal défi est de restaurer cet ordre bafoué : « C'est là l'œuvre laborieuse à accomplir. » Les deux sources de la connaissance humaine, à savoir « la Raison et l'expérience », définissent certaines valeurs à même d'assurer une vie commune exempte de maux, mais qui font souvent défaut : « la fidélité des sujets, leur vertu, leur constance dans l'exécution des commandements. » La rupture s'explique par la nature des hommes « êtres enclins à abandonner le travail pour chercher le plaisir. » Ce qui pousse les gens à violer le pacte, c'est la quête de l'utile : « nul pacte ne peut avoir de force sinon pour la raison qu'il est utile, levée l'utilité, le pacte est levé du même coup et demeure sans force. » Il n'est pas étonnant donc de noter le règne de l'injustice, là où doit régner une valeur majeure, à savoir la justice. Cette figure de violation du pacte est anti-nature, puisque la justice est « une disposition constante de l'âme [...] l'Injustice en revanche [...] consiste à enlever à quelqu'un ce qui lui appartient ». L'autre occurrence de rupture, et non des moindres, est la violation du principe d'équité et d'égalité, ce qui donne lieu à une communauté où l'on départage les gens en maîtres et esclaves : « Si la fin de l'action n'est pas l'utilité de l'agent lui-même, mais de celui qui la commande, alors l'agent est un esclave. » C'est justement le sort que les Suppliantes veulent éviter. L'hymen qu'on leur propose est loin d'être un lien fondé sur le respect et la bienveillance réciproque, mais il est plutôt promesse d'esclavage. : « Le Roi. – Mais comment avez-vous osé quitter le toit paternel ? [...] Le Coryphée. – Pour n'être pas esclave des fils d'Égyptos. » La communauté est fondée, en principe sur des « lois grecques », comme la justice qu'on ne doit pas fouler aux pieds : « Ne souffre pas qu'en ta présence et au mépris de la justice, ils m'entraînent du pied de ces statues. » Ces lois sont bafouées, dans les deux pièces d'**Eschyle**, lorsque l'homme oublie sa nature humaine, et tombe dans l'hubris : « l'arrogance humaine telle qu'elle s'épanouit à nouveau dans la race fougueuse ». Sans valeurs la société est composée de « oiseau qui dévore oiseau ». La société new-yorkaise est dépourvue de tout socle vertueux, sinon un ramassis de préjugés, opérant constamment un grand renversement des valeurs, où la vie en commun s'assimile à un ring, où prime la ruse et force. Il suffit que l'individu soit mal loti ou moins roué, et le voilà aspiré par le gouffre. Vouloir s'en sortir est presque impossible, comme en témoigne le cri du désespoir de Mme Olenska, en posture de suppliante : « Je veux être libre !... Je veux que tout le passé soit effacé ! »

2. Solitude

La rupture du contrat social ou encore le rejet des valeurs fondatrices de la communauté a, pour corollaire, l'isolement de l'individu, qui, revenu de tout, se recroqueville sur lui-même. Cette insularité tend à renouer avec le paradis perdu, lorsque, encore fœtus, l'individu jouissait de la protection totale, dans l'espace qui était le sien. Le rêve commun de tous les hommes n'est-il pas de se mettre à l'abri de toute adversité ? **Spinoza** en est conscient : « Il n'est personne qui ne désire vivre à l'abri de la crainte autant qu'il se peut ». Si la réponse logique à cette crainte est de se soumettre aux « lois et aux injonctions certaines de la Raison », il n'en demeure pas moins que, pris de panique, l'individu pourrait trouver refuge dans l'isolement, ce qui donnerait lieu à de graves conséquences : « Personne en effet ne vit sans angoisse parmi les inimitiés, les haines, la colère et les ruses [...] s'ils ne s'entraident pas, les hommes vivent très misérablement. » C'est justement cette crainte, qui incite la troupe des Danaïdes à se lancer dans la quête d'un espace insulaire, qui puisse les protéger, et qui, comme par hasard, renvoie explicitement au ventre maternel : « Qui se serait imaginé que cette fuite imprévue nous conduirait à Argos, notre antique parente, et que nous y cherchions un asile contre un odieux hymen ? » Dans la communauté, déjà rabougrie et à bout de souffle, la solitude ne diffère pas de l'isolement, et le résultat est le même, à savoir une conduite assez peu orthodoxe. Archer repère, effaré, un de ces : « cas où une femme sensible et délaissée se laisserait entraîner par la force des circonstances à nouer de ces liens que la morale réprouve. » Contre la solitude imposée, Mme Olenska dispose, elle aussi, du refuge maternel, qui ne fait que radicaliser sa solitude, la vraie : « ... l'isolement vous pèse ? » lui demander Archer avec malveillance. Elle rétorque : « Je ne serais pas seule maintenant [...] Désormais, quand je rentrerai en moi-même, je serai comme un enfant qui revient la nuit dans une chambre où il y a toujours une lumière ».

3. Monstruosité

Dans une société où les valeurs sont bafouées, et où le sujet est contraint, bon gré mal gré, à la solitude, il n'est pas étonnant de voir naître des conduites monstrueuses. C'est le constat d'avoir chuté si bas, et de n'avoir plus rien en commun avec l'espèce humaine, qui impose à Œdipe de « se sépar[er] de ses yeux. » Aucun exploit ou gloire passés ne peuvent exonérer un homme, qui, même par ignorance, va si loin dans l'infamie. Œdipe n'est-il pas le héros qui « eut délivré le pays du monstre qui ravissait ses habitants » ? Il ne s'agit pas, dans le monde grec, de remplacer un monstre par un autre, mais de s'en délivrer complètement. Polynice n'a donc aucune chance d'être admis parmi les siens, même victorieux, comme le lui répète le devin : « De quel droit veux-tu tarir la source maternelle ? Comment ton pays natal, conquis par l'ambition à la pointe de l'épée, fera-t-il alliance avec toi ? » Le risque majeur s'annonce, lorsque la cité tout entière, oubliant « les lois grecques », s'enlise dans la voie de la monstruosité. Refuser d'ensevelir un être humain est un acte monstrueux, qui menace sérieusement les fondements de la communauté. C'est pourquoi le roi d'Argos, confronté aux suppliantes y décèle d'abord, non sans raison d'ailleurs, une présence de monstres : « … j'aurais certainement conjecturé que vous étiez ces Amazones sans maris, qui mangent de la chair crue. » Offensées et humiliées, elles étaient prêtes à faire une belle démonstration de cette monstruosité annoncée ; s'immoler : « Je me pendrai sur-le-champ à ces dieux. » Ce qui inquiète Spinoza n'est rien d'autre qu'une cité livrée à elle-même, sans foi ni loi, et qui serait la pépinière de toutes les monstruosités : « De là de grands changements, une licence universelle, le luxe, la paresse d'âme. » Les hommes, sans lois coercitives, sont capables de tous les maux, et les exemples sont légion : « nulle sûreté nulle part ; c'est le règne de la colère et de l'impiété dans la crainte universelle. » Sans être vraiment une cité licencieuse, New York ne prive pas les siens d'une bonne dose de monstruosité. L'individu s'affaiblit, jusqu'à l'effacement pour servir, non pas l'intérêt général, mais un ensemble de conventions, faites de préjugés et de superstitions. Archer n'est plus que l'ombre de lui-même, lorsqu'il se sacrifie, pour assurer un mariage conventionnel. Il s'agit d'une vie qui « n'est qu'un mensonge. Cela passe l'endurance humaine », avoue-t-il à Mme Olenska. Cette dernière n'est pas à l'abri, elle qui rétorque : « Cette vie, je l'endure ! » Et pour cause ! Elle n'avait pas la prévoyance des suppliantes, pour pouvoir refuser obstinément un mariage dangereux : « L'enfer qu'avait fui la comtesse Olenska. » **Spinoza** est préoccupé, de bout en bout, par l'éventualité d'une existence saisie, non par les règles propres à l'État, mais par les impulsions individuelles, capables d'engendrer de « grands dommages à autrui », ou aux individus eux-mêmes « asservis aux nécessités de la vie ». Il n'est donc pas étonnant de recourir à la métaphore zoologique : « Le grand poisson mange le petit poisson. »

Deuxième transition.

Devant les limites, voire les dangers, du cloisonnement des membres de la communauté, il est donc nécessaire de repenser les règles et les fondements de la vie en commun. Cela commence d'abord par connaître soi-même ; connaître l'autre, et chercher des valeurs certaines.

III. Vers un nouveau contrat social

1. Connaître soi-même

Le sujet ne peut pas vivre continuellement à sa guise, sans vouloir, à un moment donné, s'enquérir sur soi-même ; établir un bilan de sa conduite, pour savoir s'il n'était pas possible de faire mieux. C'est cet arrêt-bilan qui permet souvent une réconciliation avec l'autre, mais surtout avec soi. Pour **Spinoza**, c'est difficile d'accomplir cette descente en soi, sans « un établissement très ferme », qui affaiblit « l'appétit » individuel. Mais, sans la volonté du sujet, sans sa conscience, cet effort collectif serait vain. L'individu doit suivre la Raison, en toute conscience, « pour ne paraître pas dément ». Ce qu'implique cette discipline collégiale n'est rien d'autre que ce que dicte l'individu à lui-même, lorsqu'il se remet en question : « Refréner l'Appétit, en tant qu'il pousse à causer du dommage à autrui, de ne faire à personne ce qu'ils ne voudraient pas qu'il leur fût fait, et enfin de maintenir le droit d'autrui comme le sien propre. » Bien évidemment, cette connaissance de soi implique la liberté de chacun « de penser ce qu'il veut ». Danaos, craignant un dangereux dérapage des « fougueuses » suppliantes, les oblige à se connaître mieux, à exorciser leur moi, habité par les peurs et les angoisses. Sa tirade est un miroir qui reflète leur image sans fard, tout en la corrigeant : « Faites aux étrangers des réponses [...] comme il convient à des arrivants [...] que votre voix n'affecte pas d'abord la hardiesse et qu'aucune effronterie ne se lise sur vos visages ». Sans cette connaissance de soi, il leur eût été difficile de se faire comprendre par un hôte déjà réticent et méfiant. La connaissance de soi prend une tournure radicale chez Étéocle qui, ayant la ferme conviction d'appartenir à une « race... odieuse », décide de priver Polynice d'un éventuel triomphe qui puisse déshonorer Justice : « Voilà ce qui fait ma confiance et c'est moi qui le combattrai ; quel autre serait mieux désigné ? » Dans la société new-yorkaise, les individus sont tellement happés dans le carcan des conventions et des idées reçues qu'ils ne sont que rarement confrontés à eux-mêmes. Ce n'est pas un hasard si Newland Archer ne fait cet effort que loin de sa ville, à Paris : « Seul, tard le soir, dans sa bibliothèque [...] Archer se sentait timide et suranné : un pauvre être insignifiant comparé à l'homme d'énergie qu'il avait rêvé d'être. »

2. Comprendre l'autre

La remise en cause de soi-même s'approfondit dans l'effort de connaître l'autre, pour le comprendre. Une tâche si difficile, car, comme le précise **Spinoza**, il n'est pas « facile de commander aux âmes. » Il est donc impératif de ne pas agir au nom de l'autre, sans le comprendre. Même un souverain est incapable d'imposer aux autres, par « décrets », de juger, selon ses désirs : « du vrai ou du faux, du bien ou du mal, du juste ou de l'inique ». Vouloir fléchir la volonté de l'autre, de cette manière est « impossible » et exclut toute possibilité de bâtir une communauté saine. Cela ressemble manifestement à un pacte avec le diable, dans lequel l'autre consent à vendre son âme : « Il ne peut se faire que l'âme d'un homme appartienne entièrement à un autre. » Comprendre l'autre, c'est donc avoir conscience qu'il est différent et qu'il pense différemment. Il s'ensuit la nécessité de l'écouter et de prendre en compte ses desiderata : « car ces choses sont du droit propre de chacun, un droit dont personne, le voulût-il, ne peut se dessaisir. » Et comment peut-on comprendre l'autre, sans lui accorder la « liberté de dire et d'enseigner ce qu'il pense » ? Antigone veut justement disposer du droit, dont parle **Spinoza**, et elle exprime ouvertement son désaccord avec le décret insensé, et qui ne peut s'exécuter, que si l'on est sans âme : « Je ne rougirai point de ma désobéissance et de ma rébellion [...] mon âme partage volontairement son malheur. » Les fils d'Égyptos ont malencontreusement métamorphosé un hymen, tout à fait légitime, en cauchemar, car ils ont considéré les Danaïdes, comme une propriété, dénuée de toute singularité. Au lieu de se conclure dans le consentement mutuel, l'hymen souhaité est perçu comme une prédation, propre au monde zoologique : « Regarde la suppliante que je suis, fuyant éperdument comme une génisse poursuivie par un loup à travers les rocs escarpés. » Aussi, dans leur asile, ne demandent-elles rien d'autre que d'être écoutées et bien comprises. Méconnaître l'autre est un grave malentendu dont l'issue peut être tragique : « On a déjà vu des gens tuer un ami par ignorance » rapporte Danaos. Sans cet effort pour comprendre l'autre, il n'est pas rare de sacrifier l'individu, en l'honneur d'idoles sans âmes comme il arrive souvent à New York. Cette ville ne diffère des cités en guerre, ou archaïques, qu'en degré non en nature : « Dans ce vieux New York, où l'on donnait la mort sans effusion de sang, le scandale était plus à craindre que la maladie. » Si l'individu craint le scandale, c'est parce qu'il sait que les autres n'écoutent que les préjugés et ne se fient qu'aux jugements sans appel. Pourtant, la situation n'est pas si désespérante, et la connaissance de l'autre est un besoin brûlant pour une belle cohabitation. C'est le fils d'Archer, Dallas, héraut, s'il en est, de la nouvelle génération, qui perce la source du vrai scandale dans le couple formé par ses parents : « Vous ne vous êtes jamais rien demandé l'un à l'autre, n'est-ce pas ? Et vous ne vous êtes jamais rien dit ! Vous êtes un duo de sourds-muets... »

3. Penser les valeurs

La vie en communauté est un processus dynamique, qui obéit la logique du vivant. Les fondements de cette vie sont susceptibles de s'amenuiser, ou de s'effriter, à cause de la nature humaine ou sous l'effet de l'usure. C'est ce qui impose une réflexion permanente sur la validité des valeurs fondatrices, ou encore la nécessité de les abolir, au profit de nouvelles valeurs. Lorsque la société se contente de reproduire à l'infini les mêmes mensonges et les mêmes conventions, elle sent la pourriture, et il est donc urgent de faire le nécessaire. New York, selon son gouverneur Théodore Roosevelt, qui s'indigne de l'immonde qui règne dans la ville, et qui revêt des dimensions légendaires. Coléreux, il annonce à Newland Archer, son profond désir d'un radical nettoyage : « Si jamais l'écurie d'Augias peut être nettoyée, il faut que vous y mettiez les mains. » On est conscient de l'absurdité de l'ordre social et politique, et sa solidité, en apparence du moins, n'empêche pas, de s'interroger sur les moyens de le changer : « C'est stupide, c'est injuste; mais comment changer la société ? » se demande Archer. M. Rivière, le parisien, propose quelques éléments de réponse à cette interrogation : « Garder intactes sa liberté intellectuelle, ses facultés critiques, c'est cela, Monsieur, [Archer] qui prime tout [...] être maître de sa pensée. » C'est ce qui a manqué justement à Archer, lui dont la vie était « muette » et dont les souvenirs « pesaient lourdement sur son âme. » Les suppliantes sont plutôt dépositaires de leur pensée, bien fondée ou non. Elles inscrivent leur dire et agir dans le vrai, non la complaisance : « Voilà la vérité ; je la confirmerai par des preuves ». Outre la vérité, un contact sain ne peut se faire en dehors de la justice, "La justice protège ceux qui combattent pour elle" », ou encore le respect de la loi, comme attribution divine : « Zeus [...] qui met naturellement... la piété au cœur de ceux qui observent la loi. » Ces valeurs, que Le Coryphée résume en cette expression : « les lois grecques », sont exactement celles qu'on s'enorgueillit d'observer dans Thèbes : « on veille sur la chose publique, sans laisser le sommeil fermer ses paupières », dit Étéocle. Or, cet ordre fondé sur la justice et la liberté, est menacé par deux endroits : l'ennemi extérieur, qui veut soumettre ce « pays libre » sous « le joug de l'esclavage » ; et le peuple lui-même : « La cité varie souvent dans l'appréciation du droit », constate une partie du chœur. Ces menaces, et tant bien d'autres, ne peuvent être endiguées que par un ordre bien pensé et bien bâti, comme le propose **Spinoza**. Se soumettre à la Raison, non à la Nature avec ses passions et son appétit; garantir la liberté de conscience et le droit de s'exprimer librement; la laïcité et la nécessité de dissocier la gestion de la chose publique et l'ordre religieux. Autant de mesures, nécessaires pour honorer les deux pôles majeurs de toute communauté qui se respecte : la liberté et la justice.

Conclusion

Le propos de J.-P. Sartre, qui postule que l'enfer c'est les autres, nous a permis d'appréhender, à la lumière des œuvres considérées, le rapport entre l'individu et sa communauté, dans toute sa complexité et sa dynamique. Certainement, l'autre, à bien des égards, empoisonne le moi, et ne cesse de le plonger dans l'horreur. Il étouffe, dès la naissance, l'individu, quand il ne l'agresse pas, dans son intégrité physique autant que morale. Pourtant, ce dernier croit pouvoir s'en libérer. Il rompt avec le contrat qui est sensé le lier aux autres ; ce qui ne peut se concevoir sans la tentation de la solitude, qui touche aux limites de la monstruosité. L'aboutissement logique de ce processus est une pensée réflexive, qui commence par l'effort de connaître soi-même, mais aussi connaître l'autre, afin de concevoir un contrat, ou fondements, plus solides et, surtout, humains. Ce commerce humain, extrêmement difficile et compliqué, où les volontés s'opposent constamment, menaçant dans la foulée, de remplacer l'ordre sain par des cités ténébreuses, ne révèle-t-il pas la fragilité des communautés, menacées de renouer, à chaque instant, avec l'état barbare ?

« Il faut, quand on agit, se conformer aux règles, et quand on juge, avoir égard aux exceptions. »

***Recueil des pensées de M. Joubert*, 1838**

➥ *Cette proposition vous semble-t-elle vérifiée dans les œuvres au programme ?*

PASCAL MELMOUX

Analyse du sujet

- La citation donne deux modalités de rapport au monde : agir/juger (parallélisme).
- Cela impliquerait (verbe d'obligation) deux rapports à la loi : son application inconditionnelle dans l'action/un respect mesuré et adapté dans le jugement.
- Car (implicite) toute « règle » a ses « exceptions ».

Enjeux du sujet

Quel est le rapport logique entre l'« action » et le « jugement » : un rapport chronologique ? Et entre les « règles » et les « exceptions » : une relation de suspension des premières pour l'analyse des cas particuliers ? Une relation d'exclusion ?

PROBLÉMATIQUES

- ▶ Y a-t-il vraiment deux attitudes à avoir face aux lois ? Qu'est-ce qui justifie la suspension des règles dans le jugement ?

PLAN

- I. **Nos actions doivent respecter les règles établies**
  1. La vie collective impose le respect des lois
  2. Les lois nous dépassent
  3. Les « exceptions » doivent alors être bannies de la société
- II. **Qu'est-ce qui justifierait de faire des « exceptions » lorsqu'on juge ?**
  1. Les œuvres littéraires présentent des cas particuliers soumis à jugement
  2. Mais il est difficile pour la communauté d'accepter des « exceptions »
  3. Comment justifier le privilège du « jugement » d'échapper aux lois communes ?
- III. **La distinction entre agir et juger est-elle alors pertinente pour rendre compte des exceptions possibles à la règle ?**
  1. Il y a des cas où un jugement, même délicat, engendre des actes résolus
  2. Mais cette articulation chronologique s'estompe avec le temps
  3. La distinction entre sphère publique et sphère privée serait alors plus pertinente

Introduction

Il faut, à Rome, faire comme les Romains : la sagesse populaire impose comme règle minimale de vie en société de respecter les mœurs locales. La citation de Joseph Joubert, « Il faut, quand on agit, se conformer aux règles, et quand on juge, avoir égard aux exceptions » ne dit pas autre chose : il existe une obligation à respecter les règles d'usage. Le jeu des nuances, de l'adaptation aux cas particuliers n'en est pas moins important, mais dans un autre domaine. Le moraliste distingue clairement, avec un parallélisme syntaxique, la sphère de l'action de celle de la réflexion, du « jugement » : et s'il n'y a pas de règles sans exceptions, c'est qu'il est impératif de se soumettre aux lois mais que celles-ci doivent être prises avec une attention aux situations qui exclut, même momentanément, l'individu des règles communes. Quel est donc ce privilège réservé au « jugement » de s'extraire des règles fixées pour l'action ? Nous verrons, après lecture des deux tragédies d'**Eschyle**, *Les Sept contre Thèbes* et *Les Suppliantes*, du *Traité théologico-politique* du philosophe **Spinoza**, paru en 1670, et du roman d'**Edith Wharton**, *Le Temps de l'innocence*, publié en 1920, que les actions doivent se plier aux règles admises, avant de nous demander si des exceptions existent quand il s'agit de juger pour nous interroger finalement sur les limites et la pertinence de cette distinction entre « agir » et « juger » dans notre rapport aux lois.

I. Il faut, quand on est dans l'action, respecter absolument les règles

I, 1. La vie en communauté exige le respect strict des lois. **Spinoza** affirme la toute-puissance des lois établies, contre « le libre jugement des hommes » qui présente une telle « diversité » « que chacun pense être seul à tout savoir et qu'il est impossible que tous […] parlent d'une seule bouche » ce qui nuit à « la paix » collective, chap. xx.

Il faut donc « agir » « suivant les décrets du souverain ». Pélasgos, le roi grec des *Suppliantes* d'**Eschyle**, va demander l'avis de son peuple, de « toute la communauté civique » pour décider « en commun » suivant les lois de la cité. Le Chœur a beau lui rappeler que « La cité, c'est toi ! » et qu'il a « Tout pouvoir d'exécution », Pélasgos, dans une occasion délicate, entend se soumettre aux lois. Les codes sociaux, dans le roman d'**E. Wharton**, ont la même force : il faut vivre comme tout le monde, et le mariage que Newland contracte avec May, alors qu'il aime déjà Ellen, lui donne l'impression de « se résigner à cette formalité », d'« obéir scrupuleusement aux injonctions », de se conformer « à l'élément le plus sacré du rite immémorial », chap. XIX. Un consensus s'établit autour de l'importance du respect des règles dans la vie publique.

I, 2. Les lois au reste nous dépassent : il existe une obligation morale, voire religieuse à se plier aux règles. **Eschyle** pose la question dans ses deux pièces : *Les Suppliantes* sont avant tout une longue prière aux dieux, à « Zeus Suppliant » notamment, pour obliger les Grecs à recueillir et protéger les 50 filles de Danaos, en raison de leur origine grecque, de leur soumission aux rites devant les autels des dieux et des lois de l'hospitalité envers des êtres faibles et pourchassés. Le Coryphée achève la première entrevue avec le roi d'Argos sur cette phrase : « Ce combat est celui de la Justice, Elle nous aidera. » Une divinité agit directement. On note l'obligation de suivre les lois de l'État, supérieures même aux obligations religieuses dans le *Traité théologico-politique* de **Spinoza** : les rites religieux doivent ainsi être prescrits par le souverain en vertu de sa capacité à tenir tous les hommes unis sous son autorité. Il indique ainsi, au chap. XIX, que « la Religion n'acquiert force de droit que par le décret de ceux qui ont le droit de régir l'État », ou que « Dieu ne règne sur les hommes que par ceux qui ont le pouvoir de régir l'État. » Les actions des hommes sont réglementées par des lois supérieures, et les convenances sociales relèvent presque d'une religion chez **E. Wharton**.

I, 3. Ceux qui s'exceptent des lois doivent alors être poursuivis, voire éliminés : Polynice, chez **Eschyle**, est abandonné « sans sépulture » pour « la souillure d'avoir attenté aux dieux de sa patrie » et devient « la proie des chiens » alors qu'on enterrera Etéocle car « pur de tout reproche quant à la religion due à nos sanctuaires ancestraux ». Cela est illustré aussi dans *Le Temps de l'innocence* d'**E. Wharton** avec l'exclusion d'Ellen qui fédère toute la « tribu » des grands bourgeois : elle représente en effet un danger mortel pour leur entre-soi. Elle se moque d'ailleurs de ces Américains qui ont découvert un Nouveau Monde, pour y reconstituer une société repliée derrière ses différences de « classes sociales » et d'« étiquette » à respecter. Devant Newland qui tente de lui expliquer que New York est un « labyrinthe » de « bienséances » complexes, elle ironise sur « toutes ces lignes droites, dans tous les sens, avec ces grandes étiquettes honnêtes sur chaque chose ! », chap. IX. Elle remet plus loin en cause l'existence d'un « pays » où des « catégories comme celles-là n'existent pas », chap. XXIX.

Si dans le domaine des actions le respect des règles paraît fondamental, on peut se demander si dans celui des « jugements » des exceptions se présentent.

II. Les exceptions valent-elles alors lorsqu'il s'agit de juger ?

II, 1. Nos œuvres littéraires présentent une structure judiciaire. La tragédie antique est un espace de délibération ; des cas particuliers sont mis en scène pour un jugement public. Cette structure est manifeste dans *Les Suppliantes* d'**Eschyle** avec un vote organisé pour accueillir ou non des étrangères. Le roi d'Argos est surpris devant les 50 jeunes filles et il multiplie les remarques sur leur étrangeté. Leur « accoutrement n'est pas grec », et ces « étrangères » ressemblent à « des Libyennes », « des Indiennes » ou « des Amazones ». La question du « droit » dont elles relèvent n'est pas clair et Pélasgos ne sait s'il doit « agir ? ou ne pas agir ? ». La communauté hésite à reconnaître comme recevables des personnes différentes. On retrouve cette forme de jugement dans le roman d'**E. Wharton** : on voit des avocats qui jugent les affaires privées des familles aisées, et qui refusent le divorce de la marquise Olenska, une des leurs, même si celui-ci est reconnu par la loi. Les conventions régissent les relations de la communauté, et Newland, qui travaille pour Mr Letterblair est amené à persuader Ellen de ne pas divorcer (ce qui aurait permis d'envisager une relation entre eux !). Nos œuvres littéraires présentent bien des cas particuliers soumis au jugement social.

II, 2. Des exceptions individuelles peuvent alors difficilement être admises par une communauté où chacun est juge. On le voit, chez **E. Wharton**, par la récurrence des lieux collectifs de rituels mondains : de nombreux chap. se déroulent à l'opéra, dès l'incipit, au théâtre, chap. XIII, ou lors de bals ou de dîners qui réunissent la bonne société new-yorkaise, chez les Van der Luyden par exemple ou chez les Archer eux-mêmes où la rupture entre Newland et la comtesse est mise en scène, au moment même où Newland délibérait sur le fait de la suivre en Europe. Le jeu des « convenances » interdit alors tout tête-à-tête entre les deux jeunes gens. On retrouve cette attitude chez **Eschyle** avec une communauté appelée à prendre position sur des sujets délicats : le cas des 50 « Suppliantes » accueillies par la cité n'est pas totalement résolu. Elles qui condamnent, depuis le début de la pièce, les fils d'Egyptos comme adeptes de pratiques « interdites », comme atteints de « démesure humaine » ou d'« égarement », enfreignent elles aussi les lois de la nature et même les volontés des déesses dont elles se réclament. Les Suivantes, en fin de pièce, donnent autour des préceptes de « Cypris » la « leçon » suivante : « C'est le "Rien de trop" en face des dieux. » Les « Suppliantes » risquent d'être prises à partie pour leur obstination, leur *hubris* à rester vierges. Les exceptions sont difficilement recevables dans des sociétés du contrôle.

II, 3. Pourquoi les jugements d'ailleurs seraient-ils moins catégoriques que les actions ? C'est, selon **Spinoza**, qu'une différence existe entre la délibération initiale, libre, qui conduit au choix rationnel de se rassembler sous des lois communes, et les actions qui, une fois ces règles acceptées, se doivent de les suivre sans réserve. Mais ce modèle est ancré dans une communauté particulière, et le « pacte » social ne fonctionne qu'à l'échelle du groupe : des conflits de « droit » ou de religion opposent Pélasgos et le Héraut égyptien qui ne reconnaissent pas les mêmes règles dans la tragédie *Les Suppliantes* d'**Eschyle**, avec l'émissaire des 50 fils d'Egyptos qui affirme son droit à l'action violente pour ramener chez elles les « Suppliantes ». Les règles de la bourgeoisie new-yorkaise de même, chez **E. Wharton**, paraissent à beaucoup inadaptées aux événements en cours : que l'on déplore la menace « d'effondrement de la société », phrase de Mrs Archer qui conclut le chap. VI, ou qu'on se moque des mœurs sclérosées comme Dallas le fait devant son père au dernier chapitre.

Les jugements ont fondé des règles, mais ils ne sont pas exclus de la marche du monde qui, en retour, doit aussi les faire évoluer.

III. C'est la question de l'articulation des actions au jugement qui se pose alors, et la pertinence de ce couple de termes pour réfléchir

III, 1. Il existe bien sûr des cas où s'imposent des règles impératives de l'action, issues de jugements qui, eux, ont été l'objet de discussion. Le *Traité théologico-politique* de **Spinoza** repose tout entier sur la logique du « pacte » : il y a, originellement, une réflexion, pour entrer dans le « pacte » social. En revanche, son efficacité ne tient qu'au respect imprescriptible ensuite de celui-ci par toute la communauté : les actions communes, une fois l'engagement individuel conclu, relèvent de la loi, qui doit être respectée par tous. On voit aussi chez **Eschyle** le roi Pélasgos demander un vote pour accueillir les « Suppliantes », dont l'issue n'est pas évidente : les filles de Danaos s'inquiètent de cette procédure qui pourrait leur être néfaste. Pélasgos insiste pour avoir du temps de réflexion, et les filles de Danaos usent de prières et d'appel à la compassion (« Vois : suppliante, exilée, on me traque… »), puis de menaces (« méfie-toi de "la colère de Zeus Suppliant" ») voire de chantage au suicide. Mais une fois le vote acquis, à l'unanimité, le même Pélasgos n'hésite pas à défier leurs poursuivants, prenant le risque de « la guerre », jusqu'à ordonner à tous les Grecs « de courir à la rescousse, à peine de déchéance civique et de bannissement ». Danaos, qui était allé chercher du renfort, revient sur scène avec une troupe armée, spontanément acquise à sa cause. Une fois la décision prise les actes deviennent obligatoires pour tous.

III, 2. Mais cette distinction entre agir et juger s'estompe dans le temps. On voit ainsi chez **E. Wharton** une vieille société empesée sous des règles qu'elle s'efforce de respecter alors même qu'une nouvelle morale sociale renverse les décrets qui semblaient absolus : Newland note, au dernier chap. du *Temps de l'innocence* que May a vécu sans se rendre compte de cette évolution. Les règles évoluent avec les modes de vie. Antigone, dans *Les Sept contre Thèbes* d'**Eschyle**, décide de « me montrer en ceci sourde et rebelle aux pouvoirs de l'État », en raison des liens du sang avec Polynice. Elle va « prendre sa part de ses misères, en esprit fraternel », et « il n'y a pas d'"ordonnance" qui tienne ! » dit-elle, parce que les « décrets d'État » s'ils sont « exorbitants » doivent être combattus. Eschyle pose clairement le dilemme de l'obéissance, et montre qu'une société évolue au contact des actes qu'elle doit accomplir. Les jeunes filles du Chœur se divisent alors en deux groupes, après s'être posé la question de « que devenir, que faire ou que résoudre », car « ce que prône l'État comme étant la juste loi, change avec les temps qui changent. » Les mœurs redéfinissent les règles morales et le message d'**E. Wharton** correspond à l'époque moderne : « Qu'importait le passé dans le grand kaléidoscope où tous les atomes sociaux roulaient sur le même plan ? ».

III, 3. Plus alors que la distinction entre « agir » et « juger », le régime d'exception aux lois communes dans nos œuvres passe peut-être par celle des sphères publique et privée. Le chap. XX est, chez **Spinoza**, un long éloge de liberté du jugement privé selon le droit naturel incessible de penser et de juger. Tous les citoyens sont tenus d'agir « par un commun décret, mais non de juger et de raisonner en commun ». Personne n'a le droit de contester publiquement les lois, mais, et c'en est la contrepartie logique, tous peuvent en particulier en penser ce qu'ils veulent. Le roman d'**E. Wharton** montre qu'il faut se soumettre aux conventions sociales, même si en privé, dans sa maison ou dans son cœur, on renie les usages : les « excentricités » de Mrs Mingott ou le sacrifice de Newland le prouvent suffisamment.

Conclusion

On peut donc affirmer que le respect des règles établies assure le bon fonctionnement du jeu social, mais que si les « exceptions » relèvent du jugement, celui-ci doit s'exercer tout au long de la vie de la communauté, et rester attentif aux cas particuliers que chaque « action » initie. Le rapport entre lois et exceptions doit évoluer régulièrement, et si les instances de jugement doivent être préservées des bouleversements de la société, elles ne doivent pas moins être au contact de celle-ci pour apprécier ses évolutions. Le système démocratique de séparation des pouvoirs valide cette idée, et si H. Arendt voulait que les juges fassent partie des professions épargnées par le contrôle de l'État, c'était en conformité avec la citation de J. Joubert.

Les liens ambigus entre « individu » et « communauté »

John Rawls dans son ouvrage : *Théorie de la Justice* affirme : « Chaque personne possède une inviolabilité fondée sur la justice qui, même au nom du bien-être de l'ensemble de la société, ne peut être transgressée. »

➥ *Vous évaluerez la pertinence de cette assertion à la lumière du thème et des œuvres au programme.*

DALIE FARAH

ANALYSE DU SUJET

- Pour Rawls, l'intégrité d'un individu, ne peut être enfreinte.
- Même si cela engage le bien-être commun
- Car cette intégrité est « fondée sur la justice ».

ENJEUX DU SUJET

1. Il s'agit d'analyser en quoi cette « inviolabilité » dépend ou non de la « communauté. »
2. Puis de voir pourquoi « la justice » est essentielle à fonder le lien entre individu et société.

PROBLÉMATIQUES POSSIBLES

- ▶ L'intégrité de l'individu est-elle protégée par la justice indépendamment du « bien-être » de la société ?
- ▶ Doit-on s'accorder avec Rawls pour affirmer « l'inviolabilité » de l'individu ? Cette intégrité est-elle fondée en justice même si cela engage le « bien-être » de la société ?

PROBLÉMATIQUE CHOISIE

- ▶ En quoi l'intégrité de l'individu doit-elle être protégée ? Est-elle indépendante du « bien-être » de la société ?

PLAN

I. **Certes, l'individu possède une « inviolabilité » indépendante du bien-être de la société**
    1. Intégrité physique et morale
    2. L'appartenance à soi plutôt qu'à la communauté
    3. La liberté individuelle
II. **Pour autant, la transgression de cette intégrité semble courante et parfois nécessaire**
    1. Les droits de la société et de la communauté semblent sans limites
    2. L'injustice et le contrôle ordonnent la société
    3. L'individu ne peut se protéger seul
III. **Dès lors, comment résoudre l'équilibre entre cette juste protection de l'individu et celle de la société ?**
    1. La protection des libertés individuelles
    2. Protection de l'individu et du groupe
    3. Conscience et culture de cette « inviolabilité »

Introduction

Le tableau de Munch, *Le Cri*, montre un visage hurlant entouré d'un halo de couleurs vives. Le personnage est seul au premier plan sur un pont, derrière lui deux silhouettes. Quel est ce cri ? Exprime-t-il la violence subie de la solitude ou celle d'une impossibilité à être avec les autres ? L'interprétation de ce tableau ne peut être définitive mais l'on peut rapprocher ce « cri » à l'impuissance de l'individu isolé ou rejeté de la « communauté », de la société. Ce cri est-il alors l'expression d'une transgression volontaire ou subie ?

Dans sa *Théorie de la justice*, John Rawls écrit : « Chaque personne possède une inviolabilité fondée sur la justice qui, même au nom du bien-être de l'ensemble de la société, ne peut être transgressée. » Ainsi, le philosophe établit une nature individuelle « inviolable », sacrée, que l'on ne peut forcer. Rawls associe cette « inviolabilité » à une conformité au droit qui « ne peut être transgressée. » Ce caractère « sacré » de l'individu ne doit souffrir aucune concession même pour le « bien-être de l'ensemble de la société. » Il doit rester intact. Donc, Rawls, affirme la pleine et entière intégrité de l'individu, même si cela engage un plus grand nombre car cette intégrité est un droit.

En quoi l'intégrité de l'individu doit-elle être protégée ? Est-elle indépendante du « bien-être » de la société ?

Certes, l'individu possède une « inviolabilité » indépendante du bien-être de la société. Pour autant, les œuvres au programme illustrent surtout la transgression de cette intégrité, elle est courante et parfois nécessaire pour « vivre ensemble. » Dès lors, comment résoudre l'équilibre entre cette juste protection de l'individu et celle de la société ?

I. Certes, l'individu possède une « inviolabilité » indépendante du bien-être de la société

1. Intégrité physique et morale

Une communauté, une société peuvent chacune être définies comme un groupe vivant en collectivité. Ce groupe comporte un ensemble d'individus. Si l'on doit considérer avec Rawls que l'individu possède une inviolabilité indépendante du bien-être « collectif », le terme « inviolabilité » renvoie à une protection intouchable et totale de l'individu. Ce qu'il est, ce qu'il vit, constituent son expérience propre, libérée du groupe social. Ce caractère sacré est défendu par les Danaïdes dans *Les Suppliantes,* elle réclame la protection de Zeus car elles ont été « forcées » au mariage. Leur fuite semble se fondre dans cette défense de leur intégrité morale et physique, elles ne veulent pas de l'alliance avec les fils d'Egyptos, frère de leur père Danaos. Même si ces mariages peuvent garantir une paix durable entre les deux frères ennemis, elles ont désobéi à leur serment. Cette « inviolabilité » est aussi au cœur de la souffrance de Newland Archer quand il est partagé entre « ce qui se fait » et « ne se fait pas ». Il est engagé auprès de sa jeune fiancée May, et il est attiré par une autre femme. Newland ne peut avouer à May qu'il cherche à résoudre la dissonance entre son émoi face à Mme Olenska et ses devoirs vis-à-vis de la société. On ne rompt pas des fiançailles pour une femme mariée qui voudrait divorcer. Cette dissonance à la fois morale et physique va à l'encontre « du bien-être » de la société dans laquelle Archer vit. Cette contradiction intérieure se manifeste physiquement, Archer a l'impression d'être déjà mort car il renonce à sa volonté et à son désir.

2. L'appartenance à soi plutôt qu'à la communauté

Ce sentiment extrême ressenti par Newland tient au fait qu'il désire s'appartenir. En effet, être à soi davantage qu'à la communauté apparaît fondé « en justice » comme l'entend Rawls. Cette appartenance est valable pour tous. Dans son *Traité théologico-politique*, **Spinoza** amorce le chapitre XVI par le postulat obtenu aux chapitres précédents : la séparation de la Théologie et de la philosophie. En somme, il faut que le philosophe soit libre de philosopher indépendamment de l'État. Ce que pense le philosophe lui appartient en propre car ce que l'individu est, s'avère un droit de nature. Comme le chat ne peut vivre selon la nature du lion, l'individu ne peut vivre selon une autre nature que la sienne. Ce droit est renforcé par un ordre : « La justice est une disposition constante de l'âme à attribuer à chacun ce qui d'après le droit civil lui revient » précise Spinoza. Mais cette répartition, cette appartenance se trouvent niées par les traditions religieuses qui se soucient de la communauté avant de se soucier de l'individu. En effet, dans *Le Temps de l'innocence*, les traditions chrétiennes empêchent Mme Olenska de disposer d'elle-même et de divorcer. La jeune Comtesse désire recouvrer son indépendance, s'appartenir, elle quitte Londres et s'installe seule à New York. Mais elle ne peut fréquenter la société sans être adoubée, et ses agissements sont observés non du point de vue de la justice – c'est une femme trompée et humiliée – mais du point de vue de la règle religieuse et de la bienséance sociale. Sans l'aide des familles les plus influentes, elle risque la mise au ban du groupe.

3. La liberté individuelle

Mme Olenska n'est pas libre et qui peut l'être en société ? Dans ses deux tragédies, *Les Suppliantes* et *Les Sept contre Thèbes*, **Eschyle** dépeint des protagonistes qui exigent une liberté individuelle en actes. Cette liberté s'affirme souvent par la désobéissance. Antigone, fille d'Œdipe refuse de se soumettre, elle désire une tombe pour son frère Polynice, même si la loi de Créon l'interdit. Au héraut qui exige : « Je t'engage à ne pas être ainsi rebelle à la cité », elle répond : « Je t'engage, moi, à ne pas m'adresser de sommations vaines. » Antigone use de sa liberté individuelle qu'elle juge inviolable même si la loi l'exige, le bien-être de la ville de Thèbes n'est pas son propos, elle veut – quant à elle – exercer son droit à obéir à la tradition qui ordonne une sépulture à tous les morts pour que leur esprit puisse trouver le repos. De même, les Danaïdes attendent « l'heureuse nouvelle de [leur] liberté » auprès du roi Pélasgos. La liberté individuelle se doit d'être « inviolable » et fondée en justice car elle est une garantie d'indépendance et de raison pour **Spinoza,** pour qui cette liberté concerne la pensée. **Baruch de Spinoza** écrit le *Traité Théologico-Politique* car à 23 ans il a dû subir le « herem ». En raison de ses opinions, il a été exclu de la communauté juive. L'exercice de la pensée doit être une citadelle intérieure inviolable pour le philosophe.

Dès lors, Rawls a raison d'affirmer la nécessité d'une intégrité fondée sur la justice, raison de croire au caractère sacré de l'individu, à la protection de sa volonté et de ses pensées vis-à-vis de la société pour autant, la transgression semble courante dans les œuvres au programme. Parfois, elle semble nécessaire pour protéger l'individu lui-même.

II. Pour autant, la transgression de cette intégrité semble courante et parfois nécessaire

1. Les droits de la société et de la communauté semblent sans limites

Il apparaît en effet que les droits de la société et de la communauté priment sur ceux de l'individu. L'appartenance au groupe semble alors ordonner le culte et la culture du sacrifice de l'individu. L'appartenance à la haute société new-yorkaise, à la famille de Danaos, à celles des Atrides, à la communauté juive commande chacune l'abdication de soi et le sacrifice volontaire. On demandera à Archer, à May, à Ellen, aux Danaïdes, à Spinoza lui-même de renoncer à leur intégrité pour le bénéfice de la communauté. Dans le chapitre XVI du TTP, **Spinoza** énonce que « C'est [...] une loi universelle de la nature que nul ne renonce à ce qu'il juge être bon, sinon par espoir d'un bien plus grand ou par crainte d'un dommage plus grand, ni n'accepte un mal, sinon pour éviter un mal pire ou par espoir d'un plus grand bien. » Cette loi universelle appliquée au groupe fait fi de l'individu. Protéger les lois et traditions religieuses chrétiennes est essentiel au maintien de l'ordre de la société aisée de New York peinte par **Wharton**. Les familles demeurent soudées, l'ordre patriarcal est protégé de l'émancipation des individus, notamment de celles des femmes. L'institution du mariage permet les associations patrimoniales entre les familles, elle permet le maintien d'une harmonie économique et sociale homogène. La liberté d'Ellen s'apparente à une menace qu'il faut soumettre, éloigner ou éradiquer quitte pour cela à employer des moyens qui ne sont pas du tout respectueux de la morale chrétienne. May, malgré son apparente « innocence » fera le faux aveu de sa maternité à Ellen pour l'éloigner de son époux dont elle a compris et mesuré la passion amoureuse adultérine.

2. L'injustice et le contrôle ordonnent la société

Cette absence de limite dans la coercition des individus apparaît comme insupportable au philosophe **Spinoza**, mais cela ne s'oppose pas au fait que l'individu, pour choisir le moindre mal, puisse « transférer à la société toute la puissance qui lui appartient, de façon qu'elle soit seule à avoir sur toutes choses un droit souverain de Nature, c'est-à-dire une souveraineté de commandement à laquelle chacun sera tenu d'obéir, soit librement, soit par crainte du dernier supplice. » Il s'agit, dans une démocratie, de consentir à une délégation, voire une représentation de soi, en toute liberté ou par crainte, explique le philosophe. À ce titre, on ne peut rester sans frémir à l'acte de rébellion des Danaïdes dans *Les Suppliantes*. Pour protéger leur intégrité morale et physique, elles ont fui au péril de leur vie : « Dieu me garde d'être jamais soumise à l'autorité des mâles. Pour me préserver d'un hymen odieux, je suis décidée à fuir sous la conduite des étoiles. » La fin de la pièce laisse planer la menace d'une guerre, leur insoumission individuelle sera cause d'un désordre tragique. C'est bien ce qui cause la guerre de la pièce *Les Sept contre Thèbes*. La désobéissance d'Etéocle qui refuse de laisser Thèbes à son frère Polynice enclenche un conflit qui se résoudra par la mort des deux frères. Etéocle décide de défendre la cité et ordonne la guerre pour le bien de la cité. Il désire un ordre où il est le chef, cette protection de la ville passe par la violence d'un conflit sanglant. La lignée des Atrides poursuit sa malédiction mais la cité est sauvée. Protéger la société, c'est protéger aussi les individus qui la composent parfois contre leur gré.

3. L'individu ne peut se protéger seul

Toutes les œuvres au programme montrent que personne ne peut se protéger seul. Chez les Grecs, le « suppliant » est l'individu rendu à une très grande détresse qui n'a d'autre choix que de « supplier ». Il vient chercher la protection de la communauté auprès d'un homme ou d'un dieu. C'est une pratique religieuse et sociale codifiée : il vient s'asseoir ou s'agenouiller dans le temple d'un Dieu, au pied d'une de ses statues ou au pied d'un homme. Il peut tenir des rameaux recouverts de bandelettes dans le creux de son coude gauche. Les Danaïdes viennent demander la protection du roi d'Argos tout en se plaçant sous celle de Zeus, leur aïeul. Lorsqu'elles apparaissent devant le Roi Pélasgos, elles lui semblent étrangères par leur riche vêtement, leur langage. Il leur faut argumenter sur leurs origines grecques et ainsi se rallier à la communauté de Pélasgos qui pourra alors décider de les protéger. De même, si la société new-yorkaise possède ses codes, elle accueille et protège ses membres. Newland Archer veut défendre la liberté de la Comtesse. Il reconnaît qu'il aurait du mal à accorder la même à sa propre fiancée, mais attiré par l'esprit d'indépendance d'Ellen Olenska, il est blessé d'apprendre que personne ne s'est rendu au dîner qu'elle a organisé, il va tout mettre en œuvre pour qu'elle soit protégée et incluse dans la communauté new-yorkaise.

Finalement cette « inviolabilité » sacrée présentée par Rawls apparaît fragile dans les œuvres au programme, elle peut mettre en danger la cité et l'individu lui-même peut demander à être défendu. Dès lors, comment organiser la défense et la protection de cette « inviolabilité » ?

III. Dès lors, comment organiser la défense et la protection de cette « inviolabilité » ?

1. La protection des libertés individuelles

La première revendication commune aux différentes œuvres concerne la protection des libertés individuelles. Dans le chapitre XVII du TPP, Spinoza concède qu'il faille se résoudre « librement » à obéir mais cette résolution n'induit pas l'abrogation de soi. C'est au « pouvoir souverain » de faire des concessions, au chapitre XX, Spinoza décrit comme « violent » un gouvernement qui voudrait dominer les âmes et « prescrire à chacun ce qu'il doit admettre comme vrai ou rejeter comme faux, et aussi quelles opinions doivent émouvoir son âme de dévotion envers Dieu : car ces choses sont du droit propre de chacun, un droit dont personne, le voulût-il, ne peut se dessaisir. » Il décrit le même principe d'inviolabilité défendu par Rawls. Cette liberté demande souvent un sacrifice comme l'explique M. Rivière, un précepteur qu'Archer rencontre à un dîner à Paris. Archer est frappé par le discours du jeune homme émacié qui lui explique avoir choisi un métier peu reconnu et mal rémunéré pour rester libre. Il accepte sa mansarde, accepte sa solitude car pour lui : « Garder intactes sa liberté intellectuelle, ses facultés critiques, c'est cela, Monsieur, qui prime tout. C'est pour cette indépendance que j'ai abandonné le journalisme, et que j'ai accepté de devenir précepteur. Le métier est quelquefois bien aride; mais on a la liberté de son esprit. » Cette liberté est inestimable pour le jeune homme.

2. Protection de l'individu et du groupe

Finalement, l'équilibre entre la protection de l'individu et de la société réside dans une forme d'échange. Les premiers font des concessions à la régulation sociale, à ses codes, à l'abdication des pulsions et jouissances individuelles pour profiter de la protection sociale du groupe. Archer tente de mettre en place cette protection pour Mme Olenska en favorisant un dîner cher les Van der Luyden, cette famille très en vue, valide le bon et le mauvais goût, valide aussi la valeur morale d'une personne aux yeux du groupe. C'est bien l'influence des forts qui régulent les codes sociaux – qui s'adaptent souvent pour protéger les plus puissants. Ainsi, malgré sa réputation sulfureuse de débauché, Julius Beaufort, par ses appuis financiers et son influence sociale dans l'aristocratie new-yorkaise peut aller et venir, sans subir d'ostracisation. Dans les pièces grecques, l'équilibre semble avoir besoin du chaos. La protection de la cité prime sur la protection des individus, même les descendants du roi Œdipe paient de leur vie leur désir de diriger la ville seul. C'est leur père qui les a maudits et a précipité l'extinction de leur lignée. S'il n'est pas responsable de l'oracle, Œdipe agit en furieux sans penser au bien de la cité. Etéocle, lui, dès le début de la pièce s'en remet à Zeus et demande la protection de la cité, C'est Thèbes qu'il veut défendre plus que son ambition car Polynice est allié à sept chefs ennemis. Ici, Polynice fait figure d'égoïste, soucieux de sa propre ambition. C'est une trahison, Etéocle, quant à lui, veut garder Thèbes libre et échapper à la servitude des vaincus.

3. Conscience et culture de cette « inviolabilité »

In fine, cette « inviolabilité » préconisée par Rawls est en perpétuelle négociation entre les forces en présence. **Spinoza** défend la démocratie comme modèle de protection et d'équilibre. Dans le *Traité Théologico-Politique*, le philosophe la définit de cette façon : « l'union des hommes en un tout qui a un droit souverain collectif sur tout ce qui est en son pouvoir. » La démocratie n'est pas exactement l'exercice libre d'un pouvoir collectif mais peut proposer une possibilité de rendre « sacrés » l'individu et la société dans la mesure où la seconde est constituée d'unités individuelles. Le droit naturel vient alors appuyer les droits individuels sans contrecarrer une volonté collective. Pour **Spinoza** la démocratie permet de demeurer dans les « limites de la Raison » et de ne pas se perdre en décision absurde que seul un individu peut prendre et non une somme d'individus. Perdre une part de liberté pour la Raison ne transforme pas en esclave, c'est une juste condition au lien entre individu et société. C'est sans doute la prise de conscience tardive d'Archer qui à la fin du *Temps de l'innocence* retourne à son hôtel au moment où la lumière frappe les fenêtres de l'appartement d'Ellen et qu'un domestique vient fermer les persiennes. Au fond, dans l'acceptation de son mariage, il a exercé sa liberté, il n'a pas vécu une servitude ou une tragédie, il a vieilli auprès d'une femme aimante dont il a eu des enfants aimants. Veuf, il pourrait revoir Ellen Olenska, veuve elle aussi, libre après son départ de New York, mais il ne le fait pas. Il comprend que sa vie s'est déroulé « comme un fleuve » et la nouvelle génération, celle de son fils Dallas possède un sens du sacrifice qui ne peut être celui qu'il avait au même âge. Dallas obéit à son désir et va épouser sa « Fanny » alors que son père a dû renoncer à son « Ellen ».

Conclusion

Lorsque Rawls affirme l'impossible transgression de l'individu, il fait référence à l'intégrité et aux pulsions de cet individu, il relie l'inviolabilité au « droit » à la justice, car il affirme une égalité entre les individus. Les œuvres au programme proposent une quête vers cet équilibre égalitaire : la protection de la cité et celle de l'individu pourraient être convergents. Pourtant, il semble que la force de la communauté et/ou de la société priment et menacent en permanence l'individu. Cette inviolabilité est donc toujours menacée et menaçante. Eschyle laisse s'affronter jusqu'à la mort des forces qui s'excluent, Wharton décrit l'émancipation d'un personnage et la soumission de tous les autres. Pour **Spinoza** la véritable servitude c'est l'impossibilité et l'impuissance de l'individu à maîtriser voire retenir ses affects.

Nul ne peut prétendre être une île, être capable de vivre sur une île. L'image est belle, elle suscite des fantasmes mais se révèle assez exceptionnelle, la vocation de l'humanité n'est pas de devenir une foule d'ermites ! Sans solidarité et sans entraide, nous serions une foule de loups se dévorant les uns les autres en fonction de nos intérêts et/ou de nos pulsions.

En conséquence, protéger l'individu et la société serait possible dans une organisation sociale et économique qui prône une conscience et une pratique d'une solidarité démocratique inconditionnelle. Car comme l'écrit **Spinoza** dans son *Éthique* : « À l'homme donc, rien de plus utile que l'homme […] »

« Un pour tous, tous pour un. »

➥ *Discutez cette devise à la lumière de votre lecture des œuvres au programme.*

MUSTAPHA JBILOU

PROBLÉMATIQUE

- Dans quelle mesure le rapport de l'un au tous serait un rapport de solidarité ?

PLAN

I. L'union solidaire du « un » et du « tous »

1. L'individu, le « un » noyau fondamental de la communauté
2. La communauté, le « tous » au service de l'individu
3. La communauté comme individu

II. Au-delà de cet idéal, des rapports conflictuels

1. L'un et le tous, entre maître et serviteur
2. L'individu, du centre à la marge de la communauté
3. La scission de la communauté

III. L'un et le tous, les devoirs du vivre en commun

1. Le besoin réel de la communauté
2. Le droit à la liberté et à l'égalité
3. Le devoir de la fidélité et du respect

Introduction

L'homme serait un « animal politique » dans la mesure où il est essentiellement grégaire. Cependant, son rapport à la communauté est fort conflictuel. Et si en vertu du contrat social, les individus aliènent tous leurs droits au profit de la communauté, celle-ci est censée servir, valoriser et préserver un semblant de liberté à cet être isolé. L'idéal d'un rapport équilibré est alors fort poétisé comme dans la devise apocryphe des trois mousquetaires d'Alexandre Dumas (tous pour un, un pour tous) devenue, par anagramme la devise traditionnelle d'une démocratie occidentale : « un pour tous, tous pour un. » Si l'expression met en valeur les rapports de solidarité et de complémentarité entre le « un » et le « tous », fort est de constater que la figure du chiasme qui structure la devise relève aussi l'opposition et la dualité qui existent naturellement entre ces deux acteurs. De même L'anagramme a permis de mettre en tête de la devise l'individu, l'un, l'unité minimale de la communauté comme pour montrer son importance, son rôle prépondérant dans l'édifice et la prospérité de la communauté, désignée ici par le « tous ».

Le rapport de l'individu à la communauté constitue un des axes importants de nos œuvres au programme. En effet, **Eschyle** dans Les *Suppliantes* et *Les Sept contre Thèbes*; **Spinoza** dans son Traité *théologico-politique*; et Edith **Wharton** dans son roman *Le Temps de l'innocence*, ont approché ce rapport dans ces différents aspects politique, social ou familial. Notre projet alors est d'interroger cet idéal sublimé et de voir dans quelle mesure le rapport du « un » au « tous » serait un rapport de solidarité. Pour ce faire, nous verrons conformément à l'esprit de la devise que l'individu et la communauté sont interdépendants au point de ne faire qu'un individu au sens de la théorie physique de Spinoza. Cependant, derrière ce rapport sublimé par la devise, on constate que l'individu et la communauté entretiennent des rapports conflictuels du fait de leur nature distincte et de leurs objectifs. Il faut donc établir la relation entre le « un » et Le « tous » sur des valeurs qui préservent les intérêts de tout le monde et non sur des représentations poétisées qui résistent peu aux épreuves de la vie.

I. L'union solidaire du « un » et du « tous »

Conformément à l'esprit de la devise précitée, il existerait une solidarité intense entre l'individu et sa communauté. En effet, si l'individu adhère volontairement, en y mettant de sa personne, à une structure sociale plus étendue, celle-ci voue pour lui estime et considération et se porte garante de sa sécurité. Ce rapport de réciprocité évolue vers une fusion au point de ne faire de la communauté que la manifestation d'une individualité particulière.

1. L'individu, le « un » noyau fondamental de la communauté

L'individu constitue le noyau fondamental de la constitution d'une communauté. En effet, c'est par la volonté de « l'un » de se joindre à la multitude que se constitue une communauté viable. Aussi, la société doit-elle à son unité minimale, le « un », sa raison d'être. **Spinoza** explique dans son *Traité théologico-politique* que « la puissance universelle de toute la nature n'est autre chose que la puissance de tous les individus réunis. » De ce fait, en aliénant ses droits naturels, ses facultés et son énergie au profit de la communauté, l'individu, devenu sujet ne « fait, [...] [que] ce qui est utile à la communauté ». C'est alors à l'aune de ce principe que nous lisons la médiation de Newland Archer auprès de la comtesse Ellen Olenska dans le roman d'**Edith Wharton**. « En raison de [ses] projets d'alliance » et pour que la famille de sa future épouse ne souffre pas, le jeune avocat prend contact avec Ellen et la persuade de renoncer au divorce. De même, la mère d'Archer entreprend une visite chez Mrs. Henry Van der

Luyden et explique son action par le devoir de l'individu à l'égard de sa communauté : « Si nous ne nous tenons pas entre nous, c'est l'effondrement de la société. » Enfin, dans les *Sept contre Thèbes*, Étéoklès, en tant que représentant du pouvoir légitime, appelle dans la première tirade les individus à honorer leurs engagements envers la cité « il faut que chacun de vous, celui qui est encore dans la fleur de la jeunesse et celui qui est mûr par les années, montre l'accroissement de ses forces et fasse tout pour défendre, comme il est juste, la ville et les autels de nos dieux. » En somme, l'individu est l'unité minimale de la communauté pourtant il est son acteur principal. Conformément alors à la deuxième partie de la devise citée plus haut, la communauté veille à son tour au bien-être de ses éléments.

2. La communauté, le « tous » au service de l'individu

La communauté est censée être à l'écoute de l'individu. En effet, selon le contrat social tacite qui les unit, la société devrait veiller au bien-être et à la sécurité de ses « sujets ». Cependant, le malheur de Newland, Olenska ou May dans le roman américain réside dans cette impassibilité de la collectivité restée intransigeante devant les aspirations individuelles. Le fonctionnement de cette communauté jure avec la conception spinoziste de la république. Il estime en effet que « la république la plus libre est celle dont les lois sont fondées sur la saine raison ; car chacun y peut, quand il le veut, être libre. » Ce souci de la valorisation de « l'un » est davantage mis en valeur dans la société et la tragédie antiques. Ainsi, « les chefs du peuple de cette ville de Cadmos » ont-ils décrété « qu'Étéoklès, à cause de son amour pour la patrie, soit enseveli dans cette terre vénérée ». Bien que contestée par Antigone, cette décision exprime la reconnaissance d'une communauté envers un des siens qui s'est sacrifié pour elle. Dans *Les Suppliantes*, le roi Pélasgos cherchait à défendre des étrangères et se défendait de prendre seul une décision en faveur de Danos et ses filles. Ses répliques mettaient à chaque fois en avant la responsabilité du peuple car, s'il y a notamment « manque d'hospitalité, toute la ville en est responsable, et c'est au peuple tout entier à s'en inquiéter. » Dans cette société le droit à la sécurité ne concerne pas seulement les Argiens mais aussi les étrangers. En somme, dans une société idéale, la communauté devrait être attentive à ses éléments auxquels elle doit sa raison d'être. Une telle attention contribuerait à une fusion entre le « un » et le « tous » au point de n'en faire qu'un individu.

3. La communauté comme individu

La communion entre le « tous » et le « un » établit entre eux un rapport si étroit au point de n'en faire qu'un individu. Le chiasme structurant notre citation de départ scelle cette fusion. D'ailleurs, dans sa conception physique du concept d'individu, **Spinoza** souligne ce possible agrégat de corps individué : « Quand un certain nombre de corps, de même grandeur ou de grandeur différente, sont pressés par les autres de telle sorte qu'ils s'appuient les uns sur les autres [...]ces corps, nous les dirons unis entre eux, et nous dirons qu'ils composent tous ensemble un seul corps ou Individu » Dès lors nous prêtons attention dans nos œuvres à ces termes génériques qui désignent cet agglomérat d'individus qui composent des communautés indivises et qui agissent dans des circonstances comme une seule personne. C'est le cas du « peuple juif » comme rapporté par **Spinoza**, sorti d'Égypte et qui prend des décisions en groupe à la suite de Moïse. Dans la tragédie, le « chœur » est la voix singulière de la multitude représentée aussi bien par les suppliantes ou les vierges. Cette voix à la prosodie particulière est caractérisée sur le plan dramaturgique par l'harmonie. Cette unité transparaît aussi à travers la décision du peuple Argien comme le rapporte Danaos : « Il a plu aux Argiens de ne point se diviser, et mon vieux cœur en a rajeuni, car l'Aithèr s'est hérissé des mains droites levées de tout le peuple, et il a été décrété unanimement que nous pourrions habiter cette terre en liberté. » l'unanimité exprime la fusion des identités individuelles similaires au point de constituer une force indivise. Dans le roman américain, la narration évoque avec nostalgie ces temps d'unité et de communion qui berçaient la ville : « Dans la jeunesse de Newland Archer, la société de New York pouvait être comparée à une petite pyramide solide et glissante où aucune fissure apparente ne s'était encore produite. » En somme la multitude d'individus est en mesure de se constituer en un corps solide qui par ses interactions sert les intérêts multiples de l'un et du tous.

Les rapports entre l'individu et la communauté sont basés sur le principe de la solidarité. La quête en harmonie du bien-être commun et l'entraide mutuelle développe une relation fusionnelle entre ces parties au point de faire de la communauté un individu selon la conception physique de Spinoza. Il n'en demeure pas moins vrai que dans la réalité les rapports individu-communauté sont davantage problématiques.

II. Au-delà de cet idéal, des rapports conflictuels

Dans la réalité, l'individu est victime de la communauté : l'autorité, la soumission et la marginalisation menacent la pérennité de la société.

1. Le un et le tous, entre maître et serviteur

Dans l'organisation de la société, l'individu devient un maillon faible réduit à l'exécution. La communauté devient une mégastructure qui écrase l'individualité. Archer était sensible à cette image quand « il se demandait si Ellen ne commençait pas à comprendre que la société de New York était une redoutable machine qui avait été bien près de la broyer. » **Spinoza** reconnaît à son tour qu'il y a « dommage lorsqu'un citoyen ou un sujet est forcé de subir quelque tort de la part d'un autre, au mépris du droit civil ou de l'édit du souverain. » Cependant, le sentiment de puissance qui découle de la multitude amène la communauté à aller outre le contrat social consenti par les individus. C'est le cas de la société new-yorkaise comme l'explique Mr. Letterblair : « Notre législation favorise le divorce… nos habitudes sociales ne l'admettent pas. » Danaos emprunte une métaphore au monde animal pour expliquer au roi Pélasgos comment sa cité abusait de sa force pour lui enlever ses filles et leur imposer un mariage contre leur volonté : « Un oiseau qui se repaît d'un oiseau est-il pur ? » **Spinoza** a beau magnifier cette soumission de l'individu réduit à l'obéissance en l'associant à l'intérêt public, ou dans le cas du peuple juif qui a choisi la voie de Dieu, à la piété, Ellen Olenska, elle, trouva le mot juste quand elle s'étonna devant la passivité de May devant le fardeau des conventions de la société : « je la croyais trop intelligente pour être à ce point l'esclave des conventions. » En somme, la société, forte de l'adhésion de la multitude, exerce un pouvoir démesuré sur l'individu. Celui-ci sombre dans la marginalité.

2. L'individu, du centre à la marge de la communauté

L'omnipotence de la communauté réduit l'individu à la marge. Le rapport d'égalité et de complémentarité que sous tendait initialement le chiasme de la devise objet de notre étude, cède le pas devant le pouvoir réel de la multitude. **Spinoza** a beau légitimer ce pouvoir ou avoir légèrement critiqué ce « gouvernement violent [...] qui refuse(ra) aux citoyens la liberté d'exprimer et d'enseigner leurs opinions », les personnages de nos œuvres littéraires expriment, eux, le mieux l'état de déperdition à laquelle ils sont réduits. Ainsi, de retour chez-elle, Ellen constate-t-elle que sa société étouffe les libertés et que tout le monde est amené à penser de la même façon. Quand elle se confie à Archer, elle déclare : « Chez nous il n'y a ni personnalité, ni caractère, ni variété. Nous sommes ennuyeux à mourir. » Elle finit par se sentir étrangère et regrette son retour : « Elle n'oublierait jamais l'accueil qu'elle avait reçu à son retour d'Europe; mais l'attrait de la nouveauté passé, elle s'était reconnue, disait-elle, trop "autre" ». La comtesse s'était retrouvée devant des individus déterminés socialement dans la mesure où leurs pensées et leurs comportements résultent d'une contrainte sociale (**Spinoza** confirme cette dépendance quand il dit : « De ce qu'un homme prend conseil de lui-même pour agir, il n'en faut donc pas tirer aussitôt cette conclusion qu'il agit à son gré et non pas au gré du gouvernement ») Aussi, le dénigrement des esprits indépendants chez **Eschyle** est tel qu'une communauté comme Thèbes refuse l'enterrement à un mort dans un déni total des lois et de la morale. Peut-être que dans sa confusion devant la comtesse Olenska, alors qu'il cherchait à la dissuader de son intention de divorcer, Archer a dit la vérité : « L'individu, dans ces cas-là, est presque toujours sacrifié à l'intérêt collectif. » Ainsi donc, le « un » se trouve dominé par le « tous » et réduit à la marge. La communion initiale est menacée et la communauté risque d'éclater.

3. La scission de la communauté

La tension exagérée entre individu et communauté risque de faire éclater cette cohérence sociale recherchée et conduirait à une scission effective. Cette division peut prendre plusieurs formes. Dans la fiction romanesque d'**Edith Wharton,** Newland est tiraillé entre son inclinaison pour Ellen Olenska et ses engagements envers sa communauté. Mais au sein de la société new-yorkaise, le libéralisme morale de la comtesse paraît réellement comme un conflit générationnel et identitaire. En effet au sein de cette société, quand la discussion portait sur Ellen, les membres éminents comme Mr Jackson et Mrs. Archer critiquaient son « éducation étrangère qui (---)

peut l'avoir rendue moins scrupuleuse » et la narration impute immédiatement cette position à l'âge avancé des intervenants. D'ailleurs dans cette société, l'honneur et le mérite se mesurent à l'aune de l'ancienneté et ce sont toujours les personnes âgées et les familles anciennes qui ont davantage de pouvoir au détriment des jeunes. Dans le récit de **Spinoza** sur le peuple juif ou dans *Les Suppliantes* d'**Eschyle**, le mouvement migratoire symbolise cette déchirure de la société : Les filles de Danaos ont « laissé la terre divine qui confine à la Syria [...] » pour échapper à des hommes ; et le peuple juif était contraint de quitter l'Égypte et condamné à l'errance. Cependant, c'est la fin de notre deuxième tragédie qui montre explicitement cette scission de la communauté en clans rivaux : le conflit entre le "un", Antigone et le "tous" », La cité, dégénère en conflit entre partisans et adversaires. Sur le plan dramaturgique cet éclatement de la communauté est représenté par la scission du chœur en deux demi-chœurs adverses qui ont fait le choix de suivre ou Antigone ou la ville et la justice. En somme, le conflit au sein de la communauté peut porter sur des questions identitaires, idéologiques ou subsidiaires et risque de dégénérer en une scission symbolique ou réelle.

En somme, le projet du vivre en commun est menacé par les débordements de la puissance de la multitude qui réduit le « un » à la soumission et à la marge. Encore est-il que la communauté demeure pour l'individu un besoin, une nécessité.

III. L'un et le tous, les devoirs du vivre en commun

Le rapport entre l'individu et la communauté doit être établi par des concessions mutuelles d'autant plus que la société constitue le destin de l'individu

1. Le besoin réel de la communauté

L'homme serait, comme l'a si bien dit Aristote, un animal politique dans la mesure où il vit, prospère et s'émancipe au sein d'une société. Lui arrive-t-il de s'en retrouver exclu, il se hâte de la réintégrer. Le récit du peuple juif rapporté par **Spinoza** est édifiant là-dessus : sorti d'Égypte, ce peuple est rentré dans son droit naturel et « chacun pouvait se poser la question de savoir s'il se conserverait ce droit, ou bien s'il s'en dépouillerait et le confierait à autrui. » Ce peuple a choisi un autre contrat social quand « ils prirent la résolution de déposer leurs droits dans les mains, non pas d'un homme, mais de Dieu lui-même. » Dans leur exode également, les filles de Danaos étaient à la recherche d'un autre modèle social qui respecterait leur liberté et qui leur assurerait intégration et sécurité et qu'elles trouvèrent auprès du roi Pélasgos. Le roman américain, bien que critique à l'égard de la société new-yorkaise, montre que la famille et la tradition sont toujours le socle des rapports sociaux. Ellen, en quittant l'institution du mariage cherchait réconfort dans celle de la famille. Son départ final renforce le postulat de l'importance de la communauté : il s'est fait dans la douleur, la sienne et celle d'Archer, et est présenté comme un « sacrifice ». La communauté serait donc une nécessité pour l'individu. Cependant, il ne faut la vivre ni comme un idéal, comme le magnifie la devise objet de notre étude, ni comme une fatalité à endurer. Il faut bien au contraire la penser en termes de droit et devoir.

2. Le droit à la liberté et à l'égalité

Le vivre en commun exige de la part des acteurs, l'individu et la communauté, l'élaboration et le respect d'un pacte qui préserve les droits et limite les obligations. En effet, l'individu représente pour la communauté un danger potentiel davantage qu'un ennemi externe notamment par son désir de s'émanciper et de recouvrir sa liberté naturelle. Or si le bon sens condamne tout pouvoir liberticide, **Spinoza** estime que la communauté se doit de penser aux limites nécessaires à cette liberté régicide car dans le cas contraire « il en résulterait que le droit public dépendrait du jugement et de la fantaisie de chacun [...] et chacun conséquemment en prendrait prétexte pour tout se permettre. » Le gouvernement deviendrait alors « le jouet de la fureur du peuple. » Il serait donc opportun toujours selon **Spinoza** pour une démocratie de penser une liberté fondée sur les principes de « la saine raison et de l'équité. » c'est un modèle sociétal dans lequel l'individu cède volontairement son droit à l'action et le pouvoir lui assure en contrepartie « la liberté de raisonner et de juger. » Dans *Les Suppliantes, le roi* symbolise cet esprit démocratique quand il a décidé de consulter son peuple avant de se prononcer sur la demande de son hôte : « Ne me prends pas pour juge. Je te l'ai dit déjà, même si j'en avais le pouvoir, je ne déciderais rien sans le peuple. » Enfin dans le roman américain, M. Rivière le précepteur représente l'individu qui a fait le choix de vivre en marge de la société pour jouir de sa liberté : « Garder intactes sa liberté intellectuelle, ses facultés critiques, explique-t-il à Archer, c'est cela, Monsieur, qui prime tout. C'est pour cette indépendance que j'ai abandonné le journalisme et que j'ai accepté de devenir précepteur. Le métier est quelquefois bien aride; mais on a la liberté de son esprit. On peut écouter et réfléchir, on peut causer. » En somme, un rapport équilibré entre individu et communauté doit assurer la liberté du « un » et la sécurité de « tous ». il reviendrait aussi à l'individu d'honorer ses devoirs.

3. Le devoir de la fidélité et du respect

Pour construire leur identité, les individus doivent composer avec leurs valeurs, leurs intérêts personnels, leurs rôles sociaux. Il s'agit en effet pour l'individu de trouver encore une fois le juste milieu entre ses aspirations et les attentes de la collectivité. **Spinoza** le reconnaît : « il faut convenir que chacun se réserve plein pouvoir sur certaines choses qui, échappant aux décisions du gouvernement, ne dépendent que de la propre volonté du citoyen. » Ce pouvoir ne peut aller au-delà de celui de la communauté au risque de susciter sa colère et sa violence légitime. C'est dans ce sens que Danaos met en garde ses filles contre toute violation de l'ordre dans leur cité d'accueil : « Ne nous attirons point ces malheurs que nous avons évités par notre navigation sur la grande mer. Ce serait une honte pour nous et une joie pour nos ennemis. » Danaos se sent tenu par le devoir de la fidélité et de la reconnaissance envers le roi de la cité qui a assuré à ses filles accueil et sécurité. Dans le roman américain, Newland Archer et Ellen Olenska ont réalisé la vanité de leur sacrifice et l'impossibilité de changer leur société. Ils se sont abstenus de la heurter en allant au bout de leur passion. « C'était le résultat de l'équilibre parfait que Mme Olenska avait su établir entre ce qu'ils devaient de loyauté aux autres et de franchise à eux-mêmes. » En somme, pour pouvoir vivre en harmonie dans une communauté, l'individu a le devoir de la retenue et l'obligation du respect.

Conclusion

Nous avions dans ce travail à discuter la célèbre devise qui magnifiait le rapport de l'individu à la communauté : « un pour tous, tous pour un. » Saisissant le sens apparent, nous avons essayé de voir dans quelle mesure le principe de la solidarité fonde le rapport de l'individu à la société. Pour cela, nous avons démontré dans une première partie comment cet idéal de solidarité pouvait produire une illusion de communion entre le « un » et le « tous ». Toutefois, au-delà de cette image poétisée, le rapport entre individu et communauté est très conflictuel : leurs natures et leurs objectifs n'étant pas naturellement compatibles, il était normal de constater des frictions entre individus et entre individu et multitude. Dès lors, nous avons estimé que les rapports entre individu et communauté doivent être conçus, conformément à un contrat explicite, sur des principes fédérateurs qui assurent le vivre en commun. C'est à ce prix que la solidarité magnifiée par la devise peut devenir une réalité.

« Il rompt le lien, substantiellement féodal, qui attache personnellement le vassal au suzerain, le serf au seigneur, le fidèle au prêtre, le mendiant au charitable. »

Jacques d'Hondt, « Le cynisme de Rameau »,
***Recherches sur Diderot et sur l'Encyclopédie*, 2004**

➥ *Vous jaugerez la pertinence de cette assertion à la lumière du thème au programme, en prenant appui sur les œuvres qui s'y rattachent.*

LAHOUCINE EL MERABET

Analyse du sujet

- Le propos à analyser laisse comprendre que le lien social est un lien fait de servitude, d'aliénation, de vassalité et de dépendance.
- Le philosophe français présente la figure emblématique du neveu de Rameau comme personne en rébellion contre ce qui le relie à la communauté, à la société, an tant que vecteur de vassalisation et d'inféodation.
- Le sujet postule chez une figure archétypale la tendance à se délester de toute socialité et de tout ce qui relie à la vie commune dans sa dimension collective, grégaire et aliénante.

Enjeux du sujet

1. Le neveu de Rameau, sous l'effet des pesanteurs aliénantes de la société, « rompt » tout pont qui le rattache au groupe social qui est décidément une source d'assujettissement et d'asservissement.
2. Les séries binaires du propos donne à lire dans la société une stratification qui est susceptible d'ôter à l'individu son intégrité, sa dignité, son autonomie et sa liberté.

3. Les termes « suzerain », « seigneur », « prêtre » et « charitable » renvoient à une structure dominante qui représentent plusieurs sphères d'action dans la société, lesquelles représentent pour l'individu l'hégémonie issue de la société, de la religion et de la politique qui réduisent l'être à un atome primaire destiné à subir une sujétion qui lui fait perdre son essentialité et sa substance individuelle.

PROBLÉMATIQUE

- À quel point le lien qui rattache l'individu à la société et à la communauté est-il source d'aliénation, d'inféodation et de dépendance ?

PLAN

I. La société : source d'aliénation et d'asservissement
   1. Au ban de la communauté
   2. Pesanteurs et engrenages
   3. Exil et asile

II. La communauté : giron convivial et milieu d'éclosion
   1. L'individu : force et puissance
   2. La communauté : protection et tutelle
   3. Mesure et tempérance

III. De l'individu à la communauté : affinités électives et liaisons dangereuses
   1. La substance individuelle et la substance commune
   2. Rationalité et sagesse : nécessité de comprendre
   3. Échange et partage : dynamique et devenir

Introduction

S'il est communément admis que l'homme tend à s'insérer dans la société selon des dispositions naturelles, il n'en reste moins que ces dernières revêtent une ambivalence que Kant présente comme un antagonisme fondateur dans son *Opuscule sur l'histoire* : « J'entends ici par antagonisme l'insociable sociabilité de l'homme, c'est-à-dire leur inclination à entrer en société, inclination qui est cependant doublée d'une répulsion générale à le faire, menaçant constamment de désagréger la société. » Ce n'est pas loin de cette tension que s'inscrit le propos soumis à notre analyse, centré sur l'individu qui se résout à fuir et à détruire ce qui le relie à la société : « Il rompt le lien, substantiellement féodal, qui attache personnellement le vassal au suzerain, le serf au seigneur, le fidèle au prêtre, le mendiant au charitable. » Jacques d'Hondt, parlant du neveu de Rameau, justifie sa décision de rompre le lien social par la dimension « substantiellement » féodale de la société perçue comme espace d'aliénation et de vassalisation. La citation est structurée selon les deux composantes de ce groupe social : on peut y être dans une position dominante et symboliquement violente : « suzerain », « seigneur », « prêtre », « charitable », comme on peut y être voué à une position ancillaire et dépendante :

« vassal », « serf », « fidèle », « mendiant ». Les paires de mots relevées indiquent une stratification inhérente à la vie sociale, susceptible d'induire une dépendance et un sentiment de servitude chez l'individu qui perdrait ainsi tout sentiment de sécurité, d'appartenance et d'épanouissement. D'où la pertinence de se demander dans ce qui suit à quel point les liens qui rattachent l'individu à la communauté peuvent constituer une source d'aliénation, d'assujettissement et d'instrumentalisation. Nous tenterons d'élucider cette question en prenant appui sur les deux tragédies d'Eschyle : *Les Sept contre Thèbes* (467 av. J.-C.) et *Les Suppliantes* (466-463 av. J.-C.), sur les cinq derniers chapitres du *Traité théologico-politique* de Baruch Spinoza (1670) et sur le roman américain d'Edith Wharton, *Le Temps de l'innocence* (1920).

Nous examinerons initialement l'idée de l'aliénation et de l'asservissement de l'individu dans la société, avant de nous appesantir en second lieu sur les bienfaits indéniables que représentent la communauté à l'individu, comme lieu d'épanouissement et cadre d'éclosion, pour voir en dernière analyse qu'entre l'individu et la société s'établissent des rapports qui pourraient présenter des affinités électives ou des liaisons dangereuses et qui nécessitent un contrat et un pacte, à même de résorber toutes les tensions et d'endiguer tous les débordements nuisibles.

I. La société : source d'aliénation et d'asservissement

Si l'on parvient à percevoir le milieu social comme lieu d'asservissement, c'est principalement parce qu'il représente pour l'individu un facteur d'aliénation, d'assujettissement et d'hostilité.

1. Au ban de la communauté

De fait, on n'est pas toujours accueilli dans la communauté, et ce rejet est à relier à des considérations objectives et subjectives. D'ailleurs, la force qui anime la personne et le pousse à quitter le groupe social tient à ce que **Spinoza** appelle « la puissance de la multitude » qui agit sur la personne comme cause extérieure qui génère selon le philosophe hollandais des affects passifs. Ces derniers, loin d'être anodins, émanent d'une hostilité ressentie au sein de la communauté. La prégnance de ces affects incite les hommes à « détester les lois, à juger non pas immoral mais vertueux de tout oser contre les magistrats, donc à tenter des mouvements séditieux et des violences. » La sédition en question est bien présente chez **Eschyle** dès lors que la fuite contrainte des Danaïdes hors de leur pays et son abandon mêlé de nostalgie confèrent à leur voyage un aspect dangereux qui les condamne à l'isolement et à la mort. Leur conscience aiguë de leur présent menacé et de leur avenir incertain les oriente vers l'idée du suicide et de l'anéantissement : « J'entame des chants funèbres bien qu'étant vivante », entonne le chœur dès l'orée de la pièce. Les Danaïdes supplient Zeus tout en menaçant de se suicider, ce qui fait écho à l'idée de **Spinoza** dans la préface de notre traité, où il affirme que les hommes « ne savent trouver aucun secours en eux-mêmes, implorent le secours divin par des vœux et des larmes de femmes. » Retenons-en que la détresse de l'individu et l'hostilité ressentie le pousse à se sentir au ban de la communauté et à chercher des exutoires et des échappatoires.

2. Pesanteurs et engrenages

D'ailleurs, ce sentiment négatif et cette antipathie, loin d'être fortuits, sont imputables à la société vue comme espace dysphorique, inhibiteur et anxiogène. C'est aussi dû à l'aliénation et à l'instrumentalisation dont procède la communauté au sujet de son constituant principale qu'est l'individu. À en croire Archer Newland dans le roman de **Wharton** : « on assure que les anges prennent plaisir à regarder les contorsions des damnés ; du moins ne vont-ils pas jusqu'à prétendre qu'on est plus heureux en enfer. » Ces propos émis à l'intention de May qui se demande si Ellen qui vient de se séparer de son mari n'était pas heureuse, signifie la démarcation établie par Archer entre la vie à New York en tant que pesanteur et habitus aliénants, et la vie dans un ailleurs meilleur. Le terme « enfer » résonne en tant qu'indice révélateur d'une communauté subie. Il n'en va pas autrement dans *Les Sept contre Thèbes* d'**Eschyle** où l'espace communautaire est pareillement placé sous le signe de la négativité. Au Coryphée qui, épouvanté, demande à Etéocle : « Tu voudrais faucher l'existence d'un frère ? » celui-là répond : « Aux malheurs que les dieux envoient, nul ne saurait échapper. » Par ces malheurs on peut entendre, comme dans l'esprit de Newland chez **Wharton**, la terrible malédiction qui pèse sur Thèbes et qui est la conséquence de la désobéissance de Laïos. Celui-ci, roi de Thèbes et époux de Jocaste, ne doit pas avoir d'enfant, pour se conformer à l'oracle d'Apollon. S'il enfreint cet ordre divin, il vouera au malheur et à la mort lui-même et sa postérité jusqu'à la troisième génération C'est une condamnation divine dont la dimension mythologique peut être traduite en termes modernes par un certain déterminisme auquel on ne peut déroger et qui sous-tend l'évolution sociale selon **Spinoza.**

3. Exil et asile

Dans ce sillage, le philosophe néerlandais s'inscrit à l'antipode de Hobbes pour qui la fin de l'État est la domination des hommes. L'instauration d'un Léviathan vise à les effrayer et à les tenir en respect pour éviter qu'ils se nuisent. Pour **Spinoza,** en revanche, si on les gouverne par leurs passions, on les rabaisse au rang de « bêtes brutes » et on serait ainsi loin de conserver à l'individu « sans dommage pour autrui son droit naturel d'exister et d'agir. » Ce droit bafoué, on ne peut que fuir le milieu oppresseur et se résoudre à s'exiler, à la recherche d'un refuge et d'un asile dans une communauté alternative. Ellen et Newland qui se sentent « nés dans une ornière où rien ne peut les tirer », cherchent à échapper à ces pesanteurs que représentent pour eux la haute société new-yorkaise. Tout au long des péripéties du texte de **Wharton**, Archer transgresse les conventions pour l'amour d'Ellen, et ne cesse de naviguer entre deux continents étrangers l'un à l'autre. C'était par l'idée du départ qu'il vit son amour de liberté en cherchant à suivre Ellen d'abord à Skuytercliff, puis à Boston. L'idée de la suivre même en Europe, même si elle n'a pas abouti, lui a donné un élan vers un ailleurs moins aliénant et plus épanouissant. Les Suppliantes chez **Eschyle,** « leur rameau de blanches guirlandes à la main », fuient leurs cousins et développent ainsi une horreur d'une société androcentrique à laquelle la tragédie associe constamment le terme d'hybris, qui réunit violence, orgueil et démesure. Adoptant l'attitude religieuse des suppliantes, les Danaïdes demandent asile au roi Pélage, en usant du double argument de leur ascendance commune et de la violence dont elles sont menacées. En bref, s'exiler et demander asile ailleurs dénotent la volonté de s'affranchir d'une communauté pesante, aliénante et abrutissante.

II. La communauté : giron convivial et milieu d'éclosion

S'il s'est avéré que le milieu social peut être fui et rejeté comme vecteur d'aliénation et cadre d'assujettissement, il n'en demeure pas moins vrai que la communauté peut également élue comme terreau d'épanouissement, d'éclosion et d'émancipation.

1. L'individu : force et puissance

En effet, nul doute que l'individu en tant qu'atome primaire et constituant immédiat vaut principalement par la force qu'il constitue et l'énergie qu'il présente autant pour soi que pour la société. Dans le texte de **Spinoza,** il est aisé de comprendre l'idée que l'État doit ouvrir le champ le plus large possible à l'expression des opinions particulières. La « complexion » propre des individus n'apparaît plus alors comme un obstacle au pouvoir du souverain, mais comme un élément actif, constitutif de l'État. C'est lorsque les individus contribuent consciemment à la construction de l'État qu'ils désirent naturellement son autorité, sa souveraineté et sa conservation. D'ailleurs, ce n'est pas sans raison qu'Etéocle chez **Eschyle** s'adresse ainsi dans *Les Sept contre Thèbes* aux défenseurs de la ville : « Garnissez les parapets, occupez les terrasses des tours, et, aux issues des portes, attendez avec confiance le nombre de nos envahisseurs : les dieux seront pour nous. » L'appel est ainsi lancé aux individus appelés à sa rassembler, à se solidariser et à conjuguer leurs forces de manière à avoir le soutien divin. C'est dire que l'individu représente une énergie pour la société qui demeure, quant à elle, une instance de protection et de tutelle.

2. La communauté : protection et tutelle

À cet égard, s'inscrire au sein de la communauté c'est immanquablement développer une conscience positive et une adhésion enthousiaste. Dans le texte de **Wharton,** Archer n'est pas moins satisfait du choix social qui est le sien et de la communauté où il se trouve. En dépit de sa tendance à se libérer et à faire voler en éclats la sphère sociale qui pourrait s'avérer exiguë et contraignante pour une âme en quête de liberté, il est toujours amené à exprimer sa satisfaction du milieu social dont il apprécie à sa juste valeur la dimension salutaire : « En dépit des goûts cosmopolites dont il se piquait,

Newland remercia le ciel d'être un citoyen de New York, et sur le point de s'allier à une jeune fille de son espèce. » De pareilles alliances établissent des liens et consolident les relations entre les individus qui comprennent que la communauté est essentiellement destinée à préserver leur liberté et leur intégrité. Dans le dernier chapitre du traité au programme, **Spinoza** souligne que « la fin de l'État est la liberté ». L'État pour lui est institué pour que l'âme et le corps des individus s'acquittent en sûreté de toutes leurs fonctions, pour qu'eux-mêmes usent d'une raison libre, et pour qu'ils se supportent sans malveillance les uns les autres. C'est bel et bien ce qui a été compris par Polynice qui est doté d'une fermeté exemplaire, conduit par la justice qui se prononce ainsi : « Je ramènerai cet homme pour qu'il découvre sa ville et l'accès de sa demeure paternelle. » Pour **Eschyle**, c'est décidément l'enthousiasme dans l'appartenance et l'adhésion aux valeurs de la communauté qui peuvent inspirer une résolution pareille, essentiellement tributaire de ce sentiment d'appartenance à une sphère conviviale, tutélaire et protectrice.

3. Mesure et tempérance

Mieux encore, c'est au sein de ce milieu qu'on peut mesurer la tempérance à laquelle les excès de l'individu sont réduits. Dans le texte de **Spinoza**, la transition du droit naturel au droit civil s'explique par la décision de renoncer au droit d'agir impétueusement et passionnellement. Tout en gardant une entière liberté d'« opiner », de juger et de parler, l'individu est mis en situation de ne pas aller au-delà de la simple parole et de l'enseignement, et de défendre son opinion par la « saine raison » qui éloignerait des « lois de l'appétit [qui] entraînent chacun de côtés opposés. » Dans le même sillage, Les Suppliantes d'**Eschyle,** bien que lancées dans leur « fuite éperdue à travers la houle marine », ont vu leur énergie intrépide faiblir et leur fureur s'éteindre. En se préparant à rejoindre une communauté autre au sein de laquelle elles demandent asile et protection, elles doivent tempérer leur élan féministe et leur poussée vindicative : « Rappelle-toi qu'il faut céder : tu es dans la détresse, étrangère exilée. Parler hardiment ne convient pas à des inférieurs. » C'est d'ailleurs pour cette raison que Newland s'aperçoit qu'il « était de son devoir, à lui, en galant homme, de cacher son passé à sa fiancée, et à celle-ci de n'en pas avoir. » Autant dire qu'il importe de savoir intégrer un groupe social jugé salutaire en se délestant de toute émanation excessive et de toute démesure subjective et personnelle.

III. De l'individu à la communauté : affinités électives et liaisons dangereuses

Par-delà cet écartèlement de l'individu entre les forces centrifuges et les forces centripètes qui l'éloignent ou le rapprochent de la communauté, s'impose la nécessité de prendre conscience de ce qui est digne d'affermir le rapport à autrui et intègre au mieux la personne au sein du groupe.

1. La substance individuelle et la substance commune

Dans ce contexte, il importe de préciser que la sociabilité de l'homme est faite d'affinités électives, mais aussi de heurts et de liaisons qui mettent en évidence des frictions et des conflits au sein du groupe. À cet égard, l'idée qu'il faut retenir dans l'optique de **Spinoza,** dans la lignée de Pascal et de Saint Augustin, qu'entre l'infiniment petit et l'infiniment grand s'établit une corrélation et un rapport d'homologie et de congruence. Entendre qu'entre l'individu et la communauté se dessinent des cercles concentriques qui rendent visible la perméabilité entre la sphère privée et la sphère collective. Lorsque le philosophe note au chapitre XX de son Traité : « Nous pouvons nier aussi que [le souverain] ait la puissance d'user de semblables moyens (la pire violence), et conséquemment qu'il en ait l'endroit absolu », on peut comprendre de ce propos que l'absoluité de la souveraineté étatique est contrebalancée par la souveraineté de la liberté individuelle. La « complexion individuelle » est bien prise en considération dans la configuration de la « complexion » collective qui est organisée autour de ce que le philosophe appelle « le communisme des esprits ». C'est dans le même esprit qu'on doit saisir au chapitre XVII du même texte cette inclusion des empires « *imperium in imperio* » à la lumière de laquelle on peut déduire l'étroite relation entre l'individu et la communauté, laquelle garantit à chaque entité sa substantialité. Dans *Les Sept contre Thèbes*, Etéocle veut sauver la cité en optant pour son plan stratégique de héros. S'il acceptait le combat sans s'opposer personnellement à Polynice pour échapper à la mort, la ruine de la cité viendrait précisément par la septième porte. Aucun autre héros ne serait capable d'arrêter la haine de son frère. Le destin de la ville se joue à la septième porte, de même que celui des deux frères. Ce qui porte à dire que chez **Eschyle** la totalité de l'énergie est procurée et déléguée à un individu qui la représente et il tient même à s'offrir en offrande pour son salut : « L'offrande de mort, seule, à du prix pour eux. » Si la justice divine exige la mort de l'individu, c'est parce que ce dernier est l'image parfaite de sa communauté.

2. Rationalité et sagesse : nécessité de comprendre

Bien plus, cette interrelation et cet enchevêtrement dans les essences et les esprits dont parle **Spinoza** s'explique par la fédération qu'assure la raison en ce qu'elle réunit l'ensemble autour du bon sens, la chose du monde la mieux partagée. Toute irrationalité transcendée, il devient loisible de se comprendre mutuellement selon une logique qui dépasse toute particularité affective, toute pulsion privée et tout caprice individuel et intime. À ce propos, il sied de lire dans *Éthique politique* la fameuse devise de **Spinoza**, appropriée et particulièrement chérie par Nietzsche : « Ne pas rire, ne pas pleurer, ne pas détester, mais comprendre. » « *Non ridere, non lugere, neque detestari, sed intelligere.* » Ce choix peut à bon droit neutraliser toute passion morbide et toute pulsion nocive. Ce serait le meilleur moyen par lequel l'on peut « soustraire les hommes à l'irrationalité du désir et de les maintenir, autant que possible, dans les limites de la raison, pour qu'ils vivent dans la concorde et la paix. » Chez **Wharton**, Ellen Olenska, après une incertitude émotionnelle qui l'a amenée à vivre son amour avec Newland à distance, a fini par comprendre la nécessité de se retirer après avoir appris la grossesse de May. Elle a décidé de quitter immédiatement l'Amérique et a refusé la proposition de Newland de la suivre en Europe. L'ascendant de la raison a conduit les deux personnages à renoncer ainsi à leur élan d'amour, de liberté et d'affranchissement. Vers la fin du roman, lorsque Dallas a poussé son père à voir Ellen, c'est dans le dessein de lui dessiller les yeux sur une réalité qu'il faut comprendre et qui lui aurait été fatale.

3. Échange et partage : dynamique et devenir

Outre cette concentricité et cette rationalité qui orientent l'individu vers une communauté fédératrice, signalons la dynamique qui régit l'ensemble dans un partage qui implique l'enthousiasme dans l'adhésion et la conscience positive de l'appartenance. Le devenir que suit le cheminement de l'individu vers sa communauté implique ainsi une évolution qui rend superfétatoire toute catégorisation et tout jugement définitif et absolu. Entre la dynamique sociale et la statique sociale, selon les termes d'Auguste Comte, semble s'instituer un rapport à travers lequel il faut suivre la progression de l'individu au sein du groupe, qui ne se laisse pas aisément saisir. L'exemple qu'il faut invoquer dans ce sens est celui des personnages de **Wharton** dans le « flottement de leurs âmes » selon la formule de **Spinoza.** May est morte après avoir laissé trois enfants à Newland, qui n'obéissent plus aux règles et aux conventions strictes du bon goût new-yorkais. Le fils Dallas va même épouser la fille du sulfureux Julius Beaufort. En outre, lorsqu'Archer apprend qu'Ellen est à New York, une irrésistible envie est née chez lui de la revoir, à l'instigation de son fils qui est au fait de l'amour qui les reliaient. Ce sera une opportunité de s'apercevoir de l'évolution des sentiments, de la dynamique des affects et surtout de l'écoulement du temps. Dans *Les Suppliantes*, Danaos, se comporte comme un stratège méfiant, ou comme celui qui calcule des coups dans un jeu stratégique. Son attitude s'explique par sa conscience de la nécessité d'une coexistence méfiante et des rapports de force en présence entre les Danaïdes et les Argiens. Vers la fin de cette tragédie d'**Eschyle**, Danaos tient à rappeler à ses filles que les étrangers dans une cité ne se font apprécier qu'avec le temps et qu'elles doivent se montrer « modestes » ou « mesurées » pour ne pas s'attirer la honte du milieu, car chacun est enclin à mal parler des métèques. Le père incite ainsi à « savoir être étranger » à partir de sa connaissance du regard que les Grecs portent d'ordinaire sur les étrangers, et à adopter la posture la plus susceptible de gagner leurs grâces, en attendant une meilleure insertion et une incorporation parfaite. On peut alors dire que la manière de pouvoir s'intégrer correctement et idéalement dans la communauté sa fait progressivement et parie sur le temps. C'est dire que le flux du temps, les fluctuations et les vicissitudes qu'implique le devenir social rendent possibles des changements qui décentrent les intérêts, neutralisent les passions et déterrent des pulsions dont l'aspect idiosyncratique reste parfois difficile à élucider.

Conclusion

Pour conclure, on a pu vérifier dans les œuvres de notre corpus à quel point, en effet, la société peut inspirer la haine, le rejet et la répulsion qui peuvent engendrer chez l'individu, qui a peur d'être anathématisé et phagocyté, une force qui le met loin des limites de sa communauté. Cependant, la sociabilité naturelle de l'homme ne tarde pas à s'imposer et le ramène au sein du giron chaleureux et convivial da sa société auprès de laquelle il jouit d'un soutien et d'une protection optimale. En définitive, l'analyse nous a amené, exemples à l'appui, qu'il y a toujours lieu de fonder la relation entre l'individu et la société sur un sentiment de paix et de concorde, sur la base d'un consensus, d'un pacte et d'un contrat qui font de la raison, de l'éthique du partage et de la temporalité, les piliers fondamentaux d'un édifice qu'il faut bâtir ensemble. En tout cas, la tendance de l'homme à s'inscrire dans le *socius*, selon Paul Ricoeur, relève de cette imparable nécessité qui arrache l'individu à la nature pour l'inscrire dans la complexité sociale au sein de laquelle la vie requiert sa pleine signification.

« Nous devons notamment admettre que la psychologie individuelle est plutôt aussi ancienne que la psychologie collective, car, d'après ce que nous savons, il a dû y avoir dès le commencement deux psychologies, celle des individus composant la masse et celle du père, du chef, du meneur. Les individus de la foule étaient aussi liés les uns aux autres qu'ils le sont aujourd'hui, mais le père de la horde primitive était libre. »

Sigmund Freud, *Psychologie collective et analyse du moi*, 1921

➥ *En quoi cette citation éclaire-t-elle votre lecture des œuvres au programme ?*

NATHALIE BLAISE

Analyse du sujet

- Psychologie individuelle/psychologie collective = l'opposition que fait Freud est très nette grâce à la répétition du mot « psychologie », et syntaxiquement avec le comparatif d'égalité « aussi… que ». La distinction est donc faite grâce à l'adjectif (« individuelle » vs « collective ») qui caractérise chaque type de psychologie.
- La psychologie = connaissance des activités psychiques – sentiments, désirs, facultés – de l'homme, et les comportements et motivations qui y sont liés. C'est donc une science qui étudie les mouvements intérieurs de l'homme et leurs effets sur sa manière d'agir.
- Le postulat de deux types de psychologies est posé par Freud, deux psychologies qui sont opposées, celle de l'individu – le « père, chef, meneur » –, et celle de la communauté – les « individus composant la masse », deux types dont l'origine est conjointe.

- Individus composant la masse + individus de la foule liés les uns aux autres = cette expression définit la communauté, donc un groupe humain dont les membres sont reliés par un lien social (« liés les uns aux autres »), par un point commun, idéologique, géographique, etc. Le groupe étant signifié simultanément par un singulier générique (la « masse ») et par le pluriel « individus ».
- Père, chef, meneur = il s'agit ici d'envisager l'individu, seul, séparé de la masse. Un sujet avec une identité unique, distincte du groupe. Ses caractéristiques sont d'abord l'indivision (de *individuum* = indivisible), la réflexion et l'autonomie sensibles dans son interaction avec le monde extérieur. Freud le caractérise par une activité de domination et de motivation/l'individu seul a la capacité de décider, de diriger, de faire acte de volonté et d'action.
- Père libre = l'adjectif « libre » qualifiant l'individu est en opposition avec le « liés » de la communauté. Libre arbitre, liberté d'action, sont les qualités de l'individu, qui peuvent être nuancées par la responsabilité de diriger, de « mener » – liberté relative donc ?
- Reformulation : Les comportements et motivations des hommes sont différents selon qu'ils sont isolés ou en groupe. Individuellement, l'homme est responsable, il agit et décide suivant son libre arbitre. Quand les hommes sont regroupés selon une idéologie, un critère géographique ou un autre point commun, leur manière d'agir est différente et motivée par les règles du groupe entier.

PROBLÉMATIQUES POSSIBLES

- Dans quelle mesure l'individu a-t-il une manière de réfléchir et d'agir différente quand il est en collectivité ?
- Individu et communauté peuvent-ils être opposés ?
- En quoi la psychologie du collectif entrave-t-elle la capacité de réflexion de l'individu ?

PLAN

I. CERTES le groupe uniformise les individus

1. Le groupe est un abri, il protège et inclut
2. C'est pourtant un milieu artificiel, fabriqué, qui obéit à des règles
3. Le groupe paralyse les singularités et annihile l'individu

II. MAIS l'individu peut s'écarter du groupe

1. L'individu veut garder ses prérogatives de sujet
2. L'homme seul est plus fragile, revendiquer sa subjectivité est difficile
3. Les rapports de force sont induits par l'individualisme

III. La communauté doit PLUTÔT amener à se découvrir en tant qu'individu

1. L'importance du regard des autres : articulation individu-collectif
2. La vie collective fait évoluer et grandir
3. Être soi à l'intérieur du groupe : la réconciliation

Introduction

Dans le roman de Choderlos de Laclos, *Les Liaisons dangereuses*, paru en 1782, la communauté libertine menée par Valmont et Merteuil domine une société d'apparence, de manipulation et d'une pseudo liberté, puisque les deux épistoliers principaux seront punis à la fin, l'un tué en duel, l'autre défigurée, et exilée dans un « ailleurs », pour avoir dérogé à la règle. L'appartenance à un groupe, si elle favorise, voire induit une conduite, est pourtant fragilisée par le clivage entre la vérité des individus qui le composent, et la loi du groupe. Freud rend compte de cette dualité du psychisme humain dans son livre *Psychologie collective et analyse du moi*, paru en 1921 : « Nous devons notamment admettre que la psychologie individuelle est plutôt aussi ancienne que la psychologie collective, car, d'après ce que nous savons, il a dû y avoir dès le commencement deux psychologies, celle des individus composant la masse et celle du père, du chef, du meneur. Les individus de la foule étaient aussi liés les uns aux autres qu'ils le sont aujourd'hui, mais le père de la horde primitive était libre. ».

Il semble en effet qu'il n'y ait pas forcément cohésion entre l'homme appartenant à une communauté et l'homme d'abord envisagé comme individu : l'humain dans l'un et l'autre cas peut être différent dans ses actes et sa capacité à réfléchir le monde. Le groupe étant signifié dans la citation de Freud simultanément par un singulier générique (la « masse ») et par le pluriel (« individus ») paraît ainsi suggérer ce mouvement réflexif. Le sujet est mené par sa volonté seule qui s'associe à la domination (ainsi dans la gradation « père, chef, meneur »), et alors la liberté qui le qualifie pourrait être contrariée par la responsabilité du groupe. Groupe qui se caractérise par cette fameuse « masse » anonymée, confuse, mais également « liée », communauté supposant étymologiquement le « commun », un lien qui peut être de divers ordres.

Nous nous demanderons en quoi l'individu témoigne d'une manière d'agir et de penser différente quand il est en collectivité. Le communautaire est-il intrinsèquement inclusif? La liberté est-elle conditionnée par la solitude? Peut-on penser que le libre arbitre est paralysé par les sociétés?

Nous convoquerons pour mener cette réflexion les tragédies d'**Eschyle** *Les Sept contre Thèbes* (-467) et *Les Suppliantes*, probablement composée entre 466 et 463 avant J.-C., **Spinoza** et son *Traité théologico-politique* (1670) et **Edith Wharton** avec le roman *Le Temps de l'innocence* paru en 1921[1]. Une première partie sera consacrée à l'idée que le groupe a tendance à uniformiser les individus. Puis nous verrons que, cependant, il est possible pour l'homme de se désolidariser de la communauté, qui doit plutôt amener l'individu à se révéler à lui-même.

Certes, le groupe présente une tendance à l'uniformisation, par son statut intrinsèque de collectif : rassembler autour d'une idéologie, d'un lien familial, nécessite de mettre en évidence cette appartenance. Les rituels, les emblèmes, les coutumes spécifiques à

1. Les pages indiquées pour les références correspondent aux éditions suivantes : *Les Suppliantes* et *Les Sept contre Thèbes*, GF, Flammarion 2014; *Traité théologico*-politique, GF, Flammarion, 2022; Le *Temps de l'innocence*, J'ai Lu, 1987.

chaque communauté supposent une forme de standardisation à laquelle se plient les individus, et d'abord parce que l'appartenance à un groupe est un abri, inclusif et qui forme un tout. Le collectif se présente comme une pluralité d'individus, auxquels il n'enlève ni n'ajoute rien apparemment, excepté leur réunion, entendue comme une force. L'acceptation des règles de la communauté, tacite, garantit le soutien de ce que Freud appelle la « horde », et qu'**Edith Wharton**, dans *Le Temps de l'innocence*, identifie au tout début du roman comme un « clan » (chapitre I, p. 14), puis au chapitre XXV (p. 241) comme « une discipline de tribu » – le terme « tribu » étant par ailleurs employé au sens propre par **Spinoza** au chapitre XVII (p. 288) pour désigner l'organisation du peuple juif. **Spinoza,** par ailleurs, évoque la force de l'union quand il parle de « la puissance universelle de la Nature [qui n'est] rien en dehors de la puissance de tous les individus pris ensemble » (p. 261). **Eschyle** commence *Les Sept contre Thèbes* en s'adressant au peuple de Cadmos avec ces mots traduisant leur union : « la Terre maternelle [...] vous a nourris pour être des citoyens fidèles et pour la protéger de vos boucliers » (p. 73) – harmonie que signale également **Spinoza** quand il souligne au chapitre XVI (p. 267) l'organisation démocratique qui vise à « vivre dans la concorde et dans la paix ».

Cependant, ce milieu protecteur, rassurant par la prise en charge collective, est un milieu fabriqué, qui dépend d'un protocole, de lois implicites, un « système de mystification soigneusement élaboré » dont parle **Edith Wharton** au chapitre VI. Ainsi est instauré un système fondé sur la reconnaissance, sur la distinction – qui, de fait, peut exclure autant qu'admettre. Il est alors nécessaire pour en « faire partie » de connaître ses règles, de les respecter, voire de les avoir intégrées en naissant. La « troupe de femmes suppliantes » représentée par le chœur lors de la parodos des *Suppliantes* d'**Eschyle** (p. 16) est liée par une « répugnance instinctive des hommes » par exemple, et chez **Spinoza**, l'unanimité est sensible dans l'amour de la patrie, qui « n'était pas un simple amour [...] mais une piété, sentiment inculqué par l'institution sociale (p. 292), à tel point qu'il est impossible que l'idée leur vînt de trahir la patrie ». L'artificialité des communautés est souvent exposée dans les œuvres, et cela peut traduire aussi leur fragilité, puisqu'elles existent à partir de données extérieures à l'individu, qui sont supposées admises d'emblée et sans réflexion : « Il est impossible que tous opinent pareillement ou parlent d'une seule bouche » écrit **Spinoza** (p. 329, ch. XX), et **Edith Wharton** rend compte de ce ralliement obligé au chapitre X (p. 92) lorsque la jeune May se réjouit à l'idée de voyager, mais qu'il est vite précisé que « sa mère ne comprendrait pas qu'on puisse désirer ne pas faire comme tout le monde ».

Il apparaît donc qu'appartenir à un groupe, c'est dépendre de ce groupe. Annihilant la volonté de chacun, la communauté impose une pensée commune qui exclut l'action individuelle et contraint d'obéir à ses règles. Elle paralyse les singularités en exhibant au contraire la nécessité de se fondre dans le collectif : elle est le domaine du « non-moi », un Léviathan tyrannique, fait de « poupées découpées dans une feuille de papier » (**Wharton**, ch. X, p. 92). Dans les œuvres, l'emploi du singulier collectif est la norme : on y parle d'une seule voix, celle du chœur chez **Eschyle** avec la « voix barbare » des suppliantes (p. 18), celle de « la multitude » chez **Spinoza** (ch. XVII, p. 279), celle de « l'espèce » chez **Edith Wharton** au chapitre IV (p. 39). Ainsi le communautarisme peut inquiéter, induire la méfiance, par la privation de l'indépendance, par la coercition, par la suggestion et la contagion dénoncées par Gustave Le Bon qui explique, dans *Psychologie des foules* (1895), la transformation de l'individu en « automate que la volonté est impuissante à guider ». Les œuvres du programme préviennent toutes de ce danger, quand **Eschyle** dans *Les Sept contre Thèbes* évoque « l'homme juste qui s'accointe à des citoyens inhospitaliers » (p. 86) ou quand **Spinoza** prend l'exemple du soldat qui « ne reste pas à son poste » et « qui n'en est pas moins condamné à mort » pour « avoir violé son serment », même si son plan était bon (p. 271).

L'homme dont on a ainsi gommé l'individualité peut alors avoir la tentation de s'écarter du groupe, de façon à se retrouver dans sa subjectivité et son libre arbitre.

Face à l'emprise de la communauté dont on a vu qu'elle était fortement induite par le concept, voire menaçante pour la liberté, l'individu peut avoir le souci de se retrouver en tant qu'entité détachée et libre. Afin de garder ses prérogatives, le sujet, qui a l'impression d'être dupliqué par la masse, s'écarte du groupe pour vivre. Quand Newland Archer, au chapitre XVIII du *Temps de l'innocence* (p. 170) discute avec Mme Olenska à propos du mariage que May refuse d'avancer, celle-là exprime son étonnement car elle pensait May « trop intelligente pour être à ce point l'esclave des conventions ». En effet, le monde auquel appartient la jeune Miss Welland est tellement prégnant qu'elle n'ose s'affirmer autre – y compris dans ses goûts naturels, comme lorsqu'elle brode un coussin pour son mari, alors que « ses grandes mains fortes étaient faites pour tenir les guides ou les rames » (p. 275). May ne parvient pas à assumer son désir, contrairement aux suppliantes d'**Eschyle**, qui par la voix du coryphée doivent « prier les dieux du pays d'accorder ce qu'[elles] désire[nt] obtenir » (p. 28), faisant ainsi acte de volonté, à la suite de leur aïeule dont le tumultueux périple est exposé par le chœur lors du premier stasimon. C'est d'ailleurs l'enjeu du *Traité théologico-politique* de **Spinoza** que de défendre « la liberté laissée à l'individu de penser et de dire ce qu'il pense » (chapitre XVI, p. 261).

Mais la fragilité de l'individu, isolé de la communauté, est sensible très rapidement dans nos œuvres. Stigmatisation et exclusion sont les dangers qui le guettent : il faut donc avoir du courage, semble-t-il, pour assumer son individualité. Très rapidement, l'individu détourné de son groupe est en effet assimilé à l'étranger ou, plus généralement en tout cas renvoyé à son isolement. Les « détails qui faisaient que la jeune femme était elle et non pas une autre », qui témoigne de la spécificité du personnage d'Ellen chez **Wharton** font écho au personnage d'Io, chez **Eschyle**, « chassée des lieux qu'elle habitait avant, [et qui] pleure la demeure perdue ».

La subjectivité apparaît cependant grâce à l'évocation des sentiments personnels : « J'ai vraiment bien peur de n'avoir rien gagné à fuir ainsi et à courir les chemins. Je meurs d'effroi », dit le chœur des Danaïdes à la première personne, à la page 33 des *Suppliantes* d'**Eschyle**, traduisant une émotion qui rend compte de la difficulté à s'opposer à la loi des fils d'Égyptos, c'est-à-dire du mariage, ou plutôt du rapt et du viol. Ce à quoi Archer ne parvient pas, quand au chapitre XII, **Édith Wharton** le fait renoncer à ses désirs, relégués au rang de « rêve irréalisable » (p. 111). Ce qui guette aussi est la nature sauvage de l'individu qui, non réprimée par les règles sociales, risque de dériver vers l'individualisme, par la violence des passions, comme le sous-entend **Eschyle** dans *Les Sept contre Thèbes* lors de l'intermède du chœur (p. 80) : « un homme chargé de butin croise un homme chargé de butin ; un homme aux mains vides appelle un homme aux mains vides ; aucun ne veut une part plus petite ou même égale », à quoi **Spinoza** répond par le souhait (chapitre XVI, p. 265) que « tous les hommes se laiss[ent] facilement conduire par la raison », vite contrarié par le fait que « chacun se laisse entraîner par son plaisir ».

L'individualisme, qui tire l'homme du côté de la tentation *solipciste*, induit des rapports de force et de domination, chacun voulant décider pour soi : là où la communauté contraignait, l'individu déborde. L'autonomie et l'action de la volonté personnelle dérivent vers le sentiment de toute-puissance contraire à toute vie sociale, ce qui amène à l'instauration de « chefs suprêmes » comme s'auto-désigne Pélasgos dans *Les Suppliantes* (p. 21), au milieu d'individualités multiples, et comme, pour **Eschyle** encore, les « sept contre Thèbes » parviennent – ou cherchent – à recréer l'ordre. Malgré le fait que chacun « se détermine suivant son propre conseil » (*Traité théologico-politique* de **Spinoza**, p. 278), « le souverain n'est », cependant, « tenu par aucune loi et tous lui doivent obéissance pour tout ». Cet individualisme, c'est la raison que donne Ellen Olenska de son prétendu échec dans la société new-yorkaise. « Peut-être ai-je toujours vécu avec trop d'indépendance », affirme-t-elle au chapitre IX du roman d'**Édith Wharton** (p. 83), alors que Newland vient de lui révéler sa soumission à la mode.

Plutôt qu'envisager la communauté comme un risque et l'individu comme un danger potentiel, il peut être intéressant de se poser la question de leur conciliation, et non seulement de leur antagonisme.

Il semble donc possible de trouver, dans la dépendance induite par l'appartenance à une communauté, un moyen de déploiement de l'individu. L'évolution du sujet nécessite des échanges sociaux, ainsi que le préconisait déjà Rousseau dans *Émile ou de l'éducation*, en 1762 : l'enfant construit son intelligence, sa capacité à comprendre le monde, au contact d'un entourage présent. Chaque être humain a besoin des autres pour former ses opinions, dans un processus dialectique, en accord ou en opposition. C'est aussi l'appartenance au collectif qui permet d'instituer des droits et des devoirs, de témoigner de la réalité d'un sujet concret et vivant, c'est-à-dire émancipé et engagé. Par exemple, quand **Spinoza**, au chapitre XX de son *Traité*, compare le « gouvernement le plus violent » au « gouvernement modéré », il oppose une société tyrannique qui interdit toute liberté à une société paisible « quand cette liberté est accordée à l'individu » (p. 329). De la même façon, Newland Archer, bien qu'il soit « un homme d'habitudes correctes et disciplinées » (**Wharton**, chapitre 32, p. 292) parvient à la fin du roman à « ne plus se soucier de l'opinion » et ainsi à parler à sa femme de ses véritables désirs – ou presque… il en est détourné par l'annonce brutale du départ d'Ellen. La vertu est issue de cette interdépendance également chez **Eschyle**, quand, dans *Les Suppliantes*, le chœur des jeunes filles dit au Roi qu'« en respectant un suppliant, [il] assure sa prospérité » (p. 24).

Articuler le social à l'individuel est donc possible, sinon naturel. Lorsque Kant convoque « l'insociable sociabilité[1] », il traduit le besoin chez l'homme de s'associer aux autres tout en ayant simultanément l'envie de s'isoler. Le regard d'autrui permet de grandir, de corriger, d'affronter le monde et sa propre subjectivité, et ainsi de combattre l'individualisme dont nous avons parlé plus haut. Il pourrait donc s'avérer bénéfique de joindre l'individu et le groupe en évitant la domination, mais en exacerbant le service rendu de part et d'autre. La division symbolique du chœur à la fin des *Sept contre Thèbes*, d'**Eschyle**, où chaque moitié prend parti pour un frère, Étéocle ou Polynice, trahit cette nécessité de lien, ou encore, toujours dans cette même tragédie, quand on assiste à la naissance de la révolte d'Antigone, où son audace, son courage, prennent sens et réalité : « Je ne rougirai point de ma désobéissance ou de ma rébellion aux ordres de la cité. On est fortement lié par la communauté « du sein où l'on a pris naissance » (p. 95). De même, chez **Spinoza**, au chapitre XVII, l'auteur définit comme « la tâche la plus laborieuse à accomplir » le fait d'« établir des institutions qui mettent le droit commun au-dessus de leurs avantages privés » (p. 280). **Édith Wharton** crée avec Archer un personnage qui évolue et apprend, tant au contact de la société mondaine et de son clan qu'avec la fréquentation d'Ellen Olenska, ce qui apparaît au chapitre XIX (p. 186) lorsque l'autrice écrit qu'« autrefois [il] aurait partagé cette opinion. [… mais qu']il trouvait aujourd'hui inconcevable que l'on s'agitât pour ces enfantillages ».

Enfin, il faut considérer la communauté comme un ensemble d'individus et opérer une différenciation à l'intérieur du groupe, par un processus d'individuation. Ainsi le un et le multiple se trouvent coexister et il est alors envisageable de parvenir à une réconciliation dans la totalité, l'émergence du sujet étant favorisée par le collectif, et le sujet aspirant et œuvrant alors à l'harmonie et la paix. Se réserver une tranquillité, instaurer une vie commode en société, devient donc un objectif commun : **Édith Wharton**, quand elle évoque l'« habitude de solidarité masculine » au début du *Temps de l'innocence* (p. 14), et **Eschyle**, quand il fait parler Zeus en ces termes dans *Les Suppliantes* (p. 23) : « II me semble bien en effet que d'antiques liens vous rattachent à ce pays », témoignent de ce rapprochement entre individus qui forme les sociétés justes, de même que **Spinoza** au chapitre XVI du *Traité théologico-politique*, lorsqu'il explique que « Des Confédérés […] s'engagent par contrat à ne pas se faire de mal les uns aux autres, mais au contraire à s'assister en cas de besoin » (p. 269). L'existence d'un lien empathique, la pitié, la vertu, est la condition du bien vivre ensemble. Ce travail est à l'œuvre dans la pièce d'**Eschyle**, quand le vote des Argiens accepte d'« une voix unanime de nous [les Danaïdes] traiter comme des habitants du pays » (p. 30) ou chez **Wharton**, lorsque, dans le dernier chapitre, le jeune Dallas, fils de Newland et May, dialogue avec son père et concilie les exigences sociales et la subjectivité de l'amour en disant que « quand on la trouve, la femme qu'on attend, elle est toujours différente ». C'est, en définitive, l'un

1. Thèse exposée dans *Idée d'une histoire universelle d'un point de vue cosmopolitique*, en 1784.

des enseignements de **Spinoza** dans le *Traité* (p. 264), au chapitre XVI quand il dit que « pour vivre dans la sécurité et le mieux possible les hommes ont dû nécessairement aspirer à s'unir », car « s'ils ne s'entraident pas les hommes vivent très misérablement ».

En conclusion, l'existence des deux psychologies dont parle Freud traduit plutôt qu'un mouvement, une oscillation de l'un à l'autre, une conjonction de l'individu et de la communauté. Les œuvres au programme, opposant apparemment souvent les émotions singulières à l'indispensable « tribu », témoignent pourtant de cet idéal de réconciliation du sujet avec la société, ainsi que le montrent, dans leur nature même, la société démocratique avec le suffrage universel et le chœur du théâtre antique.

« Familles, je vous hais »

André Gide, *Nourritures terrestres*, 1897

↪ *Vous évaluerez la pertinence de cette assertion à la lumière du thème et des œuvres au programme.*

JULIE REYNAUD

QUESTION

▶ La famille, communauté plus ou moins naturelle, entrave-t-elle ou favorise-t-elle l'individu qui lui appartient ?

Analyse du sujet

- Qu'il s'agisse de mésententes, de jalousies, de secrets de famille pesants, d'attentes déçues, de chantage affectif, de maltraitance infantile, de viol conjugal ou d'inceste, l'expression « familles, je vous hais », extraite de l'ouvrage paru en 1897, *Les Nourritures célestes*, d'André Gide, n'a rien perdu de sa pertinence, tant ces maux ravagent encore les familles. Gide invite les lecteurs de son livre, des jeunes de sa génération (il a 28 ans lorsque paraît l'ouvrage), à se débarrasser de ce qui les aliène, à commencer par la famille. Familles nucléaires, traditionnelles, restreintes ou larges ou familles monoparentales, décomposées, recomposées, peuvent être mises sur le gril pour justifier les difficultés que vivent les individus qui en proviennent ou qui vivent en leur sein. Il existe bien des raisons de détester sa famille. « Familles, je vous hais ! Foyers clos ; portes refermées ; possessions jalouses du bonheur » écrivait Gide qui s'en prenait autant à la clôture des familles, refermées sur elles-mêmes, qu'à leur bonheur douillet que l'on peut jalouser et détester si on s'en sent exclu. Déclarer aux familles, et non à la sienne en particulier puisque la formule de Gide est au pluriel, qu'on les hait, est surprenant. Il est plus coutumier de s'en prendre à sa famille, qu'aux familles en général. Est-ce alors la structure même, la communauté même de la famille qui pose difficulté, ou telle ou telle famille en particulier qui ruine les beaux fondements d'une communauté qui, loin de détruire l'individu, pourrait le constituer, l'éveiller à sa propre individualité, la chérir, la promouvoir ? L'ambiguïté de la formule de Gide tient à sa dimension subjective, passionnelle. Une famille, on l'adore, on la hait, mais elle ne laisse jamais indifférent. Ambiguïté redoublée par la suite de la phrase qui suppose que Gide jalouse le bonheur clos des familles, sortes d'unités indestructibles, closes mais heureuses dans leur clôture.

Enjeux du sujet

Le droit des familles nous apprend combien les conflits existent en leur sein, combien des destins se nouent et dénouent, affaiblissant, abîmant les individualités les plus affirmées, les empêchant d'exister, de s'épanouir hors d'elles ou en elles. Dès lors, quelle attitude avoir à leur endroit ? Une détestation jusqu'à la destruction de ce qui est détesté ? Sans famille, est-on plus assuré d'affirmer son individualité libre ?

PROBLÉMATIQUES POSSIBLES

- Comment ce qui fait de l'individu ce qu'il est peut-il lui nuire au point de le détruire ? Les familles peuvent-elles échapper à cette tendance de toute communauté : l'aliénation de l'individu ? Pour constituer un individu libre et heureux, n'est-ce pas à la famille de se remettre en cause, voire de se refonder ?

Annonce du plan : Les familles peuvent devenir l'obstacle majeur à la fabrication d'une individualité heureuse et libre. Or, sans famille, sans communauté, Peut-on seulement concevoir qu'un individu puisse exister ? Est-ce alors, non pas la famille en tant que telle, mais la famille dysfonctionnelle qui est haïssable ?

PLAN

I. Les familles peuvent devenir l'obstacle majeur à la fabrication d'une individualité heureuse et libre

1. On ne choisit pas sa famille, on la subit
2. La famille, inscrite dans des déterminations sociales, peut sembler un carcan dont il faudra s'émanciper pour devenir un individu à part entière
3. La famille peut même être toxique, empêchant la naissance de l'individualité ou détruisant toute velléité d'autonomisation

II. Sans famille, sans communauté, peut-on seulement concevoir qu'un individu puisse exister ? Les familles ne sont-elles pas aimables ?

1. La famille permet à chaque individu de naître, de survivre, de satisfaire des besoins, elle n'est donc pas haïssable
2. Une famille peut s'avérer impuissante à détruire le tempérament libre et autonome d'un de ses membres
3. On ne comprend le prix de la famille que lorsqu'on en est privé

III. C'est moins la famille en tant que telle que la famille dysfonctionnelle qui est haïssable

1. Peut-on appeler encore familles des communautés qui détruisent tout socle commun, qui n'obéissent à aucune loi ?
2. Il existe des familles respectueuses de l'individualité de chacun
3. « Faire famille » suppose que chaque individu la constituant soit capable de remise en question

I. Les familles peuvent constituer l'obstacle majeur à la fabrication d'une individualité heureuse et libre, ce qui justifierait qu'on les haïsse

1. On ne choisit pas sa famille, on la subit. « On choisit pas ses parents, on choisit pas sa famille » chantait Maxime Le Forestier dans sa chanson *Né quelque part*. La famille est une communauté qui s'impose, du fait d'un arbitraire biologique, social ou économique. Naître dans telle famille peut être une bénédiction ou une malédiction, comme le déplore Étéocle dans *Les Sept contre Thèbes* d'**Eschyle** : « Qui a déchaîné cette rage ? Les malédictions d'Œdipe ». Le lien familial apparaît parfaitement arbitraire, « possible » mais non nécessaire. Cet arbitraire transparaît dans la façon aveugle dont on se croit né dans telle famille, alors qu'on n'a aucune certitude en la matière, puisqu'on peut bien avoir été adopté. C'est par une telle connaissance légendaire (que **Spinoza** nomme « connaissance par ouï-dire » dans Le traité de la réforme de l'entendement) que les Danaïdes se savent issues de l'union de Io, transformée en génisse par la jalouse Héra, et de Zeus métamorphosé en taureau. Cette naissance dépend entièrement du caprice de Zeus : « Et Zeus approcha-t-il encore la génisse cornue ? On le dit, sous la forme d'un taureau saillissant » (**Eschyle**, *Les Suppliantes*). Newland Archer, dans *Le Temps de l'innocence* de **Wharton**, s'insurge contre l'injustice faite à Ellen Olenska considérée comme une femme déshonorée. Son seul crime ? « Elle a eu la mauvaise chance de faire un détestable mariage » (chap. v). Elle aussi subit une famille qu'elle n'a pas choisie, puisqu'elle n'a pas choisi d'épouser un époux volage, le comte Olenski.

2. La famille, inscrite dans des déterminations sociales, des traditions fortement ancrées et transmises de génération en génération, peut sembler un carcan dont il faudra s'émanciper pour devenir un individu à part entière. Appartenir à une famille, c'est recevoir un capital symbolique, culturel notamment, c'est hériter de représentations. **Wharton**, au chapitre VI de son roman, décrit la fabrication de la femme docile, soumise à son époux dans la famille traditionnelle : « cette pureté factice », médite Archer en observant sa fiancée May, « si adroitement fabriquée par la conspiration des mères, des tantes, des grands-mères [...] pour qu'il pût exercer sur elle son droit de seigneur, et la briser comme une image de neige. » La reconduction du modèle patriarcal est assurée par les femmes elles-mêmes, qui ne remettent pas en question l'aliénation qu'elles ont pourtant subie. Ces liens qui enchaînent les époux, qui attachent les enfants et leurs parents apparaissent à **Spinoza** comme la continuation de l'état de nature où les hommes sont ennemis les uns des autres. Loin de l'harmonie que le sens commun et la morale projettent dans ce qu'ils imaginent comme une « cellule » ou un « cocon », Spinoza met l'accent sur les conflits qui traversent la famille. « Le droit de la nature » dont relève en partie la famille naturelle « n'interdit ni querelles, ni haines, ni ruses, ni colère » écrit-il dans le *Traité théologico-politique*, (TTP), chapitre XVI.

3. La famille peut même être toxique, empêcher la naissance de l'individualité ou détruire toute velléité d'autonomisation. Plusieurs témoignages sous forme de récits, parus ces deux dernières années dans le fracas du scandale médiatique, en attestent : *Orléans* de Yann Moix, *Le Consentement* de Vanessa Springora, *La Familia grande* de Camille Kouchner… la même question lancinante dans ces récits, implicite ou explicite : où sont les parents ? Les Suppliantes d'**Eschyle** racontent la fuite de sœurs, menacées par leurs propres frères de viol, un « vol de colombes fuyant des éperviers […] leurs frères pourtant ! Frères changés en ennemis ». Cette famille impure commet le crime fratricide, l'un des crimes les plus insupportables et condamnables dans la culture grecque, au même titre que le parricide ou l'inceste. Polynice et Étéocle en arrivent à un duel mortel, commettent un mutuel fratricide, alors que ce crime est impardonnable : « le meurtre de deux frères, tombés sous des coups mortels, c'est là une souillure qui ne vieillit pas » déclare le Coryphée dans *Les Sept contre Thèbes*. La famille passe après d'autres intérêts, des intérêts liés au pouvoir, à la satisfaction personnelle. Les Égyptiades et les Danaïdes ne s'opposent au sein d'une même famille que parce que leurs pères Danaos et Égyptos se disputent l'hégémonie en Égypte. De même, Si les intérêts privés d'une famille contredisent les intérêts de l'État, on ne donnera pas cher de la vie des enfants des grands hommes politiques, constate **Spinoza** : le général Torquatus ne condamne-t-il pas à mort son propre fils qui, soldat, avait désobéi aux ordres qu'il lui avait donnés (TTP XIX) ? L'individu se trouve nié ou détruit si des intérêts communautaires supérieurs l'exigent.

Transition : Faut-il alors, puisque les familles sont haïssables, se définir ou se construire sans elles, ou contre elles ? La famille n'a-t-elle pas la capacité de forger des individus ?

II. Sans famille, sans communauté, peut-on seulement concevoir qu'un individu puisse exister ?

1. La famille permet à chaque individu de naître, de survivre, de satisfaire des besoins, elle n'est donc pas haïssable. Aristote dans *Les politiques*, I, considère volontiers que le couple et la famille sont déjà des formes de communautés, étant donné que « toute communauté est constituée en vue d'un certain bien ». Ces communautés sont affectives, c'est-à-dire supposent que les êtres qui la composent soient liés par une *philia*, une amitié, non par la haine. La finalité assez limitée de la famille (la satisfaction des besoins en vue de la vie) est assurée, car les membres d'une famille partagent les mêmes intérêts et sont unis par la *philia*. La famille est le lieu de la socialisation primaire, qui ne fait que se développer dans d'autres types de communautés comme le village, la tribu, la cité. **Spinoza** interroge, au chapitre XVII du TTP, la façon dont on choisissait, à l'époque de Moïse, le successeur du chef de la tribu. Pour assurer le bien de la famille, puis de la tribu, on se tournait alors vers le membre le plus sage, c'est-à-dire le plus âgé. « Chaque tribu était divisée en familles, et les chefs de famille étaient choisis parmi les vieillards de chaque famille ; le plus ancien parmi ces derniers succédait au chef de la tribu ». Un bon chef de famille est un homme d'expérience, qui protège les siens, qui fait passer le bien commun avant le sien propre. Danaos dans

Les Suppliantes d'**Eschyle** fait tout son possible pour assurer la sécurité de ses filles et obtient du peuple d'Argos leur protection « Rassurez-vous mes filles » […] « Nul habitant, nul étranger ne pourra nous saisir. »

2. Une famille ne peut d'ailleurs pas grand-chose si l'un de ses membres affiche un tempérament libre et autonome, si son individualité s'affirme dès le premier âge. Bien qu'orpheline, Ellen Olenska a reçu de sa tante Medora Manson une éducation libre, artistique, respectueuse de la liberté qu'elle manifestait enfant : « Sous sa direction, la petite fille reçut une éducation peu banale ». Ce respect du naturel curieux, spontané d'Ellen a permis de ne pas enfermer la jeune fille dans un modèle ou un moule étroit, même si cette manière très libre d'éduquer peut paraître scandaleuse au reste de la famille. Newland Archer est frappé par l'originalité, le goût sûr, la « liberté du regard » d'Ellen qui ne ressemble à aucune autre femme (**Wharton,** chap. VIII). Étéocle reconnaît lui-même, dans *Les Sept contre Thèbes* d'**Eschyle,** le naturel singulier de son frère Polynice, un naturel injuste : « jamais encore, ni le jour où il s'évada des ténèbres du sein maternel, ni quand il grandissait, ni quand il entra dans l'adolescence […] la Justice ne l'a honoré d'un mot ». La famille ne peut façonner à sa guise des êtres récalcitrants. Ce qui la rend peu haïssable ? Peut-être même aimable.

3. On ne comprend le prix de la famille que lorsqu'on en est privé. Antigone, qui, à la fin des *Sept contre Thèbes* d'**Eschyle** reçoit la nouvelle de la mort de ses deux frères, est poussée par un devoir familial sacré à refuser que le corps de son frère Polynice soit jeté hors des murailles, sans sépulture. « C'est un lien étrangement fort que d'être sortis des mêmes entrailles » dit-elle au héraut pour défendre la supériorité de la loi du sang sur celle décrétée arbitrairement par Créon. Pester contre sa famille, on le fait aisément, mais lorsque la famille manque, on s'en cherche une, d'adoption, de substitution, une famille de cœur. Et cette relation unique à sa famille manque cruellement, si on en est dépourvu. Ellen Olenska, rappelle **Wharton**, est orpheline très jeune « ses parents […] étaient morts quand elle était tout enfant ». Son mariage avec un Polonais est un échec. Sa tante, Medora, qui l'avait recueillie et en avait fait sa pupille, se disputait souvent avec elle (comme avec ses nombreux époux) et courait le monde : « Après un certain temps, elle se séparait toujours de son mari ou se querellait avec sa pupille ». Si l'on se cherche une famille de substitution, c'est que vivre sans famille est un drame.

Transition : Pour exister en tant qu'individu, il faut avoir été reconnu par un autre être humain et les premiers êtres humains qui pourraient assurer cette reconnaissance sont les parents, la famille. Dès lors, dire « familles, je vous hais » peut traduire un amour paradoxal de Gide pour des familles enviables.

III. C'est donc moins la famille en tant que telle que la famille dysfonctionnelle qui est haïssable

1. Peut-on appeler encore « familles » des communautés détruisant tout socle commun, n'obéissant à aucune règle, aucune loi ? Est-il encore un homme celui qui ne respecte pas sa famille ? « Quel homme, demande **Spinoza**, consentirait à violer les droits sacrés de ceux qui lui sont unis par les liens du sang ? » (TTP, XVII). Ce n'est pas la famille en soi, ou les familles, pour reprendre le pluriel de Gide, qui est haïssable, mais la famille qui ne remplit plus ses fonctions de survie, de protection. Le texte d'**Eschyle** traduit ce paradoxe : les Danaïdes fuient la partie égyptienne de leur famille, mais en appellent à la protection de la partie grecque, à la protection paternelle symbolique de Zeus. Et elles obtiennent cette sécurité car les liens familiaux obligent. Lorsqu'un père est incestueux avec son enfant au lieu d'être protecteur, il détruit la famille dans son socle même, dans sa raison d'être, faisant de la famille l'objet de sa satisfaction égoïste, en en réifiant les membres, et en niant qu'elle soit et doive demeurer une communauté d'individus respectés en tant qu'individus.

2. Il existe des familles respectueuses de l'individualité de chacun. Dans une sorte de réquisitoire féministe, Newland Archer défend la libération des femmes de la tutelle conjugale : « Je suis écœuré de l'hypocrisie qui veut enterrer vivante une jeune femme parce que son mari lui préfère des cocottes [...]. Les femmes devraient être libres, aussi libres que nous le sommes » (**Wharton**, chap. v). Et à Ellen qui se demande si son mariage avec May n'est pas « arrangé », Newland réagit avec stupeur : « avez-vous oublié, dit-il, qu'en Amérique nous arrangeons nos mariages nous-mêmes ? ». La famille n'est donc pas une structure naturelle obéissant à des lois éternelles, mais une structure qui peut évoluer dans le sens d'un plus grand respect des individualités la composant. Il convient par exemple, rappelle **Spinoza**, de ne pas confondre fils et esclave. « De même les enfants, bien qu'ils soient tenus d'obéir à tous les ordres de leurs parents, ne sont pas tenus pour esclaves, parce que les ordres des parents ont surtout pour but l'intérêt des enfants. [...] le fils en obéissant à son père n'agit que dans ses propres intérêts » (TTP, XVI). Des parents qui satisfont l'intérêt de leur enfant obtiennent aisément de lui obéissance et respect. Car l'enfant comprend qu'en obéissant à ses parents, c'est à sa raison et à lui-même qu'il obéit, ce qui le rend autonome.

3. Dans son ouvrage *Faire famille, une philosophie des liens*, Sophie Galabru explique combien une famille n'est pas faite, mais à faire, n'est pas composée d'emblée, mais à toujours recomposer, n'est pas solide d'emblée, mais solidifiée (ou affaiblie) par les comportements de chacun de ses membres. Avoir « le sens de la famille » n'est pas faire toujours passer les intérêts de cette communauté avant le sien propre, n'est pas haïr son moi, son individualité, pour « penser collectif » pour reprendre le vocabulaire sportif. Développer un certain sens de la communauté, du partage, de la tolérance, du respect, c'est croire individuellement à ces valeurs et les défendre pour servir la future intégration sociale de l'individu en formation. Newland Archer, tout au long du roman de **Wharton**, doute de sa propre vision de la famille, de sa volonté d'épouser May et de se conformer à l'image sociale du couple parfait, son questionnement, ses revirements font de lui un père et un mari qui n'a pas de certitude et qui construit une certaine façon d'être père et époux. Il doute aussi, bien des années après son mariage et la naissance de ses enfants de la valeur de son existence. Tel questionnement est au cœur de ce que Sophie Galabru appelle « faire famille ». Les suppliantes d'**Eschyle** incitent le Roi d'Argos à prendre le temps de la réflexion personnelle, d'une « pensée profonde » pour savoir quelle attitude la plus juste avoir avec les membres, mêmes lointains, de sa famille.

Conclusion

Une famille heureuse est donc constituée d'individus qui ne nient pas leur individualité, qui interrogent leur individualité, leur inscription dans la communauté familiale et les représentations que les cultures et eux-mêmes véhiculent de la famille. « Familles, je vous hais », écrivait André Gide. Hervé Bazin en 1977, dans *Ce que je crois*, répond : « Familles, je vous ai ». La famille n'est ni, pour l'individu, malédiction ou bénédiction, elle est ce sans quoi l'individualité ne peut se constituer, se façonner (que ce soit par des modèles positifs ou négatifs). Être contre sa famille, c'est encore être tout contre.

« L'effacement volontaire de l'individu, la volonté de se perdre à l'intérieur d'un type collectif, de n'être plus une personne ; c'est en cela que consistaient autrefois la valeur rare et l'effort de beaucoup de grands esprits (et parmi eux les grands poètes). »

Nietzsche, *Le Gai Savoir*, fragments posthumes XI

➥ *À la lumière des œuvres au programme que penser de cette réflexion de Nietzsche ?*

PATRICE BEGNANA

Analyse du sujet

- La citation de Nietzsche met en lumière une attitude propre à des grands esprits qui a eu cours, à une époque ancienne indéterminée. Elle consistait pour ces individus à se fondre dans un collectif afin de ne plus se distinguer.

Enjeux du sujet

1. Le premier sujet est celui de déterminer dans quelle mesure le collectif prime sur les individus.
2. Le second enjeu est celui de la position de la grande individualité par rapport au collectif.
3. Le troisième serait celui de la façon dont la grande individualité se conduit par rapport au collectif.

PROBLÉMATIQUES POSSIBLES

- Le collectif exige-t-il nécessairement que l'individu s'efface ?
- Comment un grand esprit peut-il se conduire vis-à-vis d'un collectif ?
- Le grand esprit peut-il s'effacer et comment face au collectif ?

Introduction

Nietzsche écrivait en ce sens à l'époque de la rédaction du *Gai savoir* : « *l'effacement volontaire de l'individu, la volonté de se perdre à l'intérieur d'un type collectif, de n'être plus une personne ; c'est en cela que consistaient autrefois la valeur rare et l'effort de beaucoup de grands esprits (et parmi eux les grands poètes)* » (Le *Gai Savoir*, fragments posthumes XI)

L'auteur veut mettre en lumière que le primat du collectif sur l'individu fut aussi la volonté et l'activité des grands esprits, c'est-à-dire de ceux qui auraient pu être des individus autonomes.

Toutefois, il y a incontestablement un paradoxe dans cette réflexion. Si un grand esprit l'est vraiment, sa volonté et son effort marquent son individualité et sa singularité par rapport au collectif.

On peut se demander comment est possible qu'un individu d'une grande autonomie puisse se fondre dans un collectif.

En nous appuyant sur deux tragédies d'**Eschyle**, *Les Suppliantes* et *Les Sept contre Thèbes*, un roman d'**Edith Wharton**, *Le Temps de l'innocence* et les chapitres XVI à XX du *Traité théologico-politique* de **Spinoza**, nous verrons que le grand esprit peut s'effacer au profit du collectif ; qu'il marque le collectif par sa volonté qui ne peut que ressortir et que par sa volonté le grand esprit s'inscrit dans le collectif et se grandit avec lui.

PLAN

I. Le grand esprit peut s'effacer au profit du collectif

1. Qu'est-ce qu'un grand esprit ?
2. Le collectif exige que l'individu s'efface
3. Le collectif prime sur l'individu dont la grandeur exige qu'il fasse du collectif sa volonté

Transition

II. Le grand esprit marque le collectif par sa volonté qui ne peut que ressortir

1. Le grand esprit est un individu qui tranche par rapport au collectif
2. Un grand esprit ne peut se soumettre à un collectif, sans quoi il perd sa grandeur. Il doit avoir une volonté propre
3. Le grand esprit ne peut vouloir se soumettre au collectif. Il ne peut que se vouloir lui-même

Transition

III. Le grand esprit par sa volonté s'inscrit dans le collectif et se grandit avec lui

1. Le grand esprit a une volonté qui marque un collectif dans lequel il s'inscrit
2. Le grand esprit augmente le collectif. Sa volonté l'épouse plutôt qu'elle ne s'efface
3. La volonté du grand esprit ne se perd pas mais se retrouve dans son collectif

Introduction

La société semble exiger l'assimilation, soit un gommage de l'individualité afin de permettre au collectif de primer.

Nietzsche écrivait en ce sens à l'époque de la rédaction du *Gai savoir* : « *l'effacement volontaire de l'individu, la volonté de se perdre à l'intérieur d'un type collectif, de n'être plus une personne ; c'est en cela que consistaient autrefois la valeur rare et l'effort de beaucoup de grands esprits (et parmi eux les grands poètes)* » (Le *Gai Savoir*, fragments posthumes XI)

L'auteur veut mettre en lumière que le primat du collectif sur l'individu fut aussi la volonté et l'activité des grands esprits, c'est-à-dire de ceux qui auraient pu être des individus autonomes.

Toutefois, il y a incontestablement un paradoxe dans cette réflexion. Si un grand esprit l'est vraiment, sa volonté et son effort marquent son individualité et sa singularité par rapport au collectif.

On peut se demander s'il est possible qu'un individu d'une grande autonomie puisse se fondre dans un collectif.

En nous appuyant sur deux tragédies d'Eschyle, *Les Suppliantes* et *Les Sept contre Thèbes*, un roman d'Edith Wharton, *Le Temps de l'innocence* et les chapitres XVI à XX du *Traité théologico-politique* de Spinoza, nous verrons qu'un grand esprit peut s'effacer au profit d'un collectif

I. Le grand esprit peut s'effacer au profit du collectif

1. Qu'est-ce qu'un grand esprit ?

Un grand esprit, c'est un homme ou une femme, qui montre une autonomie certaine de sa pensée, une capacité à avoir des opinions. Étéocle se montre tel en faisant de la défense de sa patrie un objectif qui transcende tout. Les filles de Danaos, en refusant la loi du mariage montre ainsi une autonomie par rapport aux valeurs traditionnelles. Leur chœur s'exclame : « *Que les embrassements d'une auguste mère échappent aux embrasements des mâles, libres d'hymen, libres de joug* » (*Les Suppliantes* in **Eschyle**, *Tragédies*, traduction de Paul Mazon, Folio, p. 63) Newland Archer se montre autonome par rapport à son milieu et finit par se plier à ses exigences par lui-même. Après la mort de sa femme May alors qu'à Paris, il peut revoir, voire renouer avec Ellen, il continue à résister en n'accompagnant pas son fils qui connaît son amour secret (partie II, chapitre XXXIV). L'État ne peut sauf à son détriment empêcher les hommes vertueux de juger par eux-mêmes selon **Spinoza** car c'est une « *république en quelque sorte corrompue* » celle où « *les superstitieux et les ambitieux* [...] *ne peuvent supporter les hommes bien nés* » (traduction Dan Arbib, chapitre XX).

2. Le collectif exige que l'individu s'efface

Le pacte social implique selon **Spinoza** que chacun renonce à se gouverner lui-même pour obéir à la république (chapitre XVI et chapitre XX). Dans *Les Suppliantes* le roi fait du peuple l'instance décisionnelle même s'il y a une monarchie. Le roi ne peut décider sans l'accord du peuple : « *je ne saurais rien faire sans le peuple* » (p. 72) dit-il au chœur qui le presse d'agir. Chez **Wharton**, ceux qui fixent le bon goût que doit suivre la bonne société s'y plient à l'instar de Lawrence Lefferts « *le premier arbitre de New York en matière de bon goût* » (chapitre I) et décrit comme toujours élégant.

3. Le collectif prime sur l'individu dont la grandeur exige qu'il fasse du collectif sa volonté

Même le roi doit faire du salut du peuple son idéal selon **Spinoza** qui reprend la formule cicéronienne qu'on trouve dans le *De legibus*. Faire du collectif qu'est le peuple sa seule loi, les deux pièces d'**Eschyle** l'affirment du roi d'Argos confronté à un choix délicat, soit respecter la piété en accueillant les suppliantes et risquer la guerre et l'existence de sa cité, soit déplaire aux Dieux et risquer aussi la cité en cherchant à éviter la guerre avec ceux qui cherchent les Danaïdes. Étéocle se doit de combattre pour la cité dont il est le roi. Chez **Wharton**, Newland Archer note « *la discipline de tribu* » à laquelle se soumet May, sa femme (chapitre XXV). La société de New York dicte qui peut être reçu ou non. Spinoza insiste sur la nécessité d'obéir à l'État, condition même d'un épanouissement possible de l'individu (chapitre XX)

Cependant, le grand esprit ne peut pas ne pas s'opposer au collectif pour être lui-même

II. Le grand esprit marque le collectif par sa volonté qui ne peut que ressortir

1. Le grand esprit est un individu qui tranche par rapport au collectif

Ainsi Polynice se montre en opposition avec sa cité d'origine, refusant de se plier à son ordre. C'est l'hubris qui le définit, hubris qui est la marque d'une individualité forte. Son frère Étéocle montre aussi sa forte individualité face aux plaintes du chœur des femmes. Le roi d'Argos manifeste également une individualité forte face à l'adversité dont il n'est nullement responsable. Ellen Olenska, quoiqu'américaine refuse finalement de se plier à la morale du mariage qui règne dans la haute société. Elle divorcera et refusera le rôle de maîtresse. Les âmes vertueuses ne peuvent que s'opposer à un collectif tyrannique selon **Spinoza** (chapitre XX) car l'individualité est une puissance par elle-même.

2. Un grand esprit ne peut se soumettre à un collectif, sans quoi il perd sa grandeur. Il doit avoir une volonté propre

Ainsi Newland Archer peut aussi être vu comme un conformiste qui n'ose pas rompre avec son milieu et vivre son amour avec Ellen Olenska. En ce sens, il n'est pas un grand esprit et il cède au conformisme de son milieu en conseillant à Ellen Olenska de ne pas divorcer, ce qui le condamne à épouser sa promise officielle. Chez **Eschyle**, Les filles de Danaos montrent leur grandeur dans le refus de se soumettre aux règles que veulent leur imposer les fils d'Egyptos comme c'est en se soumettant aux impératifs de la cité qu'Étéocle va se montrer grand. Les grandes âmes ne peuvent se soumettre, ainsi de Moïse selon Spinoza.

3. Le grand esprit ne peut vouloir se soumettre au collectif. Il ne peut que se vouloir lui-même

Chez **Wharton**, Newland Archer ne réussit pas à avoir une volonté propre. Il mènera la vie de son milieu, pris par les habitudes alors que Julius Beaufort réussira à s'intégrer à la société de New York et déchu, il retrouvera un autre milieu où exercer ses talents. Le roi d'Argos montre sa grandeur en persuadant le peuple d'aider les suppliantes même si cela implique le risque de la guerre et de la destruction de la cité. Il manifeste ainsi sa valeur propre car c'est lui qui le veut comme le montre ce qu'il dit au coryphée : « *Moi, je vais convoquer les gens de ce pays, pour disposer en ta faveur l'opinion populaire; puis à ton père j'enseignerai le langage qu'il doit tenir. Demeure donc ici et que tes prières demandent aux dieux de la cité ce que tu souhaites d'obtenir, cependant que j'irai ordonner tout cela. Que la Persuasion m'accompagne et la Chance efficace !* » (p. 77) La puissance de l'État qui fait le collectif au plus haut point dépend de celle des individus qui ne peuvent vouloir contre lui. Ils ne s'effacent pas mais concourent à sa puissance selon **Spinoza**.

Néanmoins, si l'on peut dire contre Nietzsche que le grand esprit ne peut s'effacer dans le collectif, sa volonté doit donc pouvoir s'y inscrire.

III. Le grand esprit par sa volonté s'inscrit dans le collectif et se grandit avec lui

1. Le grand esprit a une volonté qui marque un collectif dans lequel il s'inscrit

Ainsi Moïse selon **Spinoza** a montré les qualités du prophète et a pu être l'interprète de Dieu, instituant une théocratie qui a donné son unité au peuple hébreu (chapitre XVII). Danaos émerge comme une figure d'une volonté axée vers la conservation de sa lignée dont les décisions entrainent l'adhésion de ses filles comme Étéocle entraine les Thébains derrière lui dans la défense de la cité et de la liberté. À l'opposé, Newland Archer est tellement conformiste qu'Ellen Olenska ne peut que l'abandonner à son mariage convenu.

2. Le grand esprit augmente le collectif. Sa volonté l'épouse plutôt qu'elle ne s'efface

Ainsi en est-il des figures royales chez **Eschyle** comme Étéocle qui exprime les vertus du collectif, notamment le courage par opposition aux frayeurs féminines du chœur ou encore le roi d'Argos soucieux de son peuple. Il en va de façon analogue pour les grands et vrais prophètes comme Moïse pour **Spinoza**. Aucune grande individualité n'émerge de la société de New York qui exige la soumission à ses injonctions. Tout au plus, les apparents non conformistes comme Ellen Olenska ou Julius Beaufort, tranchent un peu sur les individus falots de la société de New York.

3. La volonté du grand esprit ne se perd pas mais se retrouve dans son collectif

Il faut avec **Spinoza** voir dans le collectif l'effet des volontés individuelles qui consentent à l'existence du collectif comme condition de leur existence (chapitre XVI et XX). Le grand esprit fait donc corps avec son collectif, à l'instar du prophète qui sait exprimer les volontés ou de l'artiste qu'on admire comme Gounod dont le *Faust* est joué chaque saison à l'opéra que fréquente la bonne société.

Conclusion

Disons pour finir que la réflexion de Nietzsche selon laquelle « *l'effacement volontaire de l'individu, la volonté de se perdre à l'intérieur d'un type collectif, de n'être plus une personne ; c'est en cela que consistaient autrefois la valeur rare et l'effort de beaucoup de grands esprits (et parmi eux les grands poètes)* » qui appartient aux fragments posthumes XI du *Gai Savoir*, amenait au problème de savoir s'il est possible qu'un individu d'une grande autonomie puisse se fondre dans un collectif. Le grand esprit, celui qui a une volonté propre peut la fondre dans le collectif selon le principe que la volonté est choix. Pourtant, la volonté pour être autonome doit se choisir plutôt que s'effacer. Celle du grand esprit concourt à l'édification du collectif, non en s'effaçant comme Nietzsche le soutenait, mais en participant à son édification.

Toutes les sociétés permettent-elles la grandeur de l'individu ?

Montaigne dans ses *Essais* (1588), dans le chapitre IX du livre III « De la vanité », déclare : « Celui qui va en la presse, il faut qu'il gauchisse, qu'il serre ses coudes, qu'il recule ou qu'il avance, voire qu'il quitte le droit chemin, selon ce qu'il rencontre ; qu'il vive non tant selon soi que selon autrui, non selon ce qu'il se propose, mais selon ce qu'on lui propose, selon le temps, selon les hommes, selon les affaires. »

➥ *Dans quelle mesure cette affirmation éclaire-t-elle votre lecture des quatre œuvres au programme ?*

CHARLOTTE SIMONIN

PLAN

I. L'individu disparaît derrière et dans la communauté

1. Monde où l'individu a disparu dans la communauté et vit selon elle
2. Règles communes qui sont dictées à l'individu par la force et la peur
3. Manipulation de l'individu parfois opérée par la ruse ou la séduction

II. Cependant, certains individus refusent de vivre selon la communauté

1. Résistent et s'opposent discrètement au sein même de la communauté
2. S'opposent frontalement mais finissent pourchassés ou assassinés
3. Préfèrent partir vivre ailleurs loin de la communauté

III. Enfin, des individus exceptionnels sont capables de séduire et de faire vivre la communauté selon ce qu'ils proposent

1. Gauchir la communauté vers le mal
2. Défendre courageusement le faible et l'opprimé
3. Ouvrir une nouvelle voie originale

Dans la célèbre pièce de théâtre absurde d'Eugène Ionesco, *Rhinocéros* (1959), l'on assiste à une épidémie de « rhinocérite » : peu à peu tous les habitants d'une ville se changent en violents rhinocéros. À travers cette métamorphose symbolique, c'est l'impact du groupe, de la communauté, des régimes totalitaires (nazisme, stalinisme), qu'Ionesco a voulu dénoncer : le héros, Bérenger, seul à résister, voit peu à peu tous (les habitants de la ville, son collègue Botard, son grand ami Jean…) se transformer autour de lui, de plus en plus nombreux et pressants, tant il paraît difficile, sinon impossible pour l'individu de résister à la force du nombre et du conformisme.

Presque quatre siècles plus tôt, Montaigne dans ses *Essais* (1588), dans le chapitre IX du livre III « De la vanité », déclare : « Celui qui va en la presse, il faut qu'il gauchisse, qu'il serre ses coudes, qu'il recule ou qu'il avance, voire qu'il quitte le droit chemin, selon ce qu'il rencontre ; qu'il vive non tant selon soi que selon autrui, non selon ce qu'il se propose, mais selon ce qu'on lui propose, selon le temps, selon les hommes, selon les affaires ».

Dans ce passage de ce long et riche chapitre, Montaigne, mêlant à la fois réflexions autobiographiques (responsabilités publiques qu'il a pu avoir comme maire de Bordeaux) et inspirations antiques (notamment *Les Vies Parallèles* de Plutarque), réfléchit à l'impact du groupe politique, de la foule (la « presse ») sur l'individu, ses choix, et ses décisions. Montaigne évoque comme allant, de soi, incontestable, le fait que l'individu doive plier dans le sens de la communauté. L'usage du présent de l'indicatif qui prend ici une caractéristique de vérité générale, ainsi que du pronom démonstratif (« celui ») et du pronom personnel troisième personne du singulier (huit emplois sujet, un emploi objet), les articles définis (« la » presse, « la » vie, « les » hommes, « les » affaires) donnent une tonalité quasi proverbiale à cette observation. Les deux énumérations ouvertes successives de verbes d'abord (« gauchisse », « serre »,…) puis de compléments de manière ensuite (« selon autrui », « selon ce qu'on lui propose »…) montrent que c'est la communauté, les autres, qui donnent le rythme et la direction, et l'emportent en nombre et force, qualité et quantité sur le bon vouloir de l'individu.

Nous nous demanderons donc si l'individu doit nécessairement renoncer à ses désirs et envies personnels pour vivre selon ceux de la communauté.

Nous verrons dans une première partie que l'individu doit obéir aux règles et recommandations de la communauté. Nous observerons ensuite que certains individus se refusent à plier face à la presse commune. Enfin, quelques individus sont capables par leur singularité, leur audace et leur charisme de séduire et de gagner à leur perspective tous les autres.

Nous allons voir dans cette première partie, comment, comme l'affirme Montaigne, l'individu disparaît derrière et dans la communauté, situation en effet la plus courante et qu'exposent d'ailleurs les quatre œuvres au programme. Quelles que soient les spécificités et qualités de l'individu, il ne peut résister à la « presse », il se fond et confond dans la masse. Les expressions plutôt négatives (« gauchisse », « serre les coudes »), voire clairement critiques (« quitte le droit chemin ») employées par Montaigne laissent entendre que cette absorption de l'individu dans la communauté se fait le plus souvent non seulement au détriment de la singularité de chacun mais encore du droit, par la force et par la ruse.

Nos œuvres présentent souvent un monde où l'individu singulier a disparu dans la communauté. **Spinoza** regrette ainsi dans la « Préface » du *Traité Théologico-Politique* que « Chrétiens, Turcs, Juifs ou idolâtres », soient tous devenus identiques, mis à part quelques superficielles différences, évidemment non pour le meilleur, mais pour le pire. Le New York de la très haute société que présente **Edith Wharton** dans *Le Temps de l'innocence*, est un monde, comme il appert dès l'*incipit* à l'opéra un soir de représentation de *Faust* en janvier, où tout est codifié, myriades de conventions aussi invisibles qu'absolues. Depuis le type de brosse à cheveux pour se peigner jusqu'au type de cravates et de souliers à porter, selon Lawrence Lefferts, en passant par le type de fleurs à offrir ou le type de New-Yorkais fréquentables ou non, selon Sillerton Jackson (chapitre I), Neil Archer vit « selon autrui, selon le temps, selon les hommes », et aucunement selon lui-même. L'individu doit se conformer aux règles tacites de sa communauté, de son monde, et tous agir de même. Le personnage du coryphée, dans les pièces d'**Eschyle**, symbolise justement le fait que l'individu soit incorporé, littéralement, dans une communauté : les cinquante sœurs Danaïdes des *Suppliantes* ne sont, ne font qu'une sur scène comme toutes les femmes terrifiées et hurlantes de Thèbes des *Sept contre Thèbes*.

S'il faut que l'individu « serre » ses membres, « recule » ou « avance », comme un animal de trait obéissant, ces règles communes lui sont souvent dictées par la force et par la peur. Pour **Spinoza**, un état qui impose à tous les individus une seule religion et leur interdit toute critique les transforme en « bêtes ou automates » (chapitre XX) et usurpe son droit : c'est en quelque sorte un état totalitaire avant l'heure que dépeint l'auteur de *L'Éthique*. De fait, de nombreuses dystopies, de *1984* à *La servante Écarlate* en passant par *Le meilleur des mondes* ou *Le complot contre l'Amérique* ont depuis souligné la manière dont l'individu disparaissait dans la communauté ; hors de question pour l'individu de penser, agir, et vivre « selon soi » si justement il ne veut pas mourir. Il doit agir de concert avec sa communauté, gommer toute différence, devenir un clone docile et impavide. D'ailleurs, les Danaïdes demandent à être accompagnées et protégées par des gardes car elles ont peur que leur « apparence différente » n'engendre l'agressivité et le rejet des habitants de la ville de Pélasgos : il faut tenter de se fondre dans la masse, de se conformer.

Néanmoins, quelquefois, ceux qui parviennent à attirer l'individu dans le groupe et à faire disparaître ses velléités d'indépendance et de critique ne le font pas par la contrainte, mais par la contagion, la ruse et la séduction. Etéocle remarque dans les *Sept contre Thèbes* qu'un comportement affligeant engendre par contagion la même attitude en miroir. « Un pillard aux mains vides appelle un pillard aux mains vides » : vols, viols pratiqués par un groupe entraînent l'individu à se comporter de même. Plus loin, le roi thébain est consterné par le sort du devin Amphiaraos, envoyé à la sixième porte « Homoloïs » : homme pieux, hélas « gauchi » par ses fréquentations, et désormais porté à détruire le pays de ses pères. « Qu'un homme pieux s'embarque avec des marins ardents à achever un crime et il périt avec cette engeance maudite ! » **Spinoza** dans sa préface cite Quinte-Curce : « nul moyen n'est plus efficace pour gouverner la multitude que la superstition ». Ainsi est assurée la manipulation d'un grand groupe, grâce à la promesse de maux et de biens imaginaires.

Nous avons donc observé que partout semble régner une communauté imposant les règles d'un monde où l'individu ne doit surtout pas se différencier, communauté qui règne par la force, l'effet de miroir ou la ruse, sorte de sombre panurgisme, qui tend à dissoudre toute singularité de l'individu.

Cependant, à l'inverse de ce qu'observe Montaigne, il existe des individus originaux, irréductibles, qui, en dépit de la « presse », persistent à ne pas vouloir se comporter comme le reste de la communauté et refusent de vivre « selon autrui ». Si certains s'efforcent de demeurer discrètement et paisiblement « en la presse » ou à côté de celle-ci, sans toutefois observer ses règles, ce refus des coutumes communes se paie généralement cher, dans le rejet ou même la mort. Enfin il arrive que l'individu préfère de lui-même fuir la communauté, partir, s'exiler, pour pouvoir enfin vivre, ailleurs, « selon ce qu'il se propose ».

Dans *Le Temps de l'innocence*, Catherine Manson Mingott, tante d'Ellen Olenska qui est sa nièce préférée, « a l'habitude de pousser son audace aux dernières limites » : elle a fait construire une maison « blanche », inspirée des hôtels particuliers parisiens, dans le quartier « lointain » de Central Park, « alors que la pierre brune n'était pas moins de rigueur que la redingote l'après-midi » (chapitre II). Le fait d'être excentrée géographiquement traduit symboliquement son statut particulier dans la société New-Yorkaise : la matriarche vit aux marges de la communauté, mais selon les règles qu'elle se « propose » ; à cause de son obésité, mais peut-être aussi de son originalité, elle ne participe ni aux soirées à l'opéra, ni au mariage de Neil et May, ce qui ne l'empêche pas de jouer un rôle essentiel. **Spinoza** constate justement dans sa préface qu'Alexandre, dans le temps de ses succès et après sa victoire sur Darius, se gouvernait tout seul et sans vouloir prendre réassurance des « devins et aruspices » ou « d'Aristandre ».

Toutefois, malheureusement le plus souvent l'individu qui se refuse à l'emprise et aux règles de la communauté le paie chèrement, par l'exclusion ou la mort. **Spinoza** a ainsi été victime à vingt-trois ans d'une très violente excommunication de la communauté juive d'Amsterdam (« herem ») et a ensuite dû quitter la ville. Cette remarque du chapitre XX peut se lire comme une allusion autobiographique : « Des hommes honnêtes envoyés en exil car ils ont des opinions dissidentes et ne savent les dissimuler ? » Si théoriquement, dans les années 1870, aux États-Unis, une femme a le droit de divorcer, le stigmate est tel que la femme qui aurait divorcé, fût-ce d'un époux infidèle et violent, serait mise au ban de la société, et entraînerait dans l'opprobre sa famille tout entière, comme Neil Archer le fait comprendre à la comtesse Olenska, afin qu'elle renonce à ce projet. Io, dont le destin est rappelé dans *Les Suppliantes*, parcourt l'Europe, « errante », « misérable ». Antigone, dont le nom peut d'ailleurs se lire comme celle qui est contre les parents ou la famille, qui figure dans le dénouement postiche inspirée de Sophocle des *Sept contre Thèbes*, refusant que son frère Polynice n'ait pas droit à une sépulture est alors condamnée à être enterrée vivante par son oncle Créon. Dans *Horace* de Corneille, Camille meurt de la main de son frère pour n'avoir pas voulu rallier la communauté des Horace et être demeurée fidèle à son fiancé Curiace. Laïos, quant à lui, n'a pas voulu renoncer à son désir de fonder une famille, alors que les dieux le lui avaient interdit, sorte d'hybris qui lui vaut d'être puni atrocement, mourant de la main de son fils, et que ses descendants soient maudits après lui sur plusieurs générations (Œdipe, puis Etéocle et Polynice). Dans *Les Sept contre Thèbes*, cinq des chefs de guerre adverses qui attaquent les portes sont dépeints comme grotesquement orgueilleux, par exemple celui, Capanée, chargé de la deuxième porte (Électre), dont le blason arbore un homme nu et la devise en lettres d'or « j'incendierai la ville ». Celui qui se croit différent et supérieur aux autres, mérite, selon Etéocle, à la fois d'être raillé de sa « jactance » et surtout la mort : punition de l'hybris de l'individu qui s'est cru un destin exceptionnel et dont le châtiment naît de s'être fantasmé au-dessus des règles communes, de cette coupable singularité précisément.

Si l'individu veut vivre vraiment selon ses propres convenances et exigences, et non selon « autrui », la solution la meilleure, ou la moins pire, paraît être de fuir la communauté. Ellen Olenska, femme qui cumule le double tort de ne plus vivre avec son époux, et d'aimer un homme marié, s'en va vivre en France, à Paris (rappelons que ce fut aussi le cas d'Edith Wharton). Dans *Maurice* d'E.M. Forster, écrit en 1913, mais publié posthume pour la première fois en 1971, un médecin signale au héros, Maurice Hall, qui est allé le voir pour tenter de « guérir » de son homosexualité, que s'il continue à vivre en Angleterre, il devra obéir aux lois répressives de son pays mais que pour lui et ses « semblables », à la Oscar Wilde, la solution réside peut-être dans l'exil en France et en Italie, pays plus tolérants. Toutefois l'endroit où l'individu peut être heureux selon ses propres règles peut paraître être un rêve inaccessible, monde où l'on n'arrive jamais (« tant qui ont essayé de le trouver […] et ils sont tous descendus aux stations d'à côté ») qu'Ellen évoque douloureusement dans le coche de May, lorsque Neil est allé la chercher au terminus du bac à Jersey City (chapitre XXIX).

En dépit de la force d'attraction centripète de la communauté, certains individus différents tentent de résister : rester proches mais sans s'intégrer, préservant leur neutralité et singularité, s'opposer frontalement mais au risque d'être stigmatisés ou attaqués ou assassinés, ou enfin partir vers un ailleurs plus accueillant.

Enfin nous pouvons voir dans notre troisième partie, comment, paradoxalement, à l'inverse de ce qu'expose Montaigne, c'est de temps à autre l'individu qui non seulement arrive à vivre « selon lui » mais à faire « reculer » ou « avancer » toute une communauté « selon ce qu'il se propose ».

Certains individus sont capables de « gauchir », d'entraîner négativement, tout un groupe derrière eux. Spinoza déplore que « les ministres du culte » ne le deviennent pas par désir d'instruire le peuple, de le pousser vers le haut, ou de répandre la parole divine mais pour subjuguer le groupe, le nourrir de fausses admirations et fausses craintes, le manipuler en somme aisément et régner vaniteusement (préface). Dans *Les Sept contre Thèbes*, Polynice s'est enfui à Argos ; devenu le gendre d'Adraste, il entraîne derrière lui toute l'armée argienne pour soutenir ses droits au trône d'Œdipe, ce qui conduit au carnage, et à une double mort fratricide.

Cependant, parfois l'individu ose se faire, seul d'abord, le défenseur du faible, de l'opprimé, des femmes. Dans *Les Suppliantes*, c'est Pélasgos, roi d'Argos, se comportant en « patron », qui parvient par son éloquence à convaincre son peuple de faire bloc pour protéger les cinquante Danaïdes : « la nation pélasge s'est rendue aux raisons persuasives d'une adroite harangue » et se prononce d'une « voix unanime » pour défendre les filles de Danaos. Nelson Archer n'hésite pas à se rendre le premier dans la loge où se trouve sa fiancée May Welland , pour marquer à toute la salle son soutien à sa future famille et à la cousine venue d'Europe, (chapitre II) et l'entraîner dans ce mouvement. Un peu plus tard, au chapitre VIII, le couple Van der Luyden invite à dîner Ellen lors d'un dîner en l'honneur du duc de Saint-Austrey pour l'intégrer dans la haute société : les « couples récalcitrants » qui avaient auparavant refusé de la rencontrer chez Mrs Lovell Mingott se rendent tous docilement à ce fastueux dîner. Etéocle héros patriotique est prêt à se sacrifier et mourir pour son pays : face aux femmes lâches et hurlantes ou aux hommes trop jeunes ou trop vieux, il est celui qui est « là pour savoir quoi faire ».

Mais il y a aussi une question d'époque, comme le note Montaigne parlant de « vivre » « selon le temps, selon les hommes, selon les affaires » et soulignant par l'anaphore et les trois compléments circonstanciels que tout cela est changeant. Au dernier chapitre du roman, il appert que ce que l'époque, temps d'Innocence en apparence mais surtout de blâmes et de critiques aussi implicites qu'implacables, n'a jamais voulu pardonner à Ellen, elle l'a parfaitement pardonné et oublié pour la future femme du fils d'Archer, Dallas : Fanny Beaufort « avait conquis les cœurs un peu comme Mme Olenska trente ans auparavant. Seulement au lieu de la regarder avec une sorte de méfiance, la société l'avait joyeusement acceptée » (chapitre 34). Certains individus sont des précurseurs dans leurs goûts et leurs opinions qui n'ont que le tort d'être nés trop tôt mais qui plus tard, inspirent toute une communauté. Ainsi, Spinoza qui s'oppose à toute théocratie et défend la « laïcité » même si le terme n'apparaît pas dans son texte, le paie-t-il durement à son époque mais ce modèle de liberté de croire, de penser et de philosopher qu'il prône, inspiré par la tolérance religieuse d'Amsterdam (chapitre XX), nourrit ensuite les siècles futurs et la plupart des régimes occidentaux actuels : la liberté de philosopher est bien un double bénéfice pour un état car elle garantit non seulement la paix civile mais l'exercice d'un sentiment religieux sincère et fondé.

S'il advient que ce soit sur le mauvais chemin que l'individu entraîne le groupe, c'est aussi la défense du faible que sait courageusement prendre un individu charismatique et entraîner avec lui les autres, enfin c'est parfois une nouvelle route que l'individu original va frayer pour la communauté.

En conclusion, l'étude de la remarque de Montaigne sur la force attractive et coercitive de la « presse » de la communauté sur l'individu nous a permis d'en analyser dans une première partie l'évidente justesse puis d'évoquer dans une deuxième partie le parcours des individus différents, qui refusent, dans la douceur ou dans la douleur, le groupe. Enfin, une dernière partie a évoqué les exceptionnels individus qui, retournant la dynamique de masse attendue, arrivent à entraîner la communauté avec eux dans leur chemin singulier. C'est le cas dans le célèbre film *Twelve Angry Men* (1957) de Sidney Lumet où l'architecte (juré n° 8, joué par Henry Fonda) initialement seul à douter de la culpabilité du jeune homme condamné parvient, contre toute attente, peu à peu à persuader tous les autres jurés de voter ultimement pour le doute raisonnable.

Espaces et limites de « l'individu » et de la « communauté »

« Que chaque homme soit un bipède ne fait pas de cinquante hommes un centipède. »

G.K. Chesterton, *Le monde comme il ne va pas*, 1910

➥ *Vous évaluerez la pertinence de cette affirmation à la lumière des œuvres au programme.*

MILÈNE MORIS

Analyse du sujet

- L'auteur remet en question l'idée de la cohésion de la communauté : elle ne repose pas selon lui sur une ressemblance ontologique entre l'individu et son « espèce ».
- Penser qu'ils feraient corps est simpliste, car la communauté n'est pas une simple addition d'êtres humains isolés qui, rassemblés, coopéreraient et gagneraient en force.
- Une telle vision communautaire effacerait l'individu dans la multitude.
- Les individus sont bien liés les uns aux autres, mais Chesterton ne dit pas sur quel mode.
- L'auteur détourne ironiquement le titre du conte philosophique de Voltaire : « Le monde comme il va ». Il faut donc analyser les causes du mal social, les dysfonctionnements et les tensions entre l'individu et le groupe.

Enjeux du sujet

1. Déterminer selon quelle logique d'appartenance se fonde le rapport entre l'individu et le collectif.
2. N'est-ce pas parce que l'individu fait un pas d'écart que la communauté se mue en féroce centipède ?
3. Comment peut-on être à la fois singulier et uni collectivement ?

PROBLÉMATIQUE

▶ La cohésion du groupe peut-elle exister sans nuire à la souveraineté de l'individu ?

PLAN

- **I. Bien que l'individu et la communauté semblent faire corps...**
  1. La communauté : une somme d'individus naturellement soudée
  2. L'individu, « animal social » au service de sa communauté et dépendant d'elle
  3. « Le meilleur des mondes » ?
- **II. ... la cohésion de la communauté est loin d'être évidente**
  1. La communauté elle-même est divisée
  2. L'individu est souverain
  3. Les tensions ou « Le monde comme il ne va pas »...
- **III. Dès lors, comment concilier les aspirations individuelles et les exigences de la vie en société ?**
  1. La raison doit l'emporter sur les passions
  2. La nécessité d'un pacte ou d'un contrat social
  3. « Le monde comme il va »

Introduction

Dans son dernier spectacle intitulé *Assembly Hall*, la chorégraphe Crystal Pite s'interroge sur la quête du lien social et sur ce qui pousse les hommes à s'unir dans le partage des valeurs ou d'une passion. La troupe des danseurs incarne « notre besoin intime d'appartenance à des ensembles ». Pourtant, la chorégraphie joue sans cesse sur l'union et la séparation des corps, montrant les difficultés d'une communauté à vivre et à construire quelque chose ensemble. Dans son essai intitulé *Le monde comme il ne va pas* (1910), G.K. Chesterton soulève à ce propos une question d'ontologie sociale : « Que chaque homme soit un bipède ne fait pas de cinquante hommes un centipède ». L'écrivain anglais, caractérisé par son besoin d'indépendance et son humour, détourne ici un lieu commun en réfutant l'image d'une communauté dont les membres seraient soudés par des caractéristiques communes. L'idée d'un groupe ayant l'unité et la simplicité biologique d'un animal lui semble utopique : il n'y a pas, comme dans une sorte d'état de nature, de fusion totale entre l'individu et son espèce. On ne peut non plus se contenter d'un raisonnement mathématique et sophistique : la communauté n'est pas une somme d'individus semblables marchant d'un même pas. Or si l'on ne peut nier le fait que l'individu, « animal politique », dépend de sa communauté et lui est lié, on peut en revanche s'inquiéter d'une vision où la communauté primerait sur l'individu. L'uniformité, le conformisme, voire le communautarisme prévaudraient. Au-delà du constat négatif de Chesterton, la syntaxe de la citation pourrait induire une relation de cause à effet : n'est-ce pas précisément parce que l'homme est un bipède (individu autonome doté de ses propres droits), que la communauté se mue en centipède menaçant pour la liberté individuelle ? Ceci nous amène à nous demander si la cohésion de la communauté peut exister sans nuire à la souveraineté de l'individu. Nous nous appuierons sur les deux tragédies d'**Eschyle** : *Les Suppliantes* et *Les Sept contre Thèbes*, *Le Traité théologico-politique* de **Spinoza** et le roman d'**Edith Wharton** *Le Temps de l'innocence* pour montrer que bien que la représentation d'une communauté soudée soit présente dans les œuvres au programme, cette cohésion apparente est fortement mise à mal. Pour autant, une conciliation semble possible entre la souveraineté de l'individu et les exigences de la vie en société.

I. L'individu et la communauté semblent faire corps

Demandons-nous d'abord selon quelle logique d'appartenance l'individu est relié à sa communauté dans nos œuvres.

1. La communauté : une somme d'individus naturellement soudée

On définit généralement l'individu à la fois comme une unité distincte et comme un membre de la communauté. Les déterminations qui relient les individus sont biologiques et culturelles. On le voit surtout dans *Les Suppliantes* d'**Eschyle**, où le chœur des Danaïdes est le principal protagoniste. Dans la *parodos*, les cinquante filles de Danaos « au masque hâlé, parées de bandeaux et de voiles à la mode barbare » s'avancent solennellement au même rythme, parlant d'une même voix. Ces fugitives ayant grandi « au soleil du Nil », sont soudées par leur naissance et par leur commune « horreur innée de l'homme ». Elles refusent d'un commun accord de subir l'hymen forcé de leurs cousins (les cinquante fils d'Egyptos) et sont prêtes à mourir ensemble pour échapper à ce destin. Le coryphée invoque au nom de la « troupe vagabonde » des exilées leurs origines grecques mythiques, afin d'obtenir l'asile de leurs « frères » argiens. C'est la préexistence de ce lien qui permet de s'insérer à la communauté. Dans le roman d'**Edith Wharton**, les Mingott forment également une grande « tribu », un « inexorable chœur » fusionnel dont tous les membres « se tiennent » et s'adorent. Que ce soit dans le clan des Welland ou des Archer, les particularités se transmettent d'une génération à l'autre : Mrs Archer et sa fille Janey se ressemblent « comme des sœurs » et emploient le même lexique par mimétisme. Au-delà des similitudes liées à l'hérédité, ce sont donc aussi les habitudes qui soudent les hommes : les Van den Luyden sont devenus des clones « après quarante ans d'intimité conjugale » et, au moment de ses fiançailles, Newland Archer considère que sa chère May est « de la même espèce » que lui. Le lien entre l'individu et la communauté est à la fois naturel et culturel : les New-Yorkais partagent les mêmes rituels, les mêmes traditions et les mêmes rites immémoriaux. Au début du roman, toutes les conventions sur lesquelles la vie de Newland Archer est fondée lui semblent naturelles et, même s'il a conscience d'avoir « plus lu, plus pensé, et plus voyagé que la plupart des hommes de son clan », c'est « par une habitude de solidarité masculine [qu'] il acceptait leur code en fait de morale. Il sentait instinctivement que sur ce terrain il serait à la fois incommode et de mauvais goût de faire cavalier seul ». On voit ici que l'attachement à la communauté, à ses opinions, ses usages et ses normes, passe par un processus d'identification plus ou moins conscient. Mais ce lien organique est aussi social.

2. L'individu, « animal social » au service de sa communauté et dépendant d'elle

Pour Aristote, la communauté politique est un fait de nature : c'est dans le partage et la complémentarité que l'homme s'accomplit. L'homme qui ne peut ou qui n'éprouve pas le besoin de vivre en communauté est selon lui « une brute ou un dieu » (*La politique*). **Spinoza** rappelle dans son sillage que les hommes à l'état de nature vivaient dans la crainte : « s'ils ne s'entraident pas, les hommes vivent très misérablement et [...] restent asservis aux nécessités de la vie ». Pour vivre « en sécurité et le mieux possible, les hommes ont dû nécessairement aspirer à s'unir en un corps et ont fait par-là que le droit que chacun avait de Nature sur toutes choses, appartînt à la collectivité et fût déterminé non plus par la force et l'appétit de l'individu mais par la puissance et la volonté de tous ensemble » (*TTP*, XVI, 5). Pour **Spinoza**, la notion d'État repose donc sur la puissance collective des citoyens. Dans le roman d'**Edith Wharton**, cette entraide implique « un esprit de corps » et une loyauté intra-familiale : les Archer protègent dans un premier temps la Cousine Ellen, considérant que la famille « en tant qu'institution » doit soutenir ses membres, autrement « c'est l'effondrement de la société » (chap. 6). Ils sont liés par un sens du devoir et un code de l'honneur, mais aussi par des intérêts financiers communs. Dans *Les Sept contre Thèbes*, c'est la survie de la cité qui est en jeu : la priorité est de fortifier Thèbes assiégée pour protéger la terre maternelle et le foyer (l'*oikos*), c'est-à-dire la famille, la maisonnée et le patrimoine. On voit donc ici l'interdépendance entre l'individu et la communauté.

3. « Le meilleur des mondes »

Toutefois, la citation de Chesterton suggère que l'osmose entre l'individu et la communauté peut représenter une utopie comme une dystopie. Nos œuvres montrent ces deux versants. C'est bien l'illusion du « meilleur des mondes » que nourrit innocemment Ellen à son arrivée à New York; c'est un « Paradis » à ses yeux, une terre d'accueil liée aux souvenirs idéalisés de son enfance. Pour s'intégrer, elle prétend vouloir « devenir comme tout le monde ici » (chap. XII). La « déclassée » rêve d'une société sans catégories. Mais le narrateur ne cesse de souligner de façon ironique la fausse harmonie et l'hypocrisie de cet univers ployant sous des conventions absurdes. C'est aussi au « meilleur des mondes » d'Huxley que l'on pense, quand **Spinoza** critique implicitement la théorie contractualiste du *Léviathan* de Hobbes au début du chapitre XX (§ 1) : « S'il était aussi facile de commander aux âmes qu'aux langues, il n'y aurait aucun souverain qui ne régnât en sécurité et il n'y aurait pas de gouvernement violent, car chacun vivrait selon la complexion des détenteurs du pouvoir et ne jugerait que d'après leurs décrets du vrai ou du faux, du bien ou du mal, du juste ou de l'inique. Mais [...] cela ne peut être ». **Spinoza** emploie ici un raisonnement par l'absurde pour montrer le caractère « totalitaire » avant l'heure d'une société où chacun accepterait de se défaire de sa personnalité et de sa propre pensée pour obéir en tout à l'État (morale, justice et religion). Mais quand il évoque la République des Hébreux qui décidèrent « de ne transférer leur droit à aucun mortel, mais seulement à Dieu » et furent tous

« également chargés de l'administration de l'État » (XVII, 7), ce n'est pas pour vanter leur solidarité exceptionnelle, mais pour s'opposer à la théocratie. Il appréhende en effet son rétablissement aux Pays-Bas au XVIIe siècle. Pour le philosophe, aucun régime ne peut perdurer s'il est fondé, comme la théocratie, sur la crainte et la superstition. D'ailleurs, il fait observer que les Hébreux n'ont vécu en paix et en sécurité que pendant la période des Juges (XVII, 9). C'est donc, sous des dehors unitaires, un régime précaire.

Ainsi, l'idée que la cohésion et la force de la communauté ne repose que sur des particularismes héréditaires ou socio-culturels est illusoire et temporaire dans nos œuvres. Pour Chesterton, la communauté n'est pas une entité organique animée d'un esprit supra-individuel.

II. La cohésion de la communauté est mise à mal

Dans nos œuvres, l'idéal de la communauté homogène et unie est mis à mal par la souveraineté de l'individu et par les tensions internes. Quand la communauté est trop fusionnelle et réglée, c'est un poids pour l'individu qui cherche à s'émanciper. Il est alors perçu comme un danger pour l'équilibre collectif et la communauté peut se muer en « centipède » pour le faire rentrer dans le rang ou l'exclure.

1. La communauté divisée

Dans nos œuvres, les communautés organisent leur vie sociale en fonction de catégories. Ainsi, la séparation hommes-femmes est au cœur de notre programme. Dans *les Sept contre Thèbes*, Etéocle accuse violemment les femmes éplorées d'être un « fléau [...] pour sa maison et sa cité ». Elles risquent de décourager les combattants et n'ont pas à se mêler des « affaires des hommes ». Elles n'ont en effet aucun droit politique ou juridique au Ve siècle avant notre ère. Les suppliantes obtiennent le statut de métèques, mais restent considérées par les Argiens comme grecques et barbares à la fois. Si elles sont temporairement affranchies de la domination des maris, elles restent soumises à la loi du père. Dans le roman de **Wharton**, les femmes ne partagent pas les mêmes espaces que les hommes, brodent des coussins pour leur mari (chap. 30) et quoique « bien élevées » semblent incapables de penser par elles-mêmes, comme le fait remarquer Newland. La haute société new-yorkaise est aussi divisée en catégories : les traditionalistes craignent l'arrivée des « nouveaux riches » et les grandes familles sont scindées en « deux grands groupes fondamentaux » : le clan des Mingott et des Manson apprécie le luxe, tandis que la « tribu » des Archer, Newland, Van der Luyden, aime voyager et affecte de « mépriser les jouissances matérielles » (chap. 36). Enfin, la communauté des artistes est marginalisée. On les voit comme « une espèce particulière, difficile à classer » (chap. 12). Du reste, « Ces échantillons épars de l'humanité n'avaient jamais essayé de s'amalgamer avec la société ». La société est donc cloisonnée, divisée en petites communautés repliées sur elles-mêmes.

2. L'individu est souverain

L'individu n'est pas seulement un membre de la communauté ou de la société. C'est, au sens ordinaire, un être formant une unité distincte et ne pouvant être divisé sans être détruit (selon l'étymologie *individuus* « indivisible »). Au sens philosophique, c'est un être humain indépendant et autonome, ayant des intérêts et des droits éventuellement en opposition avec ceux de la société ou de l'espèce. Pour **Spinoza**, le droit naturel de l'homme est inaliénable : son âme ne peut appartenir entièrement à un autre et il doit pouvoir penser et s'exprimer librement. Au début du chapitre XVI, le philosophe note que nous ne pouvons renoncer à notre nature, à l'image du poisson fait pour nager. C'est le personnage d'Ellen qui illustre le mieux cette idée dans le roman de **Wharton** : elle a beau vouloir se conformer à la communauté new-yorkaise, elle ne peut aller contre sa nature indépendante. Elle restera singulière et libre, n'étant pas faite sur le même « moule » que les membres de sa famille (chap. XVII). De son côté, Newland Archer comprend qu'« Ellen Olenska n'était pas comme les autres femmes, ni lui comme les autres hommes : ils ne relevaient que de leur propre jugement » (chap. XXXI). Il aspire de plus en plus à la liberté et à « la vraie vie ». Le personnage prend conscience de soi et de ses désirs, s'affirmant en tant que sujet. **Spinoza** s'appuie sur le concept du *conatus* pour expliquer que chaque individu a « un droit souverain de persévérer dans son état » (XVI, 2), que ce soit sous l'impulsion de la raison ou de « l'appétit ». L'homme considère comme ennemi celui qui va à l'encontre de son droit naturel. Ce processus d'individuation et le refus de l'aliénation provoquent nécessairement des conflits qui affectent autant l'individu que la communauté.

3. Les tensions ou « Le monde comme il ne va pas »

Dans nos œuvres, on voit se creuser le fossé entre les penchants naturels de l'individu et les exigences de la vie en communauté. Celle-ci s'irrite et s'acharne contre « le bipède » qui cherche à s'émanciper. Ainsi, les Danaïdes rebelles sont-elles entraînées « comme [des] araignées » par des « centipèdes » : les violents fils d'Egyptos. Dans les tragédies d'**Eschyle**, le personnage qui dépasse son droit doit en payer le prix. C'est le cas de Polynice dans *Les Sept contre Thèbes* : il veut sacrifier Thèbes à ses ambitions. Après le meurtre de son frère, il sera vu comme un traître et subira la malédiction familiale et divine. L'individu qui transgresse la norme ou refuse de se fondre dans le groupe s'attire les foudres du « centipède » qui l'isole ou l'exclut : quand Ellen décide de divorcer, la rupture avec son clan est consommée. Le divorce est pourtant accepté par la juridiction américaine, mais la morale sociale le réprouve. Le dîner d'adieu est comparé à un sacrifice : c'est « le dernier ralliement du clan autour du membre qui allait en être retranché » (289). Sous la porcelaine et la dentelle se révèle la férocité de la famille. **Edith Wharton** montre que « la société de New York [est] une redoutable machine » qui peut broyer les individus (chap. IX). De son côté, **Spinoza** a été maudit et excommunié par sa communauté juive à cause de ses « opinions dissidentes » (XX, 3). Pour lui, c'est l'organisation de la cité qui détermine les comportements humains. Plus les lois sont contraignantes, et plus fort est le risque de « défection à la Loi ». Tel fut le cas des Hébreux soumis aux dures lois des Lévites : ils ont fini par abandonner leur culte et leur État est tombé en ruines. Leur insoumission n'est pas due à la Nature, mais doit être imputée à « quelque vice des lois ou des mœurs reçues » (XVII, 26). Le philosophe veut montrer par-là que si les affaires religieuses tombent entre les mains de quelques « fâcheux théologiens », la piété et la paix de l'État seront menacées.

La cohésion du groupe est donc remise en cause par la souveraineté irréductible de l'individu qui se désolidarise des lois trop strictes de son groupe et par les passions qui animent la multitude. Dès lors, comment satisfaire aux droits de l'individu tout en répondant aux exigences de la vie en communauté ?

III. Comment concilier la souveraineté de l'individu et les exigences de la vie en société ?

Une « communauté des individus » est-elle possible ? Quelles sont les solutions esquissées dans nos œuvres pour permettre un équilibre entre les aspirations des individus et la marche collective ?

1. La raison doit l'emporter sur les passions

Spinoza, lecteur de Machiavel, ne se fait pas d'illusions sur la nature humaine : même dans le meilleur des États reposant sur un contrat social, nul ne cessera jamais d'être un homme (XVII, 1). En ce sens, l'homme reste malgré tout un « bipède ». Or pour être libres, les hommes doivent contrôler les passions qui les dominent en considérant ce qui leur est « réellement utile » (XVI, 10). Le dénouement des *Suppliantes* va également dans ce sens : Danaos enjoint ses filles à rester « modestes » pour ne pas provoquer la concupiscence des Argiens. Puis les suivantes donnent aux Danaïdes une « leçon de mesure » : « Rien de trop » (*mêden agan*), que ce soit avec les hommes ou avec les dieux qui châtient l'hybris. Elles tempèrent l'enthousiasme du chœur qui se croit définitivement à l'abri, en lui rappelant avec réalisme et fatalisme que « Ce qu'a fixé le Destin risque fort de s'accomplir » et qu'« après des milliers de femmes avant toi, l'hymen pourrait bien être ton lot fatal ». Mais les Danaïdes refusent de se soumettre aux fils d'Egyptos et se résignent « au moindre mal ». Telle est selon **Spinoza** « la loi universelle de la nature » : l'homme agit dans l'espoir d'une amélioration de sa condition ou par crainte d'une situation pire. De deux maux, il choisira celui qui lui paraîtra le moindre (XVI, 6).

2. La nécessité d'un pacte ou d'un contrat social

Comment tenir compte de l'intérêt collectif sans sacrifier l'individu ? Dans le roman d'**Edith Wharton,** Ellen Olenska demande à Newland Archer d'établir un pacte qui pourra sauvegarder leur amour et leur liberté intérieure : « Nous ne sommes l'un près de l'autre qu'à condition de rester séparés. Alors seulement nous pouvons être nous-mêmes ». La distance permet paradoxalement de préserver leur singularité et leur intégrité sans nuire à la morale sociale. Pour Archer, ce pacte est douloureux, mais il s'y résigne pour protéger ses enfants et éviter le scandale. Il sera un bon époux auprès de May, un bon père, un bon citoyen, mais aura finalement le sentiment d'avoir « manqué la fleur de la vie ». Sur le plan politique, ce sont les questions de l'ordre intérieur et du gouvernement de la cité qui préoccupent **Eschyle**. Dans *Les Suppliantes*, Pélasgos incarne le modèle de roi démocratique : « quel que soit mon pouvoir, je ne saurais rien faire sans le peuple ». Celui-ci vote « à l'unanimité » le décret qui accorde le droit d'asile aux Danaïdes. Ainsi, même si la guerre menace Argos, la justice et la volonté divines de « Zeus hospitalier » sont respectées. Dans cet exemple, les lois civiles et religieuses sont imbriquées. **Spinoza**, lui, propose une réforme des institutions en projetant un idéal de démocratie laïque. Son projet théologico-politique est de démontrer que non seulement la liberté de penser et de s'exprimer ne nuit ni à la piété ni à l'État, mais qu'elle lui est nécessaire pour garantir la concorde et la paix. Pour lui, « la fin de l'État n'est pas de faire passer les hommes de la condition d'êtres raisonnables à celle de bêtes brutes ou d'automates » (cette métaphore fait écho au « centipède »), mais de leur permettre d'user d'une « Raison libre » qui les rendra plus bienveillants et tolérants envers autrui (XX, 6). Il donne en exemple Amsterdam, « république très florissante » où « des hommes de toutes nations et de toutes sectes vivent dans la plus parfaite concorde » (XX, 15). Le contrat social implique donc de faire confiance au souverain pour décider de ce qui est légitime ou non. C'est l'État qui doit régler les « choses sacrées » (*jus circa sacra*) et non des pontifes qui établiraient un « État dans l'État ». La foi doit rester de l'ordre de l'intime et se manifester « dans les œuvres seules », c'est-à-dire dans l'exercice de la charité et de la justice, « suivant le commandement de Dieu » (XIX, 3). Ce commandement universel s'adresse à chacun au sein de la communauté humaine. La philosophie de Spinoza permet donc le maintien de la pluralité dans la vie publique, tout en respectant la Nature.

3. Le monde comme il va

Quel est l'avenir de la communauté dans nos œuvres ? À l'époque d'**Eschyle**, la représentation théâtrale s'inscrit dans une fête rituelle et nationale, un temps de communion et de réflexion. La pièce *Les Sept contre Thèbes* renvoie à l'actualité des guerres civiles. Elle permet également de s'interroger sur les rapports des hommes entre eux et sur leur relation aux dieux (les deux étant indissociables). Dans *Les Suppliantes*, le destin des Danaïdes est laissé en suspens : leur reconnaissance envers les Argiens protecteurs ne risque-t-elle pas de se transformer en dette asservissante ? Danaos sait que leur pureté est menacée : « le tendre fruit mûr n'est pas aisé à protéger ; les bêtes s'y attaquent tout comme les hommes ». Alors que dans *Les Sept contre Thèbes*, le sacrifice était inéluctable pour laver Thèbes de la souillure ancienne de Laïos et d'Œdipe. Etéocle et Polynice, frères ennemis, baignent dans le même sang. Ils n'auront pas de descendance, mais Thèbes est sauvée et les dieux satisfaits cesseront de se venger. En acceptant son destin, Etéocle a permis à Thèbes un nouvel avenir. Dans le roman d'**Edith Wharton**, on observe une évolution : le « temps de l'innocence » est passé, mais la nouvelle génération, plus consciente de ses désirs et plus individualiste, est prête à faire souffler un vent nouveau. Elle bouscule les alliances et les codes du passé, laissant espérer un peu plus de liberté, une autre manière de vivre ensemble et d'évoluer.

Conclusion

L'intérêt de la citation de Chesterton réside donc dans sa polysémie et dans les interrogations qu'elle soulève quant à la conception ou la représentation fictionnelle du lien entre communauté et individu. On ne peut en effet, réduire l'individu à un membre soumis aux lois du groupe et lié à lui par des caractéristiques ou des intérêts communs, ni croire naïvement que l'union fait la force. Cinquante hommes peuvent se muer en « centipède », quand leur norme devient tyrannique et leurs lois étouffantes, comme le montrent les pièces d'**Eschyle** et le roman d'**Edith Wharton**. **Spinoza**, lui, démontre avec la rigueur mathématique qui le caractérise, qu'il est possible de garantir la souveraineté de l'individu sans l'écraser sous le poids des conventions sociales. L'autonomie de l'individu, sa liberté de pensée et d'expression peuvent être respectées si l'État a pour souci le bien commun et pour fin la liberté. Son traité relance notre réflexion sur l'importance de la laïcité, tandis que *Les Suppliantes* nous renvoient à l'accueil réservé aux demandeurs d'asile dans nos démocraties modernes.

« Or la société est toujours puissante et toujours aveugle. Elle produit toujours la guerre, l'esclavage, la superstition, par son mécanisme propre. Et c'est toujours dans l'individu que l'humanité se retrouve, toujours dans la société que la barbarie se retrouve. »

Alain, *Propos du 11 avril 1911*

→ *À la lumière des œuvres au programme que penser de cette réflexion d'Alain ?*

PATRICE BEGNANA

Analyse du sujet

- La citation d'Alain oppose la société et l'individu sous l'angle de la valeur morale, c'est une apologie de l'individualisme, au sens du primat de l'individu sur le collectif. En effet, il réduit la société à un mécanisme, c'est-à-dire à un dispositif purement matériel et qui produit tous les maux dont souffre l'homme. Au contraire l'individu manifeste l'humanité à comprendre comme vertu morale mais aussi peut-être comme essence humaine.

Enjeux du sujet

1. Le premier enjeu est celui de l'opposition possible entre individu et société ou communauté.
2. Le deuxième enjeu est celui de la valeur morale de la société ou communauté par rapport à l'individu.
3. Aussi le troisième enjeu est celui de l'insertion de l'individu dans la société ou communauté.

PROBLÉMATIQUES POSSIBLES

- Si seul l'individu a une valeur morale, quelle marge a-t-il face au mécanisme de la société ?
- L'individu, s'il est un rouage de la société, peut-il être meilleur qu'elle ?
- Inséré dans la société, l'individu peut-il affirmer sa valeur morale de façon autonome.

PLAN

I. **La société est un mécanisme qui est la source des maux humains que l'individu seul peut rejeter**
   1. La société doit être un mécanisme dont les individus sont les rouages
   2. Les individus ont des qualités naturelles indépendantes de la société
   3. Les maux qui frappent les hommes dépendent de la société

II. **L'individu peut combattre les maux de la société pour s'affirmer mais pas nécessairement en manifestant son humanité**
   1. L'individu est relativement indépendant de la société
   2. L'individu par ses actes fait le mécanisme social et s'affirme humain dans la société
   3. L'indépendance apparente de l'individu n'est pas nécessairement une manifestation d'humanité

III. **L'individu est comme la société dans laquelle il se trouve**
   1. L'individu se forme dans une société donnée
   2. La société est responsable des individus qu'elle forme
   3. La diversité des individus est fonction de la diversité des sociétés

Introduction

L'actualité montre un monde de bruits et de fureur. Comment en rendre compte ? Peu de temps avant le premier conflit mondial, on pouvait déjà s'interroger.

Aussi Alain écrivait-il « *Or la société est toujours puissante et toujours aveugle. Elle produit toujours la guerre, l'esclavage, la superstition, par son mécanisme propre. Et c'est toujours dans l'individu que l'humanité se retrouve, toujours dans la société que la barbarie se retrouve.* » Alain, *Propos du 11 avril 1911.*

Alain oppose la société qu'il comprend comme un mécanisme, c'est-à-dire un engrenage de forces qui produisent certains mouvements déterminés aux individus. Ce mécanisme ne produit selon lui que des maux, la guerre, soit l'affrontement violent entre sociétés différentes ; l'esclavage, ce qui signifie que l'individu n'est qu'un rouage soumis ; et la superstition, c'est-à-dire les croyances religieuses qui sont l'objet de pratiques exagérées et qui enserrent l'individu. Mais Alain accorde à l'individu l'unique possibilité de l'humanité, vertu qu'il oppose à la barbarie, vice qu'il accole à la société.

Cependant, pour que l'individu puisse être porteur de la vertu d'humanité, encore faut-il que le mécanisme social lui laisse une marge de manœuvre, voire qu'il ne soit pas que négatif.

Ainsi, on peut se demander quelle est la marge de manœuvre de l'individu par rapport à la société et si elle lui confère une supériorité morale.

En nous appuyant sur les chapitres XVI à XX du *Traité théologico-politique* de **Spinoza**, deux tragédies d'**Eschyle**, *Les Suppliantes* et *Les Sept contre Thèbes*, et un roman d'**Edith Wharton**, *Le Temps de l'innocence*, nous verrons que la société est un mécanisme qui est la source des maux humains que l'individu seul peut rejeter, que l'individu peut combattre les maux de la société pour s'affirmer mais pas nécessairement en manifestant son humanité et enfin que l'individu est comme la société dans laquelle il se trouve.

I. La société est un mécanisme qui est la source des maux humains que l'individu seul peut rejeter

1. La société doit être un mécanisme dont les individus sont les rouages

Toute société exige que les individus interagissent de façon à ce que la société perdure. On peut la penser sur le modèle du pacte comme **Spinoza** (*Traité théologico-politique*, chapitre XVI), le consentement de tous les individus fait alors l'union sociale, que ce consentement soit libre ou contraint. De même, la fidélité à la cité fait la force de Thèbes chez **Eschyle** : Étéocle, le fils d'Œdipe est le roi et doit pour le « *gouvernement de la cité* » tenir « *la barre en main* » (**Eschyle**, *Tragédies*, traduction Mazon, Folio classique, p. 157). Dans le roman de **Wharton**, la société de New York se conserve en fonction de l'adhésion de ses membres à ces façons de faire, adhésion qui se montre dans le rejet de ceux qui en transgressent les règles comme Ellen Olenska ou Beaufort, surtout ce dernier qui viole les règles économiques fondamentales pour la société de New York, c'est-à-dire la bonne société car « une probité sans tache était le "noblesse oblige" du vieux New York des affaires. » (**Edith Wharton**, *Le Temps de l'innocence*, traduction Madeleine Taillandier avec le concours d'Edith Wharton, GF Flammarion, 1985, II, chapitre XXVII, p. 249).

2. Les individus ont des qualités naturelles indépendantes de la société

Un individu n'est pas une argile qu'on modèle comme on veut. Quoique new-yorkaise, Ellen Olenska considérée comme une « *brebis galleuse* » a une indépendance propre. Polynice et Étéocle, quoique frères, ne se comportent pas de la même façon, l'un pour la cité, l'autre pour son pouvoir. L'amour qui domine hommes et femmes, le fait indépendamment de la société selon Danaos, le père des suppliantes (p. 97). Parce qu'ils suivent l'ordre de la nature entière, les individus ont selon **Spinoza**, une essence ou nature singulière qui consiste en ce que « *chaque chose s'efforce de persévérer dans son état autant qu'il est en elle* » (chapitre XVI). Et les affects sont communs pour les hommes qui originairement ne sont pas gouvernés par la raison.

3. Les maux qui frappent les hommes dépendent de la société

Les hommes subissent des maux divers. Les sociétés secrètent des préjugés qui constituent la superstition. Les conflits entre les hommes en découlent ou en sont l'expression. **Spinoza** montre ainsi comment la révélation biblique permet au peuple hébreu de faire la guerre (chapitre XVII). Le religieux justifie la possibilité du conflit chez **Eschyle,** soit parce que le Dieu des suppliants punit ceux qui ne le respectent pas, soit parce que le Dieu, en l'occurrence Apollon dont l'oracle a été transgressé par Laïos est à la source du conflit qui oppose les deux frères issus d'Œdipe et de sa mère : « *l'indocilité de Laïos a prolongé ses effets* » chante le chœur de femmes dans *Les Sept contre Thèbes*.

Néanmoins, si à l'instar d'Alain on peut voir dans le mécanisme social la source des maux humains que l'individu seul peut refuser, reste à saisir comment il peut être porteur de l'humanité et s'il l'est nécessairement.

II. L'individu peut combattre les maux de la société pour s'affirmer mais pas nécessairement son humanité

1. L'individu est relativement indépendant de la société

L'hubris de Polynice lui appartient et son opposition à sa cité montre qu'elle n'est pas la source de son action. S'il affirme quelque chose d'humain, c'est le défaut par excellence des hommes selon les anciens Grecs, défaut que les Dieux punissent, défaut qui est aussi celui des fils d'Egyptos. Si Ellen Olenska cherche sa liberté, on la soupçonne d'adultère (chapitre II), ce qui n'est pas une manifestation positive d'humanité. Et Newland Archer est également prêt à sombrer dans l'adultère qu'il réalise au moins en pensée en lui donnant des rendez-vous. Si la société interdit la liberté d'expression « *les hommes seraient de tel sentiment et en diraient un autre, et par conséquent la bonne foi, de première nécessité dans une république serait corrompue et l'abominable flatterie et la perfidie serait favorisées* » selon **Spinoza** (*Traité théologico-politique*, traduction Dan Arbib, chapitre XX) ; autrement dit, ces derniers se révèlent avec un défaut moral. Leur opposition à la société n'est donc pas une affirmation d'humanité, même si c'est bien l'organisation de la société qui est fautive.

2. L'individu par ses actes fait le mécanisme social et s'affirme humain dans la société

La société de New York change et la nouvelle génération que décrit le dernier chapitre du roman de **Wharton** montre ainsi le rôle des individus dans la société. Le conformisme de leurs pères n'était pas inéluctable. Ce sont eux qui constituent la société selon **Spinoza** en constituant un pacte variable selon les régimes politiques (chapitre XVI) le plus naturel, de sorte que la démocratie est le régime naturel. Les citoyens d'Argos se montrent pieux en acceptant les suppliantes, les Danaïdes. C'est « *d'une voix unanime* » (p. 80), comme le dit Danaos, que les Argiens se sont prononcés. Autrement dit les individus concourent par leurs actes au mécanisme social.

3. L'indépendance apparente de l'individu n'est pas nécessairement une manifestation d'humanité

La générosité d'Étéocle qui se sacrifie pour sa cité est ambiguë puisque ce sacrifice est aussi une conséquence de la malédiction de son père. **Spinoza** de son côté montre que « *la fin de la république, c'est en vérité la liberté* » et que c'est l'individu qui ne doit pas introduire la ruse ou la colère (chapitre xx). Même dans une société prétendument avancée, une sorte de régression est possible : « *ce "qui se fait" ou "ne se fait pas" jouait un rôle aussi important dans la vie de Newland Archer que les terreurs superstitieuses dans les destinées de ses aïeux, des milliers d'années auparavant.* » (chapitre I, p. 22) « la comparaison de la narratrice montre que le conformisme auquel se prête Newland Archer manifeste une humanité dégradée, voire archaïque. »

Toutefois, si l'on peut contester le propos d'Alain sur le primat d'un individu porteur de l'humanité, reste à se demander si l'individu n'est pas finalement tel que la société à laquelle il adhère.

III. L'individu est comme la société à laquelle il adhère

1. L'individu se forme dans une société donnée

La différence entre Rivière, le secrétaire français du mari d'Ellen et son possible amant et Newland Archer vient des sociétés différentes qui les ont formés et auxquelles ils ont adhéré. Aussi la diversité des constitutions fait la diversité des individus selon **Spinoza** reprenant une vieille tradition qui remonte à *La République* de Platon. Inversement, les Danaïdes montrent leur origine commune avec les Argiens par les rites qu'elles connaissent. L'identité de l'individu est constituée par son insertion sociale

2. La société est responsable des individus qu'elle forme

Spinoza montre que c'est la constitution de l'État qui rend les hommes comme ils sont, l'amour de la patrie des Hébreux leur vient de la constitution de leur État (chapitre XVII) et non de leur nature qui est la même en tant qu'homme. Les individus ne peuvent donc être absolument autres que leur société. Et les maux résultent de leur nature mais aussi de l'ordre commun de la nature dont les sociétés sont une partie. Si les deux fils d'Œdipe s'affrontent, c'est aussi parce qu'ils sont le fruit de la transgression de Laïos d'abord, d'Œdipe ensuite. Et la place de chacun des fils pourrait s'intervertir. Ainsi le conformisme qui règne dans la société de New York ne laisse la place qu'au conformisme ou à son refus au moins apparent.

3. La diversité des individus est fonction de la diversité des sociétés

Le chœur tragique illustre l'identité collective dans la cité antique et les héros expriment les individualités qui s'en détachent pour le meilleur ou le pire. Ce sont des individualités qui expriment la cité, ce qu'elle permet ou non. Les suivantes expriment une bonne collectivité, celle d'Argos dont le peuple unanime, protège les filles de Danaos (p. 93). De même, la société de New York a ses codes et les individus existent par rapport à eux. Aussi, la société selon Spinoza, en libérant de la crainte permet aux individus d'atteindre la raison et d'exprimer le plus haut potentiel de l'humanité.

Conclusion

La réflexion d'Alain « *Or la société est toujours puissante et toujours aveugle. Elle produit toujours la guerre, l'esclavage, la superstition, par son mécanisme propre. Et c'est toujours dans l'individu que l'humanité se retrouve, toujours dans la société que la barbarie se retrouve.* » extraite de son *Propos du 11 avril 1911* amenait à se demander quelle est la marge de manœuvre de l'individu par rapport à la société et si elle lui confère une supériorité morale. Le mécanisme social est apparu comme laissant une marge à l'individu qui peut le rejeter parce que son adhésion est requise pour qu'il puisse être. Dès lors, l'humanité n'est pas fonction du seul individu, mais aussi de la forme de la société.

Comment doit donc être la société pour que l'individu puisse exprimer le meilleur de l'humanité ?

Dans son *Traité de la nature humaine* (1740) le philosophe David Hume déclare que « Quand des personnes se soumettent à l'autorité d'autres personnes, c'est pour se procurer une certaine garantie contre la malfaisance et l'injustice des hommes, qui sont perpétuellement poussés à violer toutes les lois de la société par leurs passions indisciplinées et leur intérêt immédiat et présent ».

➥ *Si l'on prend appui sur les trois œuvres au programme, cette observation relative aux relations entre l'individu et les autorités de la communauté à laquelle il appartient vous semble-t-elle juste ?*

MICHEL DELATTRE

Analyse du sujet

- Hume explique que si des individus se soumettent à l'autorité d'autres humains, c'est pour garantir le respect d'une autorité plus fondamentale : celle des « lois de la société ». La souveraineté politique est selon lui nécessaire, parce que sans elle, les hommes, aveuglés par leurs désirs immédiats, n'accorderaient pas la priorité aux lois dont la légitimité et l'intérêt ne leur sembleraient pas évidents – et donc ils violeraient ces lois.

Enjeux du sujet

Le sujet invite, en prenant appui sur les trois œuvres, à interroger la justesse de l'affirmation de Hume en interrogeant les raisons pour lesquelles un individu se soumet à une autorité, voire à se demander à quelles conditions l'exercice de cette autorité est juste.

PROBLÉMATIQUE

- Dans les deux œuvres d'**Eschyle**, on assiste à un conflit entre la règle à laquelle les individus doivent se soumettre au nom de la coutume, de la justice ou de l'intérêt de la Cité, et les aspirations ou les attachements privés de ces individus. Dans *Le Temps de l'innocence*, **Edith Wharton** illustre le conflit intérieur dans lequel se trouve pris le personnage central, entre un sentiment amoureux authentique et le devoir de respecter les règles matrimoniales de son milieu. Le *Traité théologico-politique* de **Spinoza** étudie les diverses voies que peut prendre la soumission de l'individu à la loi. La confrontation entre ces œuvres conduit à se demander si ce qui prend la forme d'une autorité à laquelle il faudrait se soumettre est toujours légitime.

PLAN

I. L'insociable sociabilité

1. Les relations humaines : un socle conflictuel latent ?
2. La régulation par la loi et la politique
3. Les autorités auxiliaires

II. La légitimité du pouvoir

1. La souveraineté
2. Le périmètre de l'autorité
3. Le domaine privé

III. Le droit de résister ?

1. L'illégalité de la sédition
2. Le prix des compromis
3. La révolte

Introduction

« Deux tendances, l'une visant au bonheur personnel, l'autre à l'union avec d'autres humains doivent se combattre en chaque individu ». Ce que Freud, dans son essai, *Malaise dans la civilisation*, présente comme un conflit interne entre l'intérêt individuel et les exigences liées à l'appartenance à une communauté doit nécessairement trouver une forme de résolution. On n'y parvient jamais, selon lui, sans une certaine dose de souffrance, ou au moins de renoncement, qu'il faut alors apprendre à gérer. La lecture comparée de tragédies antiques telles que *Les Suppliantes* ou *Les Sept contre Thèbes*, d'**Eschyle**, et du roman *Le Temps de l'innocence* d'**Edith Wharton**, qu'on peut interpréter comme un drame existentiel contemporain, permet à bien des égards de l'illustrer. Ce conflit latent entre individu et communauté est aussi évidemment un sujet de préoccupation récurrent de la philosophie politique et nous verrons que le *Traité théologico-politique* de **Spinoza**, par exemple, aide non seulement à analyser les formes qu'il peut prendre, mais aussi à chercher des moyens de le résoudre.

Un individu ne peut satisfaire seul ses aspirations personnelles, ce qui explique qu'il reconnaisse la nécessité de s'associer avec d'autres humains. Cela passe nécessairement par l'acceptation de règles communes dont l'objet est d'éviter les antagonismes que pourrait générer la divergence des intérêts individuels. Et à son tour, un pouvoir est nécessaire pour imposer le respect de ces règles.

Nous nous interrogerons sur les conditions de légitimité de l'exercice de ce pouvoir. Qu'en attend-on ? Que peut-il exiger de nous ? Dans quelle mesure est-il parfois possible de lui résister ?

I. L'insociable sociabilité

1. Les relations humaines : un socle conflictuel latent ?

Dans l'exposé de sa philosophie politique, **Spinoza** reprend le modèle théorique des « contractualistes » qui consiste à se demander comment vivraient les hommes en l'absence de société, sans avoir passé aucune convention avec les autres. On comprend alors que la condition des individus ne serait pas viable. Dans un tel état, s'il avait existé, mon droit serait ma force (façon de dire qu'il n'y aurait pas vraiment de droit). Tous, forts ou faibles, sages ou insensés, auraient le même droit de satisfaire toute aspiration et toute passion, dès lors que ce serait possible. Cet état serait évidemment invivable, ce qui explique le passage à un état civil dans lequel l'individu se dessaisit de ce « droit naturel » au profit d'une souveraineté (de préférence démocratique) à laquelle il se déclare désormais obligé d'obéir et qui disposera de l'exclusivité de la définition les lois. Le modèle contractualiste montre ainsi comment le pacte social est le moyen trouvé par les humains pour que les individus, en se soumettant à des règles communes, échappent aux risques d'une conflictualité permanente.

À supposer que la paix intérieure soit ainsi assurée, cela ne met pas la société constituée à l'abri d'un autre type de conflit, comme l'illustrent et *Les Suppliantes* et *Les Sept contre Thèbes* : la guerre, situation extrême qui, plus que toute autre, exige, par le jeu d'un autre effet de l'autorité du souverain, le sacrifice de l'individu à la cause commune.

2. La régulation par la loi et la politique

Mais, même dans l'état civil tel qu'il est imaginé par **Spinoza**, le risque existe toujours que les individus acceptent l'autorité de la loi commune pour les autres, mais soient tentés pour ce qui les concerne de s'en exempter, ce que Kant qualifiera d'« insociable sociabilité ». C'est pourquoi la loi, même reconnue, serait sans efficacité si un pouvoir supérieur à chaque individu n'en garantissait pas le respect.

Cette façon de le fonder a pour effet de montrer que la légitimité du pouvoir repose sur l'intérêt de ceux sur qui il s'exerce. Ce qu'illustrent déjà les œuvres d'**Eschyle** : le roi d'Argos ne prend de décision qu'après avoir reçu l'assentiment du peuple qu'il gouverne

(« Pour moi, je ne puis faire de promesses avant d'en avoir référé à tous les Argiens ») ; Étéocle, dans le cadre du conflit dans lequel est engagée Thèbes, est parfaitement conscient du fait que « lorsqu'on tient le gouvernail de la Cité [...] si un malheur arrive, seul Étéocle sera décrié dans toute la ville par tous les citoyens. »

3. Les autorités auxiliaires

Comme le reconnaît **Spinoza** : « Tous les hommes peuvent obéir, mais il y en a bien peu, si vous les comparez à tout le genre humain, qui acquièrent la vertu en ne suivant que la direction de la raison, à ce point que, sans le témoignage de l'Écriture, nous douterions presque du salut de tout le genre humain. ». La médiation de la croyance religieuse lui apparaît donc comme une nécessité politique. Cette nécessité était à ses yeux indispensable durant les temps bibliques, époque « archaïque » où les peuples encore puérils ne sont sensibles à la loi que par la voie de la crédulité. Mais elle reste présente au temps de **Spinoza**, pour tous ceux qui n'accèdent pas à la sagesse. Comme le dira Goethe (*Les Xénies apprivoisées*, IX) : « Celui qui possède la science et les arts/possède aussi la religion/Celui qui ne les possède pas tous deux/Puisse-t-il avoir la religion ».

La coutume et les mœurs également, comme le manifeste le roman d'**Edith Wharton**, en définissant tacitement « ce qui se fait et ce qui ne se fait pas » sont, par la pression du groupe et non sans ambiguïté, un auxiliaire efficace du maintien de l'ordre social.

II. La légitimité du pouvoir

1. La souveraineté

Telle que la pense **Spinoza**, l'autorité du Souverain, dès lors qu'elle s'exerce sur des bases légitimes, condition évidemment impérative, doit être une autorité absolue. Selon le modèle contractualiste, cela s'exprime par le fait que les individus doivent renoncer à tous leurs droits naturels au profit de leurs droits civils : s'ils en conservaient ne serait-ce qu'un seul, il leur serait toujours possible de se réclamer de ce droit pour contester les décisions du souverain.

2. Le périmètre de l'autorité

Ce caractère absolu de la souveraineté ne signifie évidemment pas que le pouvoir ne rencontre aucune limite. Par exemple, les Hébreux connaissaient une forme de séparation des pouvoirs, les Patriarches énonçant la loi, mais étant mis en situation de n'avoir aucun intérêt privé à défendre et n'ayant aucun pouvoir de la faire appliquer, qui revenait aux rois, qui eux étaient sans possibilité d'énoncer des lois. Plus fondamentalement, selon **Spinoza**, le souverain est forcément contraint de s'autolimiter, car s'il n'assure pas la paix et la sécurité qui légitime son existence, il s'expose, comme on le verra, à être renversé. De la même manière, chez **Eschyle**, on a vu que le roi est toujours exposé à être récusé par son peuple.

3. Le domaine privé

La question des autorités religieuses ne pouvait pas ne pas se poser à l'époque de **Spinoza**, *a fortiori* alors que l'athéisme était exclu.

La religion, illustrée par le témoignage des Écritures, mais aussi chez **Eschyle,** par le rapport des citoyens grecs à leurs dieux tutélaires, a longtemps été le vecteur, parfois exclusif, de la transmission de la loi commune. Du fait de la pluralité des cultes et des croyances, il ne peut plus en être de même au XVIIe siècle. Cependant, qu'il s'agisse d'une théocratie ou d'une démocratie, l'objectif de l'association politique est le même : la paix publique, l'amour du prochain et la charité. Aussi faut-il absolument éviter que le sectarisme religieux, qui prend trop souvent la forme de la superstition et du fanatisme, ne devienne un ferment de discorde sociale, voire de haine entre les citoyens. C'est la raison pour laquelle, étant entendu que toute religion authentique enseigne l'amour de ses concitoyens, la pratique des cultes extérieurs doit être soumise, en dernière instance, au pouvoir politique : « Personne ne peut réellement obéir à Dieu qu'en accommodant le culte de la piété, obligatoire pour tous, à l'utilité publique, conséquemment, qu'en obéissant à tous les décrets du souverain ». Cela ne signifie pas que le souverain régulera les cultes dans le moindre détail, mais qu'il le fera autant que nécessaire pour garantir la paix civile. En revanche, pour ce qui concerne la foi intérieure, c'est-à-dire la façon dont chacun, à l'échelle de sa conscience, se rapporte à Dieu, le souverain n'a strictement aucune autorité, et du reste il n'aurait pas les moyens de l'exercer. **Spinoza** concilie ainsi la liberté de croyance avec la régulation des cultes.

Il existe également une forme de régulation des relations sociales qu'on pourrait appeler « la loi du milieu ». Le roman d'**Edith Wharton** en est l'illustration – à tel point que les conventions partagées par un même groupe social peuvent parfois être plus efficaces que l'autorité des lois. Par exemple, au sein de la bourgeoisie de New York : « Notre législation favorise le divorce… Nos habitudes sociales ne l'admettent pas ». Cela pose la difficile question de savoir où se situe la frontière entre l'espace public et l'espace privé, si on ne veut pas miner de l'intérieur le pacte républicain. S'en pose alors une autre : celle des leviers dont disposent les individus lorsque les règles de la communauté ne sont pas conformes à leur finalité.

III. Le droit de résister

1. L'illégalité de la sédition

Idéalement, selon **Spinoza**, même lorsqu'il a le sentiment du contraire, un citoyen qui obéit au souverain obéit fondamentalement à sa raison, car il est rationnel qu'il veuille échapper à l'insécurité qui suivrait d'une absence d'État, donc d'autorité politique. Cela ne lui interdit pas de contester des lois et de chercher à convaincre qu'il faut, le cas échéant, les modifier. Mais tant qu'elles sont la loi cela lui interdit de chercher à les renverser par la sédition ou de leur désobéir. À cette condition, la liberté de penser, de s'exprimer, d'enseigner et même de contester devient selon **Spinoza** une garantie de la fidélité à l'État et de sa solidité. En revanche, là encore, la répression de ces libertés le met en danger, car elle incite à la duplicité et tôt ou tard elle suscitera un esprit de révolte. Cela ne signifie pas qu'il y ait un droit à la révolte, qui serait une contradiction dans les termes : le droit est fait pour éviter une situation comparable à l'état de nature. C'est pourquoi : « Ces exemples [la succession de tyrannies qui suivit la chute de la République romaine ; les révolutions anglaises au XVIIe siècle] confirment [...] qu'il faut toujours conserver la forme de gouvernement existante, et qu'on ne saurait la changer sans courir le danger d'une ruine complète ».

2. Le prix des compromis

L'individu n'est donc en aucune manière le souverain de la communauté à laquelle il appartient, fût-il d'ailleurs le prince, qui comme on le voit aussi bien chez **Eschyle** que chez **Spinoza**, ne tient son pouvoir que de l'existence, au-dessus de lui, des lois ou des règles de justice, et d'un assentiment populaire au moins tacite. Sans doute, comme l'affirme Freud, cela ne se fait pas sans compromis, sans renoncement et sans souffrance. Même à l'échelle de la vie privée, on voit bien comment l'existence tout entière de Newland Archer, dans le roman d'**Edith Wharton**, est pour le moins oblitérée par sa soumission aux normes mondaines de son milieu social, au prix d'une vie matrimoniale hantée par le mensonge, la manipulation et l'hypocrisie. Avec pour seule issue la fuite dans l'imaginaire : « lorsqu'il se souvenait de Madame Olenska, c'était d'une façon irréelle, avec sérénité, comme on penserait à une bien-aimée imaginaire découverte dans un livre ou un tableau. »

3. La révolte

Mais les citoyens ne se sont pas dessaisis de leurs droits « naturels » pour se trouver à nouveau, dans l'état civil, dans une situation de crainte qui serait cette fois liée à un exercice arbitraire du pouvoir.

On l'a vu avec **Spinoza**, l'obligation civique ne tient, sinon en droit du moins en fait, que dans la mesure où chaque membre de la communauté ainsi constituée y gagne bien la paix et la sécurité à laquelle il aspire. Un souverain qui ne satisferait pas à cette exigence fondamentale s'expose à être renversé, parce que, comme l'histoire l'a démontré, un peuple qui ne trouve vraiment pas son compte dans le respect des lois peut se résoudre à subir les affres de la guerre civile dans l'espoir d'un ordre politique plus légitime. Du reste, au sein même d'une société, si une partie se sent structurellement condamnée, comme c'est le cas des femmes dans *Les Suppliantes*, on peut également s'attendre à ce qu'elle se révolte – à moins que, comme dans *Le Temps de l'innocence*, l'autorité des mœurs se superpose avec une grande efficacité à celle de la loi pour « discipliner les passions »…

Conclusion

L'individu se soumet donc bien à l'autorité d'un pouvoir qui s'exerce sur l'ensemble de la communauté, parce qu'il en attend une satisfaction supérieure à ce qu'il subirait en l'absence de ce pouvoir. La vie commune passe par des règles communes, qu'il s'agisse de lois impératives ou d'une civilité qui, bien que ne relevant pas du droit, pèse parfois aussi lourdement sur l'individu. Cela passe par des compromis. Pour autant, l'individu conserve un certain nombre de droits inaliénables, qui peuvent le conduire à s'insurger, mais dont la définition demeure très problématique.

« Je suis citoyen du monde »

Diogène de Sinope

➥ *Vous évaluerez la pertinence de cette affirmation à la lumière du thème et des œuvres au programme.*

JULIE REYNAUD

QUESTION

▶ Se dire cosmopolite, citoyen du monde, est-il l'expression individuelle du refus ou du désir d'appartenir à une communauté politique ?

Analyse du sujet

- Diogène de Sinope, (c. 412-324), comme on lui demandait d'où il était, répondit : « je suis citoyen du monde » [kosmopolitès eimi] selon le témoignage rapporté par le doxographe Diogène Laërce dans *Vies et doctrines des philosophes illustres*, VII, 86. En effet, à la question : d'où viens-tu ? il est tentant de répondre en se référant à la communauté, à la cité qui nous a vu naître. Demander à quelqu'un d'où il vient, c'est également présupposer qu'il est étranger, qu'il n'est pas d'« ici », mais d'ailleurs. Et c'est le cas : Diogène n'est pas Athénien, il est originaire de Sinope, une ville située au bord de la mer Noire. Or, en ne répondant pas « je suis de la cité de Sinope », Diogène refuse de se définir par sa provenance, son inscription sociale arbitraire. Il se dit « apolis », sans cité, « aoikos » sans maison, ce qui semble faire du philosophe un errant permanent, un individu, sans liens, sans communautés (ni famille, ni cité) auxquelles se rattacher. Diogène se dit en outre « kosmopolitès » néologisme construit à partir de deux mots grecs : cosmos (le monde) et politès (le citoyen). Être citoyen désigne d'abord l'appartenance à une communauté politique, qui partage les mêmes valeurs, règles, lois. Le cosmopolitisme renvoie à une idée assez paradoxale car cosmos et polis n'appartiennent ni à la même échelle, ni au même ordre de réalité (l'un naturel, l'autre culturel). Le cosmos nous renvoie à la nature, au règne naturel, à la physique, alors que la « polis » est le fruit d'institutions culturelles, de conventions humaines.

Enjeux du sujet

À quoi bon s'affirmer « citoyen du monde » si les États nationaux sont toujours nombreux, dressent toujours plus de frontières entre eux, érigent des murs pour empêcher les flux de migrants ? Cette citoyenneté est-elle destinée à demeurer symbolique, un horizon en soi inaccessible, une utopie ? Est-elle la finalité même, le but ultime de la politique, ou sa fin, son annulation ?

PROBLÉMATIQUES POSSIBLES

- Être cosmopolite, est-ce refuser la citoyenneté classique, l'appartenance à une communauté déterminée pensée comme trop étroite, ou refuser l'idée même de citoyenneté, les seules lois auxquelles obéir étant celles de la nature, du cosmos ?

PLAN

Il existe, au-delà des lois positives variables, relatives des communautés forgées artificiellement par les hommes, des lois universelles et nécessaires, une communauté naturelle que préfère celui qui affirme « je suis citoyen du monde ». Pourtant, un individu humain peut-il réellement se construire sans s'inscrire dans un espace et une culture déterminés ? L'attachement à la « mère-patrie » est-il incompatible avec un cosmopolitisme ?

PLAN DÉTAILLÉ

I. Il existe, au-delà des lois positives variables, relatives des communautés forgées artificiellement par les hommes, des lois universelles et nécessaires, une communauté naturelle que préfère celui qui affirme « je suis citoyen du monde »

1. Les lois humaines sont variables et relatives. Les lois de la nature sont universelles et nécessaires
2. L'obéissance aux lois positives ne doit pas prendre le pas sur le respect des droits naturels
3. L'affirmation « je suis citoyen du monde » risque-t-elle de ruiner la citoyenneté classique ?

II. Pourtant, un individu humain peut-il réellement se construire sans s'inscrire dans un espace et une culture déterminés ?

1. L'individu qui n'appartient pas à une communauté déterminée existe-t-il seulement ?
2. L'individu qui n'appartient pas à une communauté déterminée n'est-il qu'un idiot ?
3. Être citoyen d'une cité particulière, d'un État, d'une communauté historique revient-il à se sentir étranger dans et pour le reste du monde ?

III. L'attachement à la « mère-patrie » est-il incompatible avec un cosmopolitisme ?

1. Peut-on appartenir à deux Républiques en même temps ?
2. Le cosmopolitisme défend droit d'asile et devoir d'hospitalité
3. Éviter les guerres entre peuples est l'une des finalités des partisans du cosmopolitisme

Dissertation

I. Il existe, au-delà des lois positives variables, relatives des communautés forgées artificiellement par les hommes, des lois universelles et nécessaires, une communauté naturelle que préfère celui qui affirme « je suis citoyen du monde »

1. Les lois humaines sont variables et relatives. Les lois de la nature sont universelles et nécessaires. « La nature », explique Spinoza (TTP, XVII), « ne crée pas de nations mais des individus, qui ne se distinguent pas en nations, sinon par la diversité de la langue, des lois et des mœurs admises », la nature est une et partout la même, subordonnée à des « lois qui embrassent l'ordre éternel de tout le monde » (TTP, XVI). Est cosmopolite, au sens sceptique, celui qui rejette toute forme d'autorité autre que la nature, qui considère contre-nature les lois qui sont le fruit d'institutions et de conventions humaines. Diogène oppose Physis et Nomos, la loi de nature, universelle et seule légitime, et les lois des sociétés humaines, relatives, donc sans légitimité. Dans Les Suppliantes d'**Eschyle**, le communautarisme religieux des enfants d'Égyptos s'oppose à celui des Argiens « les dieux du Nil sont les dieux que j'adore ». La foi en ces divinités « ethniques » fait des Égyptiens des impies, qui ne respecteront pas les divinités grecques : « Ah ! » se lamente le Coryphée « ce ne sont pas ces tridents, ces majestés divines, dont la crainte retiendra leurs mains loin de nous, ô père ». Ce relativisme des lois contredit l'idée même du cosmopolitisme. Diogène, exilé volontaire de la cité de Sinope, est partout « chez lui ». L'exil affiché signe la liberté. La cité enferme et aliène comme le suggère **Wharton** en décrivant le Gotha enserré dans des petits gestes conventionnels à respecter impérativement, codes absurdes pour qui n'appartient pas au microcosme new-yorkais. Le macrocosme est l'habitat du cynique. Par provocation, Diogène n'a-t-il pas réduit son espace vital aux limites d'un tonneau, d'une amphore ? Amphore qui fait écho à la modeste maison de la vagabonde (et cynique) Medora, devenue celle d'Ellen Olenska, dans un « bizarre quartier » de la Vingt-Troisième Rue (chap. IX).

2. L'obéissance aux lois positives ne doit pas prendre le pas sur le respect des droits naturels. Diogène considère que la cité fait de nous des pantins avec des désirs factices, des besoins artificiels, idée qui apparaît dans les attentes mondaines de réputation, de manifestation de sa richesse dans le roman de **Wharton** « toutes les dames étaient parées de leurs plus beaux bijoux » (chap. VIII). « Cynos » (chien), terme qui donne cynique, Diogène l'est par choix, parce que le chien aboie, conteste. On peut être né quelque part et vouloir toucher à un universel, aboyer contre les mœurs et lois relatives, donc injustes. Affirmer qu'il existe des droits naturels (sécurité, liberté, dignité…) peut être le moyen de fonder la politique sur des bases plus justes. Les droits naturels, contrairement aux droits positifs, sont inaliénables. Les Danaïdes menacées de viol dans la pièce d'**Eschyle** demandent qu'on respecte leur liberté, qu'on assure leur sécurité, qu'on préserve leur dignité, bref qu'on respecte ce que **Spinoza** appelle

« droits naturels ». « Chaque individu a le droit absolu de se conserver » et « il n'est personne qui ne désire vivre en sécurité et à l'abri de la crainte » (TTP, XVI). « Ces femmes, tu les emmèneras, si elles y consentent de bon cœur » prévient le Roi dans la pièce *Les Suppliantes* d'**Eschyle**, défendant la liberté et le consentement inaliénables des femmes. Les femmes de Thèbes ont peur de perdre leurs droits naturels, en étant réduites en esclavage : « Divinités de Thèbes, accourez toutes : contemplez une troupe suppliante de vierges qu'épouvante l'esclavage. » Newland Archer défend au chapitre v du roman de **Wharton**, la dignité et la liberté d'Ellen, qui a demandé le divorce d'avec son « butor de mari, qui la tenait, pour ainsi dire, prisonnière. »

3. L'affirmation « je suis citoyen du monde » risque-t-elle, cependant, de ruiner la citoyenneté classique ? Le cosmopolite est errant, voyageur, franchit des frontières, passe d'une cité à l'autre, ne respecte pas des lois sans fondement et scandalise. Diogène se sent pris dans le tout (le monde), plutôt que dans la partie (la cité). Individu à distance de la cité, le citoyen du monde est capable d'en évaluer les travers, de la critiquer, et, indirectement, de prôner des valeurs plus universelles qu'ethnocentrées, ce qui affecte l'autorité des cités. Dans *Les Sept contre Thèbes* d'**Eschyle,** le Chœur semble plus accorder sa foi aux divinités qu'aux hommes. À la façon d'une Antigone opposant la loi des hommes (variable et imparfaite) à la loi des dieux, le Chœur met son « espoir dans le Ciel ». À l'opposé, Etéocle croit davantage au pouvoir d'action des hommes « Que nos remparts repoussent l'armée ennemie » et s'en prend violemment au Chœur dont les lamentations, estime-t-il, risquent de décourager les soldats. Ellen Olenska est décrite par **Wharton** comme une personne peu conventionnelle, naturelle et libre « Olenska avait plus de vraie simplicité que la plupart des femmes présentes ». Puissante et spontanée, elle fait peur au Gotha new-yorkais si attaché à l'étiquette, le scandalise : « elle alla s'asseoir près de Newland. L'étiquette à New York voulait qu'une dame attendît, immobile comme une idole » (chap. VIII).

Transition : Ce respect des seuls droits naturels ne produit-il pas un citoyen désincarné ? Peut-on vraiment vivre comme Diogène et n'appartenir à aucune cité particulière ? Le cosmopolitisme ne constitue-t-il pas l'abîme du politique ? Un idéal abstrait ? Une fiction de philosophes ?

II. Un individu humain peut-il réellement se construire sans s'inscrire dans un espace et une culture déterminés ?

1. L'individu qui n'appartient pas à une communauté déterminée existe-t-il seulement ? L'ethnologue Claude Levi-Strauss rappelle combien l'humanité, telle qu'elle apparaît dans les déclarations des droits naturels, est une notion abstraite « les grandes déclarations des droits de l'homme ont, elles aussi, cette force et cette faiblesse d'énoncer un idéal trop souvent oublieux du fait que l'homme ne réalise pas sa nature dans une humanité abstraite, mais dans des cultures traditionnelles » écrit-il dans

Race et Histoire. Etéocle, dans la pièce d'**Eschyle**, est avant tout thébain, attaché à sa patrie, à la cité-mère et ne conçoit pas une citoyenneté sans patriotisme : « Et vous aussi, vous devez tous [...] porter secours à la cité [...] à la Terre maternelle, la plus tendre des nourrices, qui [...] a pris toute la charge de votre nourriture et fait de vous les loyaux citoyens ». Il est logique d'être attaché à la cité qui nous a nourri, à un sol bienveillant qui a fait de ses habitants les êtres qu'ils sont. **Edith Wharton** donne à voir des personnages qui se voient avant toute chose comme des New-Yorkais, qui ont conquis un « droit de cité » à New York (chap. III).

2. L'individu qui n'appartient pas à une communauté déterminée n'est-il qu'un idiot? Le sociologue Norbert Elias, dans *La société des individus*, rappelle combien la notion d'individu telle que nous l'employons est jeune dans l'histoire de la pensée. Pour un Grec, la « polis » a plus de valeur que l'homme indépendant d'elle : le terme grec « idiotes » rend le sens de « personne privée » mais revêt une connotation franchement négative, puisqu'il a donné le mot « idiot ». Diogène est appelé « idiotes », au sens de « fou », « original ». Serait fou ou animal l'homme vivant hors la cité. Dans *Les Suppliantes* d'**Eschyle**, les enfants d'Egyptos, qui poursuivent pour les violer les Danaïdes, sont des barbares non civilisés, donc sans « polis » au sens noble, menés par un « instinct » animal. Appartenir à une cité particulière, Athènes, Sinope, New York, est indispensable à la constitution de l'être humain civilisé. Le cosmopolitisme est seulement alors une attitude mondaine, la fausse affirmation de son ouverture et de sa tolérance, qui cache mal la réalité d'un entre-soi communautaire, rassurant, clos, intolérant. Décontenancé par l'invitation informelle d'Ellen Olenska, Newland incrimine « l'usage dans le monde où elle a vécu » et se réjouit de connaître les usages corrects à New York : « Et, en dépit des goûts cosmopolites dont il se piquait, Newland remercia le ciel d'être citoyen de New York, et sur le point de s'allier à une jeune fille de son espèce » (chap. IV).

3. Être citoyen d'une cité particulière, d'un État, d'une communauté historique revient-il à se sentir étranger dans et pour le reste du monde? Les suppliantes d'**Eschyle** apparaissent d'abord comme des étrangères « d'où vient donc cette troupe à l'accoutrement si peu grec, fastueusement parée de robes et de bandeaux barbares, à qui je parle ici ? » demande le Roi d'Argos. Les Danaïdes risquent en effet de subir le rejet, le racisme. Le père des Danaïdes, Danaos, admet cette différence : « la nature a vêtu différemment nos traits; le Nil et l'Inachos ne nourrissent pas des races pareilles. » Ellen Olenska, dans l'œuvre de **Wharton**, qui a vécu en Europe, à Nice, avec un Polonais, est traitée elle aussi comme une étrangère.

Transition : Ce racisme ou ce mépris des étrangers peut-il trouver à être dépassé dans la défense d'un cosmopolitisme moral?

III. L'attachement à la « mère-patrie » est-il incompatible avec un cosmopolitisme ?

1. Peut-on appartenir à deux Républiques en même temps ? Il n'est pas impossible de se sentir appartenir tout à la fois à la communauté des hommes, soumis aux lois universelles de la nature, et à la communauté historique et sociale du pays dont on respecte les lois et conventions. Le stoïcien Sénèque, dans *De l'Oisiveté*, se représente l'une dans l'autre, comme des cercles d'appartenance toujours plus vastes : l'individu s'inscrit dans une famille, les familles dans un quartier, les quartiers dans une cité, les cités dans le vaste monde : « Embrassons par la pensée deux républiques : l'une est grande et vraiment chose publique ; elle renferme les dieux et les hommes [...], l'autre est la république à laquelle nous attacha le sort de notre naissance ». La société revêt ici un sens indépendant de celui de la communauté politique, Sénèque l'appelle « société du genre humain ». **Spinoza** (TTP, XVI et XX) voit dans la démocratie un régime capable d'établir une société où se maintiendrait « l'inviolabilité du pacte commun, sans blesser aucunement le droit naturel ». Cette société dépasse les normes de conduite purement conventionnelles, les communautés politiques positives, tout en les englobant. Medora, la tante d'Ellen dans *Le Temps de l'innocence* d'**Edith Wharton**, qui l'éduqua après la mort de ses parents, a toujours couru le monde. Elle est « une voyageuse » (chap. VIII), qui revient toujours à New York comme à son port d'attache « La pauvre Medora, après ses déplacements répétés, revenait toujours à New York pour s'y fixer ».

2. Le droit d'asile et le devoir d'hospitalité sont les conditions d'existence d'un cosmopolitisme en accord avec la citoyenneté classique. On peut venir d'ailleurs, être étranger et être reçu dignement partout ailleurs dans le monde. En tant que filles de Zeus et de Io, les Danaïdes formant le Chœur de Suppliantes dans la pièce d'**Eschyle,** ne sont plus des étrangères aux Grecs, méritent d'être bien accueillies. Qu'une protection soit accordée à ces femmes en danger, au nom du « droit d'asile », relève encore de ce que Kant nomme « droit cosmopolitique » : « "nous aurons" confirme Danaos à ses filles, reprenant les mots du peuple argien lui-même « la résidence en ce pays, libres et protégés contre toute reprise par un droit d'asile reconnu ». Lorsque la « bonne société » new-yorkaise dans le roman d'**Edith Wharton** décide d'inviter à des repas mondains la comtesse Olenska, cela a lieu « selon la coutume américaine qui traite les étrangers comme des princes, ou tout au moins comme des ambassadeurs ». New York, ville cosmopolite par excellence, est constituée d'exilés de la vieille Europe, qui ont gardé une éthique de l'accueil, quand bien même leur logique de classe les freine dans ce mouvement d'ouverture à l'autre.

3. La lutte contre les guerres entre les peuples est l'une des finalités des partisans du cosmopolitisme. Kant est célèbre pour avoir envisagé la construction juridique d'un ordre du monde qui reconnaisse la paix comme but politique suprême : il a inspiré la création de la SDN puis de l'ONU, qui cherchent à remplacer la prépondérance de la guerre dans les politiques internationales par la prééminence de l'arbitrage. Les femmes qui forment le chœur des Thébaines dans *Les Sept contre Thèbes* d'**Eschyle** rappellent les maux causés par les guerres et la divinité guerrière Arès. La guerre n'est évitée dans aucune des deux pièces d'**Eschyle**, où tout effort d'arbitrage a échoué. En effet, rappelle **Spinoza**, les hommes obéissent moins à leur raison (les incitant au dialogue, à la paix, à voir qu'ils sont une seule et même humanité) qu'aux passions (qui les opposent et génèrent entre eux des conflits).

Conclusion

Être citoyen du monde n'exclut pas de se sentir appartenir à une communauté plus restreinte, nationale, culturelle. La pièce d'un euro en ses deux faces traduit cette possibilité de se sentir français et européen à la fois, le glocalisme fait la synthèse entre le global et le local. La position stoïcienne sur le sujet du cosmopolitisme rappelle combien est dialectique la relation entre l'individu et le monde.

« L'obéissance à la loi qu'on s'est prescrite est liberté. »

J.-J. Rousseau : *Du contrat social*, livre I, chap. VIII, 1762

➥ *La lecture des œuvres au programme pourrait-elle vérifier cette idée ?*

PASCAL MELMOUX

Analyse du sujet

- Les lois sont une création humaine, potentiellement liberticides (implicite).
- Le respect volontaire des lois est liberté (paradoxe, lié aux termes antithétiques « obéissance » et « liberté »).
- Mais à une condition : lorsqu'on s'est soi-même donné sa loi, ou qu'on a souscrit à la loi commune (limites de la thèse = le caractère volontaire du pacte ; avec la possible réduction de la « loi » à ce qu'un individu s'autorise).

Enjeux du sujet

Réfléchir au paradoxe d'une « liberté » dans les règles ; redéfinir, dans nos œuvres, ce qu'est cette « liberté ».

PROBLÉMATIQUES POSSIBLES

▶ Peut-on trouver la liberté dans la soumission à des règles ? A-t-on vraiment les moyens de se prescrire les lois qui vont nous contraindre ? Les règles qu'on s'impose à soi-même développent-elles notre liberté ?

PLAN

I. La liberté se trouve dans l'acceptation des lois communes

1. On ne peut vivre librement que dans le respect des lois
2. Cela vaut même si plusieurs « lois » sont en concurrence
3. Mais cette décision est-elle toujours volontaire, consciente ?

II. Mais cette obéissance ne profite pas vraiment à la liberté

1. Un paradoxe contestable
2. Peut-on trouver la liberté dans le refus des lois ?
3. Les personnes qui se prescrivent leurs lois sont proscrites

III. Qu'est-ce donc que cette « liberté » qu'on s'imposerait à soi-même ?

1. Une liberté « utile », de simple protection mutuelle
2. La liberté individuelle n'existe alors que dans les interstices de la vie en société
3. Les lois ne s'imposent-elles pas toujours de l'extérieur ?

Introduction

Une longue tradition philosophique dénonce l'esclavage de nos passions : nous ne serions libres qu'en décidant, volontairement, de suivre la raison qui maîtrise nos instincts. La transcription politique de ce paradoxe moral est exprimée par Rousseau, dans son essai *Du contrat social*, qui affirme que : « L'obéissance à la loi qu'on s'est prescrite est liberté. » Il s'agirait alors, grâce à un effort de la volonté, et après décision du libre-arbitre, de se soumettre à des lois communes, non pour brider notre liberté, mais pour qu'elle s'exprime pleinement. Les termes antithétiques « obéissance » et « liberté » posent bien sûr question, mais c'est surtout la conscience ou la possibilité qu'on aurait de se décider à suivre ces règles qu'il faut interroger. Nous nous demanderons ainsi, suite à la lecture des deux tragédies antiques d'**Eschyle**, *Les Sept contre Thèbes* et *Les Suppliantes*, du *Traité théologico-politique* du philosophe **Spinoza**, paru en 1670, et du roman d'**Edith Wharton**, *Le Temps de l'innocence*, publié en 1920, si la liberté se trouve réellement dans la soumission aux règles, puis si cette obéissance n'apporte pas d'autres bénéfices que la liberté, pour tenter enfin de redéfinir ce concept de liberté liée à des contraintes de vie collectives.

I. La liberté se trouve dans l'acceptation volontaire des lois

I, 1. On constate tout d'abord qu'on ne peut vivre librement que dans le respect des règles communes qu'on s'est imposées. **E. Wharton** montre, dans *Le Temps de l'innocence*, que les mœurs du « clan » suivent scrupuleusement des *diktats* impérieux qu'on réaffirme constamment. Lawrence Lefferts est ainsi l'arbitre de l'élégance vestimentaire quand Sillerton Jackson l'est de la bonne morale. Aucune liberté n'existe hors des décrets de « l'implacable divinité du "Bon-Ton" » (chap. XIX). **Spinoza** l'affirme : les hommes établissent par « pacte » l'abandon de tous leurs droits individuels et le transfert de ceux-ci à la « collectivité ». On doit tous une obéissance absolue au souverain (à l'État en « Démocratie ») puisqu'on lui a délégué, volontairement, notre puissance (chap. XVI). Et c'est cela qui garantit notre « liberté » à nous conserver ; sous condition que tous, dans la communauté, respectent cette règle. Il n'y a de liberté qu'avec une égalité parfaite de tous dans la soumission à une autorité supérieure : « La fin de l'État est en réalité la liberté. » (chap. XX). Les « Suppliantes » d'**Eschyle** revendiquent elles aussi d'être accueillies librement sur le sol grec, en échange du respect des lois, et des dieux qu'elles se mettent à honorer dès leur arrivée.

I, 2. On n'est libre que si l'on respecte la loi commune, même si plusieurs « lois » sont en concurrence. On note ce débat dans *Les Sept contre Thèbes* d'**Eschyle** : le Chœur, devant l'imminence de la guerre fratricide, clame sa « terreur » et le risque d'abandon par les dieux. Etéocle, en chef de guerre garant de l'unité de la cité le reprend et affirme : « Heureux-Succès, Sauveur des hommes, est fils de Discipline. » En temps de crise aiguë, il faut suivre le chef, et éviter les discordes entre tenants des lois civiles et soumission, stérile, à la loi divine. Chez **E. Wharton**, Newland, et d'autres membres de la famille, tentent d'excuser les « inconvenances » de la comtesse Olenska en raison de son éducation à l'étranger : S. Jackson parle de son « éducation excentrique », chap. v, Mrs Welland de son « européanisation » problématique au chap. XVI. Mais tous lui reprochent sa présence inconvenante à l'Opéra, sa transgression de « l'étiquette » lors d'un dîner, la fréquentation de J. Beaufort… voire sa visite, dans la voiture de Mrs Mingott, chez Mrs Beaufort. Autant de preuves qu'elle contrevient aux règles locales, elle qui connaît pourtant les usages. **Spinoza** quant à lui prône le respect absolu des lois politiques (jusqu'à approuver la condamnation à mort de qui les enfreint) pour rejeter tout pouvoir religieux : la séparation des pouvoirs qu'il revendique condamne tout pouvoir religieux comme illégitime, fondé sur une envie immorale de puissance (fin du chap. XVII, début du chap. XIX). Le culte doit « pour obéir directement à Dieu, se régler sur la paix de l'État. » (chap. XIX). Pour éviter toute discorde, et assurer la liberté de tous, il faut obéir en tout à la loi civile qu'on s'est prescrite, à l'exclusion de toute autre.

I, 3. Mais cette décision est-elle toujours volontaire, consciente? Cette liberté n'existe d'abord que si le « pacte » est librement consenti, avec une volonté ferme selon **Spinoza**, et s'il est fait sans ruse et « de bonne foi » (chap. XVI). Autant de critères qui peuvent manquer. Newland quant à lui remet régulièrement en question les conventions, acquises par tradition, sans qu'il l'ait explicitement voulu : on le voit surtout après sa rencontre avec Ellen, au chap. XII lorsqu'il conteste l'existence de classes sociales sclérosées jusqu'à affirmer, au chap. XXIX, vouloir « jeter les conventions par-dessus bord ». Newland est tiraillé entre le respect héréditaire des lois, et leur contestation comme liberticides. En parallèle, la comtesse, qui voudrait suivre les lois communes (chap. XII), n'y parvient pas en raison de son ouverture d'esprit autant que du respect borné des règles de convenance de la « tribu ». Elle affirme avoir « horreur d'être différente ! », tout en réclamant « Je veux être libre ! »; mais la réponse de Newland est catégorique : « L'individu, dans ces cas-là, est presque toujours sacrifié à l'intérêt collectif. », sans que cette prise de conscience ne le pousse à l'insurrection.

La soumission à des lois pourrait être bénéfique, si elle était volontaire et déterminée en toute conscience; mais elle semble souvent contribuer à d'autres bénéfices qu'à l'obtention de la liberté.

II. On constate que l'on acquiert, par cette obéissance, plus de paix civile et d'intégration que de réelle liberté

II, 1. Le paradoxe de la liberté individuelle acquise au terme de la soumission aux lois communes est parfois contesté. **Spinoza**, dans le *Traité théologico-politique*, fait mention de nombreuses réfutations : au cœur du chap. XVI, il présente l'objection cruciale de la possibilité de confondre cette « liberté » avec de l'esclavage. Il répond alors que l'obéissance est en effet « esclavage » si le but poursuivi ne vise pas l'« utilité » : il est utile de suivre la Raison, et celle-ci nous oblige au « pacte ». La liberté s'épanouit sous le contrôle de la raison, sans quoi cela serait en effet considéré comme une contrainte. C'est le même débat que **E. Wharton** poursuit quand Newland tente de définir son rapport aux règles sociales : il approuve, comme chacun, « ce qui se fait » et « ce qui ne se fait pas » (*incipit*) ; il admet avec May, lors de sa visite surprise à Saint Augustin (chap. XVI) qu'il veut l'épouser, elle, précisément parce qu'elle correspond à son idéal de classe ; et jusqu'à la fin (chap. XXXIV) il aura été un « bon citoyen » et « un homme de bien », pour avoir en toute liberté choisi d'épouser la femme qui lui convenait même s'il a perdu « la fleur de la vie. » La soumission à la raison a été une lente agonie. C'est donc plus pour s'intégrer à un groupe, comme les « Suppliantes » y prétendent dans la pièce d'**Eschyle**, ou pour préserver la paix civile qu'on décide souvent de respecter les lois.

II, 2. Peut-on alors refuser le « pacte », les lois communes pour affirmer notre liberté ? Est-ce dans la contestation des règles acquises que se trouve notre liberté ? Les 50 filles de Danaos, dans *Les Suppliantes* d'**Eschyle**, rejettent les prétentions des fils d'Egyptos en arguant de leur « droit » (« faites-moi droit contre ces noces ! » clame le Chœur). Mais leur fugue peut n'être qu'un caprice insolent comme l'affirme le Héraut qui rétorque : « En quoi suis-je dans mon tort et hors du bon droit ? », lui qui ordonne aux jeunes femmes de remonter dans le navire. Le groupe des « excentriques » est intéressant chez **E. Wharton**. La vieille Mrs Mingott, la « matriarche » du clan, adopte un mode de vie (sa maison, la localisation de sa chambre), des habitudes sociales (le mariage de ses filles à l'étranger), ou des prises de position morale (le soutien à Ellen) qui jurent avec des conventions dont elle est pourtant un pilier. Mais sa liberté de gestes, de paroles et d'attitudes est strictement individuelle, dans le respect affiché des lois de sa caste. Medora est plus « excentrique » encore, qui multiplie les mariages, les voyages et les rencontres avec des personnages hors normes comme le Dr Carver. Mais c'est surtout J. Beaufort qui rompt avec toutes les règles, morales, sociales et commerciales avant d'être mis au ban de la société, avec sa femme : « on la trouvait plus cynique encore que lui. [...] elle n'avait pas l'excuse d'une origine étrangère. ». La contestation ne suffit pas à assurer la liberté.

II, 3. Les personnes qui entendent vivre librement, ou se prescrire leurs lois sont ainsi proscrites ou éliminées. Polynice, dans *Les Sept contre Thèbes* d'**Eschyle**, est condamné à ne pas être enterré pour avoir voulu affirmer « sa loi sur ce sol », sa volonté d'une « Justice » que conteste l'avis des Thébains et que condamnent, il en a conscience, « les malédictions de mon père. » La comtesse Olenska, pour ne pas briser un couple reconnu par la loi et parce qu'elle se sent « trop "autre" » à New York en raison de « l'aveugle obéissance à la tradition qui sévit dans notre milieu », chap. XXIV, s'exile à Washington puis en Europe. Le repas d'adieu, qui est aussi le premier dîner officiel donné par le jeune couple Archer, au chap. XXXIII, révèle à Newland que toute la famille, dont sa femme, le tient isolé d'Ellen depuis des mois, et que la « tribu » sait « donner la mort sans effusion de sang » lorsque le « scandale » menace et que la « décence » y oblige. Les Van der Luyden, les aristocrates de cette communauté, ne lui permettent même pas, alors qu'il désirait partir avec Ellen, de la raccompagner à sa voiture. On se défait des réfractaires. **Spinoza** refuse lui aussi toute « sédition », c'est-à-dire toute opinion qui contredirait le « pacte » initial de renoncement à sa puissance d'agir (chap. XX) : on ne peut pas, dans le cadre d'une société, rejeter ne serait-ce qu'une partie de la souveraineté de l'État qui garde « tous les moyens de faire que les hommes obéissent à ses commandements : ce n'est pas la raison pour laquelle il obéit, c'est l'obéissance qui fait le sujet. » (chap. XVII).

L'obéissance aux lois n'est donc pas synonyme de liberté, et ceux qui la revendiquent se font exclure de la société. Il faut alors revenir à cette définition de la « liberté ».

III. Qu'est-ce donc que cette « liberté » soumise aux règles communes ?

III, 1. Il faut alors redéfinir ce que serait une « liberté » permise dans le cadre strict de l'obéissance à la loi. **Spinoza**, qui revendique de poser comme absolue une forme de « liberté » dès le chap. XVI, et qui achève son *Traité* par un vibrant éloge de la « liberté de penser » (chap. XX), en donne une définition en quelque sorte « utilitariste ». Un des mots-clés de son argumentation, dès le chap. XVI, est celui d'« utile » : le « pacte » est « utile » aux hommes pour « vivre suivant les lois et les injonctions certaines de la Raison », et échapper « aux seules lois de l'Appétit » qui dominent à l'état de nature. Deux arguments suivent : celui de la sécurité ainsi acquise, puisque « la Raison » l'emporte sur « la haine » et « la colère », et surtout celui qui renverse la thèse de la servitude puisque « s'ils ne cultivent pas la Raison, ils restent asservis aux nécessités de la vie ». La « liberté » ne se trouve alors que dans le cadre choisi de l'obéissance absolue aux lois communes parce que celles-ci nous protègent de tous les autres. Il faut que « le droit que chacun avait de Nature sur toutes choses appartînt à la collectivité et fût déterminé non plus par la force et l'appétit de l'individu mais par la puissance et la volonté de tous ensemble. » La liberté est d'abord une sécurité collective. Tous les personnages du « clan » des New-Yorkais, chez **E. Wharton**, se sentent protégés et libres dans leur société fermée. Les carcans du bon goût semblent un milieu de vie naturel où s'épanouissent les activités choisies des membres de la bonne société. L'idée même de liberté semble donc relative.

III, 2. Les communautés les plus réglées acceptent cependant une forme de liberté individuelle dans les interstices de la vie en société. Les Van der Luyden sont souvent tentés de fuir New York, pour se réfugier dans leur résidence secondaire loin des intrigues du monde. On accepte leur retraite, même si on obtient d'eux qu'ils sacrifient, lorsqu'il le faut, à leurs obligations : au chap. VII, Mrs Archer leur demande de s'interposer contre l'affront fait à la comtesse Olenska puisque « Le sort les obligeait à rester les arbitres sociaux de leur petit monde, la dernière cour d'appel du protocole mondain. », puis au chap. XXXIII ils président à l'exclusion de celle-ci. Mais c'est **Spinoza** encore une fois qui théorise cette division des deux sphères, publique et privée, pour préserver toute liberté d'opinion hors des lois sociales qu'on doit accepter pleinement. Il va jusqu'à distinguer le « culte » public de la « piété » privée, parfaitement libre, chap. XIX, et prône même, si l'on évite toute remise en cause politique directe, une capacité illimitée de critique du pouvoir. Il y a donc deux domaines distincts, soumis à des obligations et des libertés très différentes.

III, 3. Mais cette « liberté », qui n'est plus qu'une forme de sécurité, confinée dans un espace intime, peut se restreindre encore : **Spinoza**, au chap. XVII de son *Traité*, indique que « l'obéissance ne concerne pas tant l'action extérieure que l'action interne de l'âme. » La distinction entre une liberté privée et une soumission publique se déplace du côté d'un consentement à l'obéissance (on « se détermine à obéir à ses commandements d'une âme entièrement consentante ») puisqu'un individu « se détermine par son propre conseil » même s'« il n'en agit pas moins par le commandement du souverain. » La concession achève le processus d'intériorisation de la contrainte d'État, et quand un homme obéit, « il le fait en vertu du droit de celui qui exerce le pouvoir dans l'État et non de son propre droit. » Certains se contentent alors d'adhérer de manière purement hypocrite aux règles, comme dans le roman d'**E. Wharton** où Newland juge, au chap. XI, que son patron représente « la voix pharisaïque de la société, ne songeant qu'à se barricader contre tout ce qui pouvait être "pénible". » **Spinoza** révèle le même danger de l'hypocrisie, qui inciterait alors paradoxalement les seuls bons citoyens, « les hommes de caractère indépendants », « les plus honnêtes » à la sédition (chap. XX).

Conclusion

Il apparaît ainsi qu'une « liberté » préservée voire consolidée par l'obéissance à des lois extérieures semble difficile à apprécier. C'est que la prescription de ces règles ne vient pas toujours des individus, ou du moins pas consciemment, volontairement, après une mûre délibération. C'est l'exercice de la volonté individuelle à se plier à des exigences collectives qui fait achopper le paradoxe. Quant à ceux qui voudraient, en se méprenant un peu sur le sujet, se prescrire leurs propres lois, la communauté ne manque pas de les sanctionner vertement. Un tel système en tout cas peut déboucher sur une société hypocrite, comme dans de nombreux régimes totalitaires, où tous les individus respectent formellement les lois, par peur des représailles.

« En dehors de la ruche l'abeille s'étiole et meurt ; isolé de la société ou ne participant pas assez à son effort, l'homme souffre d'un mal peut-être analogue, bien peu étudié jusqu'à présent, qu'on appelle l'ennui. »

Henri Bergson, *Œuvres, Les deux sources de la morale et de la religion* (1932), PUF, 1963, p. 1064

➥ *Vous réagirez à ce propos critique à l'aune de votre lecture des œuvres au programme.*

LAHOUCINE EL MERABET

Analyse du sujet

- Le philosophe français Bergson met en valeur la solitude de l'individu éloigné de la société qui pourrait lui servir de cadre protecteur et de giron chaleureux.
- Le propos articule la solitude, voire l'isolement de la société autour de deux maux qui porteraient préjudice à l'entité de l'individu et à son intégrité : la mort qui devient fatale dès lors que la personne se trouve proscrit du milieu social et collectif; d'autre part, c'est l'ennui, qui pourrait être encore plus mortel si tant est que la société ne tire pas profit de l'individu comme force agissante et comme potentiel nécessaire à la communauté.
- Le sujet convie à une lecture susceptible d'éclairer l'interaction qui pourrait s'établir entre l'individu et la communauté : en cas d'échange productif, substantiel et utile, la vie éclôt et le devenir, autant individuel que collectif, se promeut et chemine vers une issue certaine et un horizon prospère.

Enjeux du sujet

1. L'individu, loin de la société, est condamné à une mort lente et sûre, mais aussi, de manière plus remarquable, à une ambiance délétère qui ne peut qu'entraîner ennui, malheur et létalité.
2. La métaphore de l'abeille, de la ruche et de la société des abeilles invite à comprendre que la tendance à se désolidariser et à s'écarter du groupe est fatale du moment que l'on est éloigné d'un milieu de productivité, de besogne et d'acharnement.

3. Les mots « s'étiole », « meurt », « souffre » et « ennui » dénotent une négativité qui scelle tout écart par rapport à la communauté et marque toute volonté de s'affranchir des normes sous-jacentes à une structure collective qui fédère les atomes individuels et régit leurs activités, leur énergie et leurs pulsions.

PROBLÉMATIQUE

- Dans quelle mesure le devenir de l'individu, son épanouissent et sa vitalité dépendent de son implication dans une structure sociale qui lui servirait de cadre salutaire et de rempart protecteur ?

PLAN

I. L'individu : singularité et insularité
1. Choix individuel et insulaire
2. Élan centrifuge et excentrique
3. *Fluctuatio animi* : flottement de l'âme

II. Le besoin impérieux et indéfectible de la communauté
1. Dépit et remords
2. Ennui et déréliction
3. Débordements nocifs

III. De l'individu à la communauté : régulation et modération
1. Dionysos et Apollon
2. Assimilation et accommodation
3. Justice et bienveillance

Introduction

Dans *Robinson Crusoé*, Daniel Defoe nous montre un personnage amené dans son expérience solitaire à redouter à tout moment d'être englouti par la mer, par les bêtes, par la nature et par l'inconnu. Cette peur du monde environnant montre que l'être humain est en danger dès qu'il se trouve seul. La citation d'Henri Bergson, s'inscrivant dans le même sillage, corrobore cette pensée et affirme : « En dehors de la ruche l'abeille s'étiole et meurt ; isolé de la société ou ne participant pas assez à son effort, l'homme souffre d'un mal peut-être analogue, bien peu étudié jusqu'à présent, qu'on appelle l'ennui. » Le philosophe français, à travers un parallèle significatif établi entre la communauté des abeilles et celle des hommes, nous convie à comprendre le danger de vivre loin du groupe social et à saisir le sort qui sera de celui qui choisirait de ne pas s'impliquer dans un jeu social ou collectif. Les mots « ruche » et « abeille » représentent significativement la communauté et l'individu et montrent que la corrélation entre les deux se donne à lire à travers une solidarité, une harmonie et une adéquation, lesquelles pourraient être salutaires à la personne qui ne pourrait échapper à cette vie en communauté, sous peine d'« ennui », de dépérissement et d'anéantissement. Toute la question est de savoir dans quelle mesure la vie en communauté s'avère nécessaire à l'atome individuel qui ne saurait s'accomplir autrement. C'est précisément ce point problématique que nous tenterons d'élucider à l'aune des deux tragédies d'**Eschyle** : *Les Sept contre Thèbes* (467 av. J.-C.) et *Les Suppliantes* (466-463 av. J.-C.), du *Traité théologico-politique* de **Baruch Spinoza** (1670) et du roman américain d'**Edith Wharton**, *Le Temps de l'innocence* (1920).

Nous centrerons initialement l'intérêt sur l'individu dans sa dimension singulière, solitaire et insulaire, avant de nous appesantir ensuite sur les indices révélateurs de cet indéfectible et impérieux besoin d'une vie en communauté, pour voir finalement les mécanismes de régulation et de modération par le biais desquels il serait loisible d'assurer la transition entre le microcosme individuel et le macrocosme communautaire.

I. L'individu : singularité et insularité

Notons d'entrée de jeu que l'individu, de par sa dimension nucléaire, tend naturellement à se ménager une bulle protectrice où ses actions singulières sont essentiellement mues par la prépondérance de ses affects.

1. Choix individuel et insulaire

En effet, si la personne, comme être social, se démarque d'abord comme matériel à partir duquel se constitue toute complexité collective, sa vie primordiale prévaut par sa singularité et sa spécificité. **Spinoza** précise à cet égard que la vie sociale est constituée d'une diversité d'opinions : « Le libre jugement des hommes est extrêmement divers » ; « Chacun pense être seul à tout savoir. » Ces deux fragments du chapitre XX de notre traité affirment que la situation naturelle de l'homme est celle de la discorde : « Il est impossible que tous opinent pareillement. » Cet aspect individuel amène à parler d'une insularité qui marque primairement l'existence de l'individu. C'est d'ailleurs l'idée lisible au travers de l'attitude d'Etéocle dans *Les Sept contre Thèbes* d'**Eschyle**, quand on lui annoncera que l'assaillant de la septième porte est son frère, Polynice, chef de l'armée ennemie. On a aperçu ce dernier au moment où il prêtait serment et on a vu sur son écu incrusté d'or un guerrier conduit par une femme, avec cette inscription : « Je ramènerai cet homme pour qu'il découvre sa ville et l'accès de sa demeure paternelle. » L'attitude résolue de Polynice, conduit par la Justice, est d'abord celle d'un individu en quête de racines et de marqueurs d'identité personnelle et familiale.

2. Élan centrifuge et excentrique

Dans ce sillage, c'est bien cette force motrice qui propulse l'individu au-devant de la scène et le détermine à marquer ses actions d'un sceau personnel et particulier. À ce propos, l'élan donné à l'agir individuel est bien centrifuge, d'autant que la propension est bien celle de se démarquer d'une communauté, d'un groupe et d'une structure où les conditions ne sont pas idoines à l'épanouissement de la personne dans le milieu en question. Newland Archer dans le roman d'**Edith Wharton** s'inscrit dans cette optique en prenant fait et cause pour Ellen : « Il serait tenu à défendre, chez la cousine de sa fiancée, une liberté que jamais il n'accorderait à sa femme, si un jour elle venait à la revendiquer. » Il faut en comprendre que le protagoniste dessine une ligne de démarcation entre un mode de vie collectif consacré et un choix individuel qui le singularise et assouvirait ses passions spécifiques. Cette idée ressort pareillement des *Suppliantes* d'**Eschyle** où les descendantes d'Io procéderaient d'un refus de l'altérité représentée par l'autre sexe et par leurs cousins. À la fin de la première scène du premier épisode, juste avant l'arrivée du roi, Danaos donne à ses filles les derniers conseils qui doivent leur assurer un accueil bienveillant à Argos. Elles doivent s'installer dans le sanctuaire comme « un vol de colombes fuyant des éperviers – leurs frères pourtant ! Frères changés en ennemis, qui veulent se souiller d'un crime à l'égard de leur propre race. » L'idée de la prédation est explicite dans cette réplique et montre la tendance des Danaïdes à fuir une communauté où la violence, la brutalité et l'animosité sont de mise.

3. *Fluctuatio animi* : flottement de l'âme

Qui plus est, ces tensions qui peuvent surgir au cœur de la structure collective et entraîner une fuite, une réaction individuelle, voire solipsiste, sont tributaires selon **Spinoza** au chapitre XVI de son traité, de la prégnance d'un étant de nature primitif et atomique : « Les gros poissons mangent les petits », selon une justice biologique où règnent les règles cruelles de la lutte pour la survie, de la sélection naturelle et du droit du plus fort : « Les poissons sont déterminés par la nature à nager, les grands poissons à manger les petits ; par suite les poissons jouissent de l'eau, et les grands mangent les petits, en vertu d'un droit naturel souverain. » C'est précisément la souveraineté de ce droit naturel qui confère à l'individu une entité, une intégrité et une particularité par lesquelles il lui est loisible de jouir de ce que les lois de l'Appétit lui reconnaissent et dictent. Les désirs, les caprices, la peur, l'angoisse, l'espoir constituent chez l'individu autant de pulsions motrices constitutives de ce Conatus par lequel l'individu cherche à persévérer dans son être. C'est d'ailleurs cette dynamique affective et passionnelle qui tient derrière l'emportement de l'aïeule des Danaïdes, Io, similaire à celui de Newland et d'Ellen chez **Wharton**, quand Zeus l'avait appelée à son hymen dans le temple d'Héra. La même impulsion peut se lire chez **Eschyle** à travers la désobéissance de Laïos, dont sont tributaires toutes les péripéties qui constituent la trame principale des *Sept contre Thèbes*. Sur une descendance frappée d'hybris pèse l'imprécation du père offensé, laquelle a entraîné un affrontement fatal. C'est dire qu'au fond de tout individu gît une « puissance d'agir », une énergie potentielle et une force qui sert prioritairement l'entité individuelle dans sa singularité, son impulsivité et sa dimension naturelle.

II. Le besoin impérieux et indéfectible de la communauté

À ce niveau d'analyse l'on a compris que la disposition de l'individu à s'enfermer dans un îlot sécurisant et dans un cocon subjectif et distinctif est naturelle. Néanmoins, le malaise ressenti au cœur de cette insularité laisse entendre à quel point le besoin de vivre en communauté est impérieux et pressant.

1. Dépit et remords

D'une part, l'être humain ne peut hésiter à exprimer sa dépendance des autres qui pourraient le protéger de ses congénères instamment appelés à lui venir en permanence an aide. Dans ce sens, l'analyse de **Spinoza** centrée sur le régime de transition entre le droit naturel et le droit civil, et ce que ce passage implique comme droits et devoirs, montre suffisamment comment on peut chercher la concorde et la sécurité dans une communauté à laquelle on s'associe : « pour vivre en sécurité et le mieux possible, ils [les hommes] ont nécessairement dû s'accorder mutuellement et, pour y parvenir, ils ont dû faire en sorte que le droit que chacun avait par nature sur toutes choses soit exercé collectivement et ne soit plus désormais par la force de l'appétit de chacun, mais par la puissance et la volonté de tous ensemble. Ils l'eussent cependant tenté en vain s'ils n'avaient voulu suivre que les conseils de l'appétit car les lois de l'appétit entraînent chacun de côtés opposés. » Le regret et le remords sont bien exprimés par la tournure hypothétique à valeur irréelle du passage cité. L'individu ne peut que regretter de suivre une pente naturelle pour élire une société, quitte à y vivre collectivement des affects dont les effets d'agrégation seraient manifestes. L'espoir, la crainte et le désir spontané de venger un dommage subi en commun demeurent prégnants à cet égard. Quand on lit sous la plume d'**Eschyle** dans *Les Suppliantes* que « la crainte est impossible à maîtriser quand elle est excessive », il est aisé de comprendre en quoi cet affect, vécu sur un mode grégaire, constitue chez les Danaïdes une force que rien ne peut juguler ni endiguer. Leur amour de liberté leur a donné un zèle effréné de s'émanciper et de rejoindre une communauté sécurisante, comparativement à celle de leurs cousins.

2. Ennui et déréliction

Dans le même ordre d'idées, cette ardeur qui anime l'individu et l'amène à chercher un giron plus convivial émane en conséquence d'un sentiment de désespoir moral, de déréliction et d'ennui existentiel. Dans le roman américain de **Wharton**, Newland a exprimé on ne peut mieux l'état de lassitude et de monotonie ressenti au sein d'une communauté encline à tenir et à maintenir le respect des convenances et à conserver « le bon ton » de la haute société new-yorkaise. Cette pareille statique ne peut pas être sans impact sur l'état d'âme d'une personne en quête d'un ailleurs meilleur : « Chez nous, il n'y a ni personnalité, ni caractère, ni variété. Nous sommes ennuyeux à mourir. » Ce constat d'Archer fait écho à Ellen qui ne s'est pas empêchée de noter que la solitude peut se vivre même au sein d'un groupe moins propice à l'éclosion et à l'épanouissement : « La solitude, c'est de vivre parmi tous ces gens aimables qui ne demandent que de dissimuler vos pensées. » Non loin du point de vue des Danaïdes chez **Eschyle**, cet isolement auquel on est contraint, faute de congruence et de connivence, conduit donc à la recherche d'un élan en conformité avec l'aspiration individuelle vers une communauté offrant plus d'affinités électives que de liaisons dangereuses. À cet égard, **Spinoza** renchérit sur cette idée et affirme : « La fin de l'État, est la liberté. » Si L'État a été institué, « c'est justement pour libérer l'individu de la crainte », lui procurer la sécurité, mais surtout pour lui conserver autant que possible, « sans dommage pour autrui », son droit naturel d'exister et d'agir. Il en ressort ainsi que les traits singuliers s'accomplissent dans un milieu sécurisant, rédempteur et émancipateur.

3. Débordements nocifs

En outre, la quête de cette communauté conviviale et protectrice vient en réaction à certains débordements qui pourraient se produire dans un mode de vie individuel et essentiellement orphelin. Le besoin d'autrui se fait ainsi sentir comme soutien et moyen de transfert d'un pathos subjectif morbide et réducteur. Dans *Les Sept contre Thèbes*, l'imagination de l'émissaire qui est venu présenter l'armée argienne et ses chefs, est instrumentalisée par **Eschyle** pour suppléer à tout langage insuffisant. En quelques mots, l'homme peint les chefs ennemis, animés d'une sombre fureur, « cœur de fer », dit-il, « tout brûlant d'ardeur guerrière ». L'ardeur en question en dit long sur cette énergie débordante qui porte l'individu à chercher à conquérir un lieu où vivre en communauté et à envahir un site où asseoir des valeurs communes, ou ce que Spinoza appelle *praxis communis*. C'est dans le même sens que l'on peut comprendre la manière dont le roi des Argiens note le caractère étranger des Danaïdes, laquelle l'a conduit à s'interroger sur leur provenance : « D'où vient cette troupe si peu grecque, fastueusement parée de tuniques barbares au tressage serré ? » Ce qui étonne Pélage c'est bien cette étrange combinaison d'altérité et d'identité. Autrement dit, les suppliantes viennent, sous des dehors étrangers, s'accommoder d'un autre lieu et d'autres normes. L'idée est bien corroborée par **Spinoza** qui précise à cet égard que le besoin de la cité et de la civilité s'explique par le souci de passer d'l'irrationalité à la rationalité. Dans l'état de nature, l'individu a droit à tout, y compris la ruse et la violence. Mais une telle situation est de fait invivable, et les individus souhaitent donc passer à la société civile, l'esprit du pacte les incitant à s'unir de façon rationnelle et à échapper à leurs dérives pathétiques nuisibles.

III. De l'individu à la communauté : régulation et modération

Par-delà cette dynamique affective qui détermine l'individu tantôt à s'isoler tantôt à rejoindre une communauté, il importe en tout cas de souligner la nécessité d'une régulation à même d'insérer correctement la personne dans la société sans heurts ni aliénation.

1. Dionysos et Apollon

Dans ce contexte, il n'est pas inintéressant de recourir à cette dichotomie fondamentale conceptualisée par Nietzsche et qui permet d'expliquer la double articulation de l'homme dans son rapport au groupe social. Il s'agit de Dionysos et d'Apollon. Le premier mythème renvoie à cette manière libre d'agir tandis que le second réfère à cette rectitude requise au sein de la communauté. La distinction opérée par **Spinoza** reproduirait ainsi celle du privé (Opinions) et du public (actions). La souveraineté politique et la liberté individuelle se déploient dans deux sphères différentes qui normalement n'interfèrent pas mais se garantissent mutuellement. Quand le philosophe note au chapitre XIX de son traité que « le salut du peuple est la loi suprême, avec laquelle doivent s'accorder toutes les lois, tant humaines que divines », son dessein principal est de montrer que toute société civile est le résultat d'un pacte qui permet de dépasser l'ivresse des appétits vers un état civil qui intègre la « complexion » et l'« ingenium » de l'individu dans des schèmes communs et sociaux. Dans *Les Suppliantes* d'**Eschyle**, la sagesse de Danaos l'a conduit à formuler les recommandations suivantes à ses filles : « Que votre voix s'impose d'abord le refus de la hardiesse et que l'insolence soit bannie de vos visages et de vos yeux paisibles. » La directive consiste à réguler l'excès, la démesure dionysiaque des suppliantes et leur émotivité afin de les insérer adéquatement dans la communauté au sein de laquelle le refuge est sollicité.

2. Assimilation et accommodation

D'ailleurs, cette nécessité de s'adapter à la communauté s'explique par le souci de s'accommoder de ses normes tout en préservant une substance individuelle qui relève de la spécificité subjective et personnelle. Ce souci reste tributaire de la volonté de retrouver paix et sérénité dans le groupe choisi. Il s'agit selon **Spinoza** de « soustraire les hommes à l'irrationalité du désir et de les maintenir, autant que possible, dans les limites de la raison, pour qu'ils vivent dans la concorde et la paix ». Cette manière de s'accommoder des impératifs de la communauté passe par une assimilation et une accommodation, selon les termes du psychopédagogue suisse Jean Piaget, lesquelles sont nécessaires à l'intégration de l'individu, qui n'est pas exempte d'épreuves. C'est justement de ces dernières que Newland est pleinement conscient dans le roman de **Wharton** quand « il comprit que cet idéal de bonheur supposait de sa part à elle (May Welland) une espérance, une adaptabilité d'esprit, une liberté de jugement que son éduction lui avait soigneusement refusée. » Le triangle amoureux dont le protagoniste est prisonnier dépend étroitement de cette nécessité de s'adapter aux pesanteurs que représente la société new-yorkaise et qui ne sont pas faciles à surmonter. Sa propension à vivre auprès d'Ellen est justifiée par le refus potentiel de voir sa vie « se réduire à une morne association d'intérêts matériels, soutenue par l'ignorance d'un côté et l'hypocrisie de l'autre. » Autant dire que vivre en communauté revient à savoir se conformer en s'en remettant à la raison et en reléguant la passion à une position inférieure et ancillaire.

3. Justice et bienveillance

De surcroît, l'on peut finir par entrer en connivence avec un groupe social si on y trouve des droits civils qui relèvent de la justice, aussi bien qu'une convivialité, une aménité et une certaine bienveillance. Ces deux piliers que représentent conjointement la justice rationnelle et la magnanimité sont de nature à répondre à l'appel de l'intellect et à celui de l'affect entre lesquels **Spinoza** refuse de dessiner toute ligne de démarcation chez l'individu. Dans *Les Suppliantes*, la supplication adressée à Zeus place ce dernier comme source d'amour et de miséricorde. Le terme *Afiktor* employé par **Eschyle,** à côté d'*Alexterios*, montre que les Danaïdes peuvent être reçues en vertu de ce principe humain de charité et de bienveillance, mais aussi en raison d'une certaine justice qui incite à accepter autrui en lui accordant légitimement le droit d'asile. Dans *Les Sept contre Thèbes*, Zeus *Alexterios* n'a pas donné aux dieux l'ordre de repousser et d'écraser les envahisseurs argiens. C'était Zeus *Afiktor*, le dieu de la miséricorde invoqué par les femmes du chœur, qui a tranché, attiré par le sacrifice du héros qui a donné sa vie pour Thèbes : « L'offrande de ma mort, seule, a du prix pour eux. » Chez **Spinoza**, le droit civil fait du souverain « l'interprète de la religion et de la piété », comme il lui interdit d'officialiser des « opinions », des modèles singuliers de pensée et de vertu, au-delà des « notions communes » de charité et de justice envers le prochain. C'est dire que selon le dramaturge grec et le philosophe hollandais, la communauté trouve sa cohésion, sa force et sa longévité dans ces deux principes de la rationalité et de l'humanité, propres à maintenir et à entretenir la force de l'esprit collectif et commun.

Conclusion

En dernière analyse, il sied de rappeler en réaction au propos de Bergson que l'individu, loin de la communauté, peut regretter d'avoir choisi une expérience insulaire qui, en dépit de certains bienfaits qu'on ne peut pas nier, peut amener à se résoudre à une insertion sociale salutaire et à un vivre-ensemble rassurant et bénéfique. Bien entendu, entre le macrocosme social et le microcosme individuel s'imposent des passerelles grâce auxquelles l'échange entre les deux entités est édifiant et constructif, comme elles permettent d'asseoir des valeurs qui peuvent raffermir les liens sociaux et cimenter les relations interpersonnelles. On peut noter tout de même que cette conclusion ne peut nous dispenser de défendre *in fine* la prépondérance des traits qui spécifient aussi bien l'individu que sa communauté, ce qui permet de dire avec le philosophe anglais Aldous Huxley qui a écrit dans *Les Portes de la perception* (1954) : « Nous vivons ensemble, nous agissons et réagissons les uns sur les autres; mais toujours, et en toutes circonstances, nous sommes seuls. [...] Chaque groupe humain est une société d'univers-îles. »

« L'œuvre de chaque individu apporte sa contribution à l'ensemble et devient ainsi une partie immortelle du tout. »

Isaac Asimov, *Les Robots et l'Empire*,
traduction J.-P. Martin, Éditions J'ai lu, Paris, 1986

➥ Vous évaluerez la pertinence de cette affirmation à la lumière du thème et des œuvres au programme.

CHRISTOPHE ROUGE

Analyse du sujet

- Asimov propose une lecture optimiste de l'intervention de l'individu dans le développement de la communauté, intervention qui le transcende.
- La proposition repose sur la conjonction de coordination « et » associant part individuelle et apothéose collective.
- Le sujet suggère que l'individu se réalise pleinement dans sa fusion avec la communauté qui loin d'être une perte révèle un accomplissement.

Enjeux du sujet

1. Il faut étudier ce que devient la liberté individuelle dans un développement collectif.
2. Il faut envisager comment éviter la résignation et construire une authentique liberté dans une communauté.

PROBLÉMATIQUES POSSIBLES

- En envisageant que l'individu ne se réalise que dans la participation à la communauté, Asimov ne méconnaît-il pas la part de liberté propre à chacun ?
- Entre résignation et apothéose, comment participer au tout sans se perdre ?
- Comment être à l'unisson sans disparaître totalement ?

PLAN

I. **La tâche de chacun produit ce qui est nécessaire à la communauté**
   1. Cause anthropologique : l'individu se définit par son œuvre
   2. Conséquence politique : Elle édifie la communauté
   3. La participation de l'individu à la société lui est consubstantielle

II. **La réalisation individuelle ne suffit pourtant pas à tenir un rôle mémorable**
   1. La réalisation de l'individu ne lui permet pas d'en tirer avantage
   2. Il perd en liberté et se trouve contraint à la résignation
   3. Loin d'un rôle mémorable, l'individu se dissout dans la communauté

III. **S'accomplir participe de l'harmonie propre à la communauté et à l'individu**
   1. Un accomplissement de l'individu s'impose pour participer au tout
   2. Participer du tout avant tout pour accéder à l'essentiel de l'humain
   3. Produire l'harmonie comme idéal transcendant la vie individuelle dans la communauté

Introduction

« […] je fais ma part. » D'où vient l'assurance de l'oiseau-mouche s'activant à transporter quelques gouttes d'eau dans son bec pour éteindre un gigantesque incendie dans la légende narrée par P. Rabhi dans *La Part du colibri* ? Il témoigne de l'importance de la part individuelle dans le destin collectif au risque de l'épuisement. De même, Isaac Asimov dans *Les Robots et l'Empire* affirme avec optimisme que « L'œuvre de chaque individu apporte sa contribution à l'ensemble et devient ainsi une partie immortelle du tout. ». La place de l'individu semble ainsi bien définie dans le fonctionnement de la communauté. Il participe par sa tâche individuelle au développement de la collectivité, y récoltant une forme d'immortalité. Pourtant, n'est-ce pas là le sacrifice de la liberté individuelle ? Entre résignation et apothéose, comment participer au tout sans se perdre ? Comment être à l'unisson sans disparaître totalement ? Les œuvres au programme éclairent pertinemment la tâche de chacun produisant ce qui est nécessaire à la communauté. Toutefois, comment y participer sans y disparaître ? En effet, la réalisation individuelle ne suffit pas toujours à tenir un rôle mémorable. Comment être à l'unisson et rester unique ? S'accomplir participe de l'harmonie propre à la communauté et à l'individu.

I. La tâche de chacun produit ce qui est nécessaire à la communauté

1. Une cause anthropologique : l'individu se définit par sa tâche, son œuvre

Asimov propose une vision optimiste de l'humanité où chaque individu prend sa part dans la réalisation de la communauté. Par sa tâche particulière, chacun œuvre au bien commun à travers l'acceptation d'un pacte, forme ancienne d'une constitution.

Cette tendance humaine est considérée comme raisonnable par **Spinoza** (GF n° 50, XVI, II § 5). Elle trouve son illustration dans le personnage de Newland Archer dans le roman de **Wharton** décrit comme « un bon citoyen » en II, XXIV, p. 293. Il apparaît en idéal de l'homme de bien auquel demander conseil. Il participe à la vie sociale, culturelle et d'une certaine manière politique du « vieux New York ». Il y prend part : telle est sa contribution au développement de la communauté. Cette dernière se définit moins par sa profession vaguement évoquée que par une appartenance de « groupe ». La liste est longue des variantes à ce terme : club, cercle, clan, tribu, famille. À chaque fois, le groupe repose sur ses caractéristiques propres : de New York à Argos dans *Les Suppliantes* d'**Eschyle** aux vers 307 à 333 où le roi d'Argos reconnaît les « antiques liens qui vous rattachent à ce pays ». Une métaphore reprend cette idée à travers l'opéra, très présent chez **Wharton**. Elle glisse une note ironique sur le caractère cosmopolite de la représentation musicale où toutes les langues sont présentes en I, p. 22. Dans ce « Babel » de la musique, de l'allemand traduit en italien au bénéfice des anglophones, l'important tient à l'appartenance à une même communauté sociale.

2. Une conséquence politique : la tâche participe de la construction de la communauté

La tâche de chacun crée la communauté, malgré un aspect hétéroclite, mais jamais hétérogène. **Eschyle** l'énonce dans *Les Sept contre Thèbes*. Appartenir à la même famille contribue au malheur des descendants d'Œdipe, Étéocle opposé à Polynice par exemple aux vers 642-688 : « Roi contre roi, frère contre frère, ennemi contre ennemi, je lui ferai tête. » Une appartenance commune fait ou défait la communauté. Cela se voit dans la généalogie des grandes familles new-yorkaises qui occupe tant les personnages de **Wharton** : impossible mésalliance avec les « bâtards » des Beaufort au début du roman qui devient réalité par le mariage de Dallas Archer, avec Fanny Beaufort. Malgré le caractère hétéroclite, ce que chacun fait finit par produire union et unité. **Spinoza** le précise dans le *Traité théologico-politique* : la communauté se construit dans la participation individuelle au projet collectif. Le paragraphe XIX, II § 4 présente le transfert du pouvoir de chacun au bénéfice de tous par la notion de « justice » que l'homme va désormais connaître. La communauté prend donc tout son sens dans ce que l'individu abandonne à l'État et ce que ce dernier lui restitue.

3. La participation de l'individu à la société lui est consubstantielle

Ainsi, l'individu travaille – même hors de sa profession – à l'établissement de la communauté. Pour mémoire, Arendt nomme cette manière d'être, la *Vita activa*, participation aux associations pour assurer un lien mondain. Dans un autre sens, celui du « beau monde » new-yorkais, **Wharton** montre comment s'établit un lien consubstantiel entre les héros et leur communauté. Au livre I, I p. 25, Newland Archer se reconnaît membre de cette élite locale et masculine, celle du club. Le code qui y a cours devient sa morale impérieuse. Dans une critique fine de la société, l'auteure applique la même analyse à la coterie des gens de lettres en I, XII, p. 114. Cela transparaît également avec *Les Suppliantes* d'**Eschyle** où non seulement, il faut être de même origine, mais appartenir par décision à la même Cité. Les filles de Danaos obtiennent cette dignité et ce droit en rejoignant les Pélasgiens en 365-406. La démarche **spinoziste** reprend cette idée en montrant que la religion du peuple hébreu ne suffit pas à en faire des citoyens. Ils ne peuvent rester en marge du pacte, car il est le meilleur pour chacun suivant le principe de persévérer dans son être. Il y a donc une dimension politique consubstantielle de l'individu à la communauté.

Toutefois, comment y participer sans y disparaître ? Asimov ne se montre-t-il pas trop optimiste en négligeant la liberté et la quête du bonheur individuel ?

II. La réalisation individuelle ne suffit pourtant pas à tenir un rôle mémorable

1. La réalisation de l'individu ne lui permet pas d'en tirer avantage

La résignation risque de poindre malgré l'apothéose annoncée par Asimov. Si en effet, l'individu apporte sa contribution à l'ensemble, faire de lui une partie immortelle du tout n'est pas assuré. La rétribution peut manquer ou manquer d'intérêt. Voilà le dilemme d'Archer exprimé par **Wharton** au livre II, XXIV, p. 294: se retournant sur l'amour perdu d'Ellen Olenska et la fidélité à son épouse May, il saisit « ce qui lui avait manqué : la fleur de la vie. » La passion lui a fait défaut qui devait le jeter dans les bras de la belle Ellen, tentatrice innocente comme le personnage homonyme de l'antiquité. Le langage des fleurs trahit tout au long du roman les sentiments que les personnages ne peuvent exprimer à haute voix – un élément du style Wharton – du muguet blanc aux roses rouges. Étéocle, dans *Les Sept contre Thèbes* d'**Eschyle**, ne profite pas de son triomphe : héros, il connaît son apothéose, mais dans la mort et la réalisation de la malédiction de son père Œdipe, le messager l'annonce aux vers 778-818. Si l'individu gagne une place dans la mémoire des hommes, il doit y sacrifier sa liberté individuelle, car elle ne semble pas suffisamment avantageuse par rapport aux bénéfices apportés par la société. **Spinoza** le rappelle en XVI, II § 7. Il faut abandonner sa part individuelle.

2. L'individu perd en liberté et se trouve contraint à la résignation

N'est-ce pas là la question centrale ? Comment agissent les individus dans ce rapport à la communauté ? Pour **Spinoza,** cela vaut pour tous les êtres qui cherchent le meilleur que ce soit par la raison ou par la passion, y compris la violence. Toutefois, sa démarche présente la dimension raisonnable et rationnelle, voire calculatrice de l'individu. Une telle rationalité ne relève-t-elle pas d'une forme de résignation sans passion ni espoir : se résoudre à la modération au risque de disparaître dans le tout ? Les personnages de **Wharton** connaissent le coût de l'appartenance à la « bonne société » : Archer y perd son amour d'enfance. Il devient un automate à force d'être trop raisonnable en II, XXI, p. 207. La « pauvre Ellen », jamais acceptée malgré ses efforts, sacrifie son amour en un Post-scriptum où elle prie instamment ses amis, c'est-à-dire Newland, de ne pas chercher à la dissuader de s'exiler. Que dire d'Étéocle dans *Les Sept contre Thèbes* qui va au-devant de son sort funeste, résigné à satisfaire la malédiction paternelle en 689-718 ?

3. Loin d'un rôle mémorable, l'individu se dissout dans la communauté

Qui sont les filles de Danaos ? Elles n'existent que sous la forme d'un « essaim de colombes fuyant des éperviers ». En Chœur, elles sont de puissantes suppliantes, mais la forme de la tragédie d'**Eschyle** ne leur offre pas de réelle individualité. Pure communauté, elles se dissolvent dans une seule et même voix. Seul le roi a une présence qu'il doit néanmoins sacrifier au peuple, car il n'en est que l'émanation. En 305-406, il rappelle que même s'il avait le pouvoir d'outrepasser la volonté du peuple, il n'en userait pas. Étéocle dans *Les Sept contre Thèbes* le sait également qui voit lucidement son rôle politique : tout succès vient des dieux, tout malheur, de lui. Il n'est rien en dehors du peuple. Tout comme chez **Spinoza,** il n'est pas d'autre forme satisfaisante que celle de cette république qui évite le pouvoir personnel. Ainsi en XVI, IV § 18, il note que même si la décision d'un seul devait avantager toute la société, il faudrait encore le condamner pour avoir violé le droit. Nul ne peut se placer au-dessus de l'État, pas même dieu. Aucune personnalité particulière humaine ou divine ne vaut mieux que la décision souveraine fondée sur le pacte commun. C'est ce que manifeste puissamment le roman de **Wharton** en montrant le triomphe du vieux New York sur les personnages romanesques comme Newland et Ellen. Entre une nouvelle terre promise que ce dernier recherche et à laquelle son nom fait écho – Newland-nouvelle terre – et la belle tentatrice Ellen revenant de Paris comme un reflet de l'antiquité, l'aventure romanesque est impossible. Nombreux sont les « pourquoi pas ? », invitations à l'aventure contre toutes les convenances et les conformismes auxquels ils ne répondront pas, en I, X, p. 97.

Ainsi, comment être à l'unisson et rester unique ? Pour éviter la résignation et connaître une authentique apothéose, c'est-à-dire accéder au statut de héros ne faut-il pas choisir volontairement la communauté ?

III. S'accomplir participe de l'harmonie propre à la communauté et à l'individu

1. Un accomplissement de l'individu s'impose pour participer au tout

Selon **Spinoza,** l'individu défini par sa nature d'être désirant persévérer dans son être atteint un accomplissement de ce qu'il est : un « Grand Œuvre ». Jusque-là le terme emprunté à Asimov était féminin, « une œuvre », il change de genre pour devenir « un œuvre », une transmutation, création d'un élément saillant appartenant au tout. L'être désirant intégrer le pacte spinoziste vaut tout à la fois plus que l'individu qu'il était et plus que la communauté, car il la rejoint librement réalisant pleinement son choix. Cela peut éclairer le double sacrifice conçu par **Wharton** dans *Le Temps de l'innocence*, celui d'Ellen, qui choisit de ne pas détruire le couple de Newland et May Archer, cette dernière étant enceinte de son première enfant, et, celui de Newland qui choisit de ne pas revoir celle qu'il aime pour rester maître de son histoire. Ces choix à l'encontre d'un « happy end » laisse entrevoir un « to the happy few » stendhalien. Le roman n'impose pas une fin heureuse, mais une démarche cohérente, celle d'un accomplissement. Les tragédies d'**Eschyle** reposent sur ce procédé. Si l'argument reste simple dans *Les Suppliantes* et dans *Les Sept contre Thèbes*, le mécanisme n'en est pas moins passionnant : amener les personnages à se réaliser. Que ce soient les suppliantes, filles de Danaos outragées par le projet d'hymen d'Egyptos, ou Étéocle frappé par la malédiction paternelle, chaque caractère va réaliser librement son destin.

2. Il s'agit de participer du tout avant tout : accéder à l'essentiel de l'humain

En travaillant le verbe « participer », cet apparent paradoxe entre liberté et destin trouve sa solution. Il ne faut pas seulement « participer à » de manière extérieure, mais « participer de », c'est-à-dire « apporter sa contribution » et « devenir partie immortelle du tout » pour rendre compte de la formule d'Asimov. N'est-ce pas là la source de son optimisme, savoir pouvoir tenir la dimension de l'individu libre et celle de la communauté ? En effet, les héros d'**Eschyle** se définissent ainsi, non parce qu'ils accèdent à la divinité, mais parce qu'ils se forgent eux-mêmes une destinée en ne se dérobant pas à leurs obligations. Étéocle ne cesse de le dire dès les premiers vers jusqu'au choix d'affronter son frère Polynice. Il aurait pu combattre sans honte un autre chef Argien, mais il sait qu'il doit accomplir son rôle de « bon pilote » tenant fermement le gouvernail de sa Cité. Il fait taire le Chœur des femmes pour ne pas troubler le courage des hommes et choisit les meilleurs capitaines humbles et honnêtes à opposer aux Sept dévorés d'hubris et de haine. Étéocle participe de la vision politique du bon souverain, celle que prône également **Spinoza** tout au long du *Traité théologico-politique*. Nul ne peut se substituer au souverain, mais chacun doit participer du souverain. Il instaure ainsi ce qui fait la liberté de l'être humain, même dans un monde déterminé. L'individu choisit de vivre librement dans un régime fondé sur un pacte accepté de tous. Cette acceptation fait un élément essentiel du roman new-yorkais de **Wharton :** même pris dans le moule de la bonne société, les héros participent de l'émancipation à venir. Dallas Archer fera un choix d'épouse relevant de sa propre décision concluant l'aventure commencée par son père.

3. Produire l'harmonie comme idéal transcendant la vie individuelle dans la communauté

Les auteurs du programme éclairent la pensée d'Asimov. L'harmonie produite par l'élévation de la vie individuelle au sein de la communauté assure l'apothéose de simples suppliantes devenues citoyennes pélasgiennes, d'un roi de Cadmos accomplissant son destin en sauvant la Cité, d'un sujet adhérant au pacte ou d'un jeune new-yorkais connaissant le frisson de l'amour. Chaque auteur offre une approche originale de ce rapport qui transcende individu et communauté, y compris par son style : la noblesse d'**Eschyle,** la puissance philosophique de **Spinoza,** l'acuité psychologique de **Wharton,** mais aussi par leurs expériences personnelles. Ainsi, la devise spinoziste en latin « *Caute* » traduite par « prudemment » indique son choix de rester dans la Cité malgré l'attentat dont il a été victime.

L'optimisme d'Asimov, s'il peut être modéré, ouvre néanmoins la perspective d'un dépassement libre de soi dans le choix de la communauté pour son bien propre et celui des autres. Cela permet de surmonter la résignation empreinte de fatalisme ou de déterminisme pour laisser le champ libre à la réflexion critique et peut-être à la rébellion. N'est-ce pas ce qu'annoncent l'attitude de Dallas Archer et plus encore d'Antigone ? Questionner la légitimité de la communauté.

À la lumière des œuvres au programme, expliquez cette citation de Robert Sabatier : « *La passion est cette guerre que n'apaise aucune paix* »

***Le livre de la déraison souriante*, Albin Michel, 1991, p. 221**

PHILIPPE HENRY

Analyse du sujet

- Robert Sabatier, dans son recueil de pensées philosophiques – présentées sur un ton généralement léger – semble évoquer ici l'amour plutôt comme une passion dévorante, comme un théâtre de violence infini dont l'âme du possédé est le champ de bataille.

- On pourrait parfaitement associer à cet aphorisme, s'il était déclamé par un acteur, ce qu'affirme l'un des personnages du *Temps de l'innocence* d'**Edith Wharton** : « La manière dont Mr Jackson faisait valoir chaque syllabe de cette phrase contenait un monde d'insinuations ».

- Or l'individu n'aurait jamais connu une telle passion, sans doute, sans la communauté dans laquelle, bon gré mal gré, il se trouve nécessairement embarqué. L'appartenance même à son groupe est inextricablement associée à son identité, à sa raison d'être. C'est notamment pour cette question de filiation, d'origines, de place à tenir (tenir son rang pour Archer, protéger Thèbes pour Etéocle, Argos pour Pélasgos), que la société ne saurait se dissocier des destins individuels des personnes qui la composent, quels que soient leurs efforts pour s'en échapper.

- En ce sens, le monde auquel nous appartenons, en tant que personne, nous conditionne et structure autant qu'il apparaît comme notre terrain de jeu, c'est-à-dire comme un espace de liberté : c'est aussi une sorte d'enfer, ou bien de purgatoire, selon les circonstances et les situations rencontrées. L'illusion de liberté se dissipe, par excellence, dans les moments de passion, où – ainsi que nous l'apprend **Spinoza** notamment – nous apercevons l'existence des causes extérieures qu'ordinairement, pour notre bien-être sans doute, nous ignorons. Au fond, le dilemme serait le suivant : entre science et bonheur, comment choisir ?

Enjeux du sujet

1. Le premier enjeu serait de définir cette passion qui accapare le sujet : déterminer quelles sont ses manifestations, quels sont ses symptômes.

2. Le second enjeu revient à déterminer les causes d'une telle passion, ou du moins ses origines. En particulier, il s'agira d'élucider ces liens qui justement assujettissent l'individu à sa communauté, ces causes extérieures qu'il croit pouvoir effacer qui, sans cesse, le rappellent à l'ordre – doucement ou de force. Nous aurons donc à nous demander pourquoi cette passion se révèle toujours contrariée, empêchée.

3. Un troisième sera d'identifier les choix qui s'offrent au sujet plongé dans une telle situation de passion. Il s'agira donc de décider si l'appartenance à telle ou telle communauté serait à la fois l'origine de la passion, et la source même de la guerre (qu'elle soit intérieure ou bien ouverte), ce qui expliquerait en même temps sa défaite annoncée.

PROBLÉMATIQUE

- La passion, loin d'être surmontable, s'apparente-t-elle à une guerre ?
- Inversement quelle serait la nature des passions qu'engendre une guerre, au sens littéral, comme au sens figuré ? Quelles qualités et quelles énergies sont-elles nécessaires pour y faire face ?

ANNONCE DU PLAN

I. Comment se manifeste la passion, par quels signes ? Par quels aspects visibles le sujet se retrouve-t-il ainsi en guerre, en lui-même et avec les communautés dont il dépend ?

1. Un état dont le sujet n'est pas le maître : L'essence du sujet s'exprime dans des états qui reflètent, de façon physique ou chimique, les causes extérieures comme pourrait le dire **Spinoza**, éclairé par Deleuze. Étéocle « supplie » le chœur des vierges de l'aider à protéger Thèbes, il implore les dieux primordiaux, Zeus et même Gaïa, la déesse-mère à l'origine du monde, de tous les dieux et de tous les êtres.

2. Mais aussi une situation intérieure qui oblige l'individu à la confrontation à lui-même, et à sa ou ses communautés : Dès le début des *Suppliantes* le roi d'Argos expose aux Danaïdes son dilemme : sauver les jeunes femmes ou sauver Argos. Étéocle dès l'ouverture des *Sept contre Thèbes* est visiblement tiraillé entre son désir de pouvoir, la nécessité morale de sauver la Cité de Thèbes, et l'héritage de son père Œdipe lesté d'une origine plus lointaine et plus puissante, celle de la malédiction pesant sur les Labdacides.

II. Quelles sont les origines de la passion, comment s'explique-t-elle ? Quels dilemmes l'animent et pourquoi ? Quel écheveau d'allégeances et de contradictions est-il en son cœur ?

1. La passion reflète la sensibilité et le caractère du sujet : Le roi d'Argos, Pélasgos, semble essentiellement préoccupé par le bien-être de sa Cité, mais reconnaît aussi le devoir d'hospitalité et se passionne pour le sort inquiétant des Danaïdes. Étéocle, quant à lui, perd tout contrôle lorsque la rivalité contre son frère Polynice ressurgit, il ne se possède plus lui-même, il devient comme l'instrument de la malédiction.
2. Cette passion est d'autant plus violente et contradictoire que les allégeances aux communautés sont fortes : Étéocle obéit à une triple allégeance qui ne peut que multiplier ses contradictions, l'impératif politique et citoyen l'obligeant à protéger Thèbes, son ambition personnelle liée à la jalousie qui l'oppose à son frère, et la fraternité militaire, celle de la communauté des guerriers ; sans oublier une quatrième cause extérieure, sous-jacente, l'assujettissement à la malédiction qui frappe sa famille. Newland Archer est tiraillé entre les obligations dues à sa famille, notamment l'obéissance à sa mère, l'admiration qu'il éprouve toujours pour May, et pour ce qu'il suppose être une candeur et une naïveté juvéniles, et la passion qu'il éprouve de plus en plus pour Mme Olenska (symbole peut-être de la liberté, de l'appel de l'étranger, cette terre idéale que serait l'Europe, en particulier Paris).

III. Quelles conséquences vont-elles découler de cet affrontement autant interne qu'externe ? Le dénouement mortel, ou du moins tragique, d'une telle passion insurmontable

1. La mort comme moyen honorable de mettre fin au dilemme : La mort réelle d'Étéocle, qui obtient en quelque sorte son salut par le suicide ; celle symbolique de Pélasgos qui condamne sa Cité d'Argos – non automatiquement à la mort – mais à une guerre certaine contre l'Égypte. Enfin la disparition volontaire de Newland Archer, qui refuse l'idylle arrangée par son épouse avec la Comtesse Olenska, enfin accessible, comme si les interdits levés la passion devait soit périr, soit s'interdire elle-même pour survivre.
2. La loi divine, supérieure à la loi humaine : Comme l'indique avec force **Spinoza**, la liberté de penser ne doit pas interférer avec les usages moraux et politiques. En conséquence, ce que disent les dieux ne peut pas être attribué aux hommes, et la liberté de philosopher est imprescriptible. De même, quels que soient leurs efforts, les héros décrits par **Eschyle** ne peuvent rien contre la volonté de Zeus, bouche d'ombre, abîme insondable.

Introduction

Si les hommes étaient des dieux, alors les conflits n'existeraient tout simplement pas : entre eux, comme durant l'Âge d'or, il n'y aurait que paix et volupté ; mais Zeus a repris le feu sacré aux hommes, et c'est le larcin prométhéen, suivi de sa punition éternelle exécutée par Héphaïstos, qui a précipité les hommes hors de l'Âge d'or, et les assujettit au travail, à la souffrance, et aux inconvénients de la technique.

Concernant leurs relations sociales, et en particulier les liens amoureux, **Eschyle**, comme **Spinoza** et **Edith Wharton** s'accordent à constater leur extrême complexité – et surtout le caractère trompeur et illusoire de la passion. Que l'on soit misérable ou richissime, simple ou puissant, l'être humain semble condamné à ignorer les causes extérieures qui motivent réellement son action ; la condition humaine semble vouée, en dernière instance, à l'obéissance aux dieux et à l'oubli de soi-même, au sacrifice de ses propres désirs.

I. Les signes par lesquels se manifeste la passion ; les aspects visibles montrant que le sujet se retrouve ainsi en guerre, en lui-même et avec les communautés dont il dépend

1. Un état dont le sujet n'est pas le maître

En particulier, rien ne peut présager de l'advenue d'un malheur si les dieux ont forgé une imprécation contre les hommes ; l'entrecroisement des destinées humaines n'est visible qu'aux oracles, mais ceux-ci restent codés, incomplets, parcellaires. De plus, pour **Spinoza** l'appartenance à différentes communautés est compliquée par le fait que tout individu est composé d'autres individus, indiscernables les uns aux autres : le sujet est opaque à lui-même, il ne peut se libérer, sauf à ignorer les causes extérieures qui le déterminent.

L'essence du sujet s'exprime dans des états qui reflètent, de façon physique ou chimique, les causes extérieures comme pourrait le dire **Spinoza**, éclairé par Deleuze. Étéocle « supplie » le chœur des vierges de l'aider à protéger Thèbes, il implore les dieux primordiaux, Zeus et même Gaïa, la déesse-mère à l'origine du monde, de tous les dieux et de tous les êtres.

2. Mais aussi une situation intérieure qui oblige l'individu à la confrontation à lui-même, et à sa ou ses communautés

En effet, dès le début des *Suppliantes* le roi d'Argos expose aux Danaïdes son dilemme : sauver les jeunes femmes ou sauver Argos. Étéocle dès l'ouverture des *Sept contre Thèbes* est visiblement tiraillé entre son désir de pouvoir, la nécessité morale de sauver la Cité de Thèbes, et l'héritage de son père Œdipe lesté d'une origine plus lointaine et plus puissante, celle de la malédiction pesant sur les Labdacides.

Newland Archer, lui, semble attaché à préserver les usages de la haute société dans laquelle il vit, dont il bénéficie de tous les privilèges ; et, en même temps, il souhaite comme extorquer une part de liberté supplémentaire, en érigeant au moins en son tréfonds, en son inconscient, un autel ou un piédestal pour l'idéal qu'il se fait de Madame Olenska. On voit aussi les compromis qu'il obtient en marchandant avec son associé, ce qui lui permet d'aménager son emploi du temps à bon compte – les mensonges lui semblent moins graves que le renoncement à sa passion.

II. Les origines de la passion, comment celle-ci s'explique. Les dilemmes qui l'animent et leurs raisons. Un écheveau d'allégeances et de contradictions en son cœur

1. La passion reflète la sensibilité et le caractère du sujet

Ainsi le roi d'Argos, Pélasgos, semble essentiellement préoccupé par le bien-être des citoyens et de la Cité, mais reconnaît aussi le devoir d'hospitalité et se prend de pitié pour le sort inquiétant des Danaïdes. Étéocle, de son côté, ne connaît plus aucun libre-arbitre lorsque la rivalité contre son frère Polynice s'impose à lui, il ne se possède plus lui-même, il devient comme l'instrument de la malédiction : « Ô lamentable race d'Œdipe, ma race ! hélas ! c'est aujourd'hui que s'accomplissent les imprécations d'un père » (trad. Chambry, p. 87).

May Welland, dans *Le Temps de l'innocence* (éd. Diane de Margerie, p. 155), déclare à Newland Archer : « Je voulais vous dire que, quand deux êtres s'aiment véritablement, je comprends qu'il puisse y avoir des situations qui donnent le droit d'agir contre l'opinion publique… » ; les compromis, voire les trahisons, contrairement à la croyance de naïveté qu'Archer attribue à sa fiancée, ne sont donc pas inconnus de May Welland, elle a une très forte maturité au contraire.

2. Cette passion est d'autant plus violente et contradictoire que les allégeances aux communautés sont fortes

Étéocle obéit à une triple allégeance qui ne peut que multiplier ses contradictions, l'impératif politique et citoyen l'obligeant à protéger Thèbes, son ambition personnelle liée à la jalousie qui l'oppose à son frère, et la fraternité militaire, celle de la communauté des guerriers ; sans oublier une quatrième cause extérieure, sous-jacente, l'assujettissement à la malédiction qui frappe sa famille.

Newland Archer, dans ce qu'il éprouve, est tiraillé entre les obligations dues à sa famille, notamment l'obéissance à sa mère, l'admiration qu'il éprouve toujours pour May, et pour ce qu'il suppose être une candeur et une naïveté juvéniles, et la passion qu'il éprouve de plus en plus pour Mme Olenska (symbole peut-être de la liberté, de l'appel de l'étranger, cette terre idéale que serait l'Europe, en particulier Paris). Notons l'ironie d'**Edith Wharton**, lorsqu'elle remarque l'indépendance des gens de lettres dont elle fait elle-même partie : « la région hétéroclite où vivaient des artistes, des musiciens et des "gens qui écrivent". Ces échantillons épars de l'humanité n'avaient jamais essayé de s'amalgamer avec la société » (*Le Temps de l'innocence*, éd. Diane de Margerie, p. 115).

III. Les conséquences qui vont découler d'un tel affrontement autant interne qu'externe : le dénouement mortel, ou du moins tragique, de cette passion insurmontable

1. La mort comme moyen honorable de mettre fin au dilemme

Dans les *Sept contre Thèbes*, c'est le combat fratricide et le meurtre réciproque entre Polynice et Étéocle qui met définitivement fin au conflit. Le conflit intérieur d'Étéocle ne cesse donc qu'avec sa propre vie, et l'achèvement de la malédiction qui accompagnait déjà Œdipe leur père : « la terre a bu le sang des deux rois frères tués l'un par l'autre », trad. Chambry, p. 91.

Cependant, chez **Edith Wharton**, la fin du conflit intérieur, et de la rivalité entre les deux aimées, rivales autant qu'alliées l'une à l'autre, May Welland et Ellen Olenska, prend fin davantage dans le contrat concret imaginé par elles que dans le renoncement intérieur de Newland Archer – qui est peut-être un prolongement volontaire de son rêve. L'inconscient semble maître de cet anti-héros, ce qui lui fait nonobstant choisir la vie. Notons que lorsqu'Einstein est appelé par la Société des Nations à choisir un débatteur afin de réfléchir à une méthode pour mettre définitivement fin aux guerres, c'est sur Freud que porte son choix : une science de l'âme humaine pense-t-il serait possible dans la psychanalyse, qui permettrait un jour la réconciliation des peuples.

2. La loi divine, supérieure à la loi humaine

En effet, comme le constate **Eschyle** : « ce sont les dieux qui accordent la victoire aux mortels » (*Les Sept contre Thèbes*, trad. Chambry, p. 86) : le chef de guerre a donc obligation de moyens, non de résultats, puisque le sort ultime de la bataille lui échappe totalement. Le dénouement insiste sur le rôle prodigieux d'Antigone, femme forte à l'intégrité absolue, qui veille à respecter la loi divine, contre les hommes et leur soif de pouvoir : il faut enterrer Polynice, car il n'est pas du ressort des hommes de condamner au-delà de la mort.

On peut objecter, avec **Edith Wharton**, qu'il suffit parfois de constater qu'on est simplement « vieux jeu », que la vie n'est qu'une succession d'illusions, et qu'il est plus important de faire vivre en soi les illusions qui nous sont les plus chères, peu importe la réalité : « Lui, il avait vécu avec son souvenir; mais autour d'elle il y avait eu toute une société, toute une vie. » (*Le Temps de l'innocence*, éd. Diane de Margerie, p. 302). C'est au sujet, à l'individu seul finalement, de décider où et quand s'arrête ou continue sa propre passion.

Mais la puissance des dieux est au-dessus de tout : « Souvent, quand l'homme est abattu par le malheur et qu'une douleur amère étend un nuage sur ses yeux, c'est un dieu qui le relève » (*Les Sept de Thèbes*, trad. Chambry, p. 77).

Et si les dieux ne sont pas pour nous une réalité, alors la philosophie, ainsi que nous l'enseigne **Spinoza**, par une connaissance plus adéquate de nos états, nous permettra d'ajuster nos prétentions au niveau de notre essence réelle : « chaque chose s'efforce de persévérer dans son état, autant qu'il est en elle, et cela sans tenir compte d'aucune autre chose, mais seulement d'elle-même » (*Traité théologico-politique*, chap. XVI, trad. Appuhn, Coll. Bouquins, p. 733).

Si on suit les idées de Kant, par exemple, la guerre serait une ruse de la raison pour faire advenir une « société des nations », ou une république qui concernerait l'humanité entière – les conflits entre États n'étant que des péripéties dommageables en elles-mêmes – mais dont le mal radical apparent peut être dépassé par un point de vue supérieur, un plan secret de la nature.

Conclusion

Ainsi que l'indique l'ensemble des œuvres au programme, les *Sept de Thèbes* et les *Suppliantes* d'**Eschyle**, le *Temps de l'innocence* d'**Edith Wharton** et le *Traité théologico-politique* de **Spinoza**, notre appartenance à différentes communautés conduit bien souvent à des guerres à la fois intérieures, subjectives, aussi bien qu'extérieures, objectives, dont il faut assumer les conséquences.

Cette conflictualité, toutefois, devrait conduire à substituer aux passions une action de l'âme, la quête d'une connaissance du troisième genre, et si la science intuitive reste impossible, au moins une connaissance rationnelle du second. L'analyse des œuvres au programme peut y conduire, et nous procurer cette paix de l'esprit qui est un travail constant sur soi-même, non sans débattre et échanger avec nos semblables.

Vers quelle compréhension de soi les épreuves de l'existence, dont les passions en sont les symptômes, peuvent-elles nous conduire ? Les communautés qui nous structurent peuvent-elles se subsumer sous une communauté plus vaste, universelle, celle de l'humanité tout entière ?

Autour de l'adaptation filmique par Martin Scorsese (1993) du *Temps de l'innocence*

PHILIPPE HENRY

Un Scorsese étonnant dans son apparente douceur, sans violence physique

Le nom même de Martin Scorsese, réalisateur américain multirécompensé, new-yorkais d'origine italienne, évoque *Les Affranchis* (1990) le film-référence autour de la mafia, ou bien *Casino* (1995) qui narre les déboires d'un patron de Las Vegas, ou encore *Gangs of New York* (2002) lequel brosse l'histoire du milieu irlandais à Five Points vers 1860; Scorsese, c'est aussi *Taxi Driver* (1976) avec Robert de Niro alors jeune, son acteur fétiche, son « frère qui n'a pas le même nom » (selon la formule de Jean-Pierre Bacri pour désigner les réalisateurs Olivier Nakache et Éric Toledano), sorte d'errance jazzy tournant au massacre frénétique, où il esquissait déjà le portrait d'un personnage tiraillé entre une pseudo-représentation de justice et la violence la plus extrême. Mais Martin Scorsese sait aussi rendre hommage au cinéma de l'enfance, aux films éternels des pionniers, comme dans *Hugo Cabret*, en 2011, qui évoque la figure française de Georges Méliès (Ben Kingsley).

Ainsi apparaît dans sa filmographie, telle une pépite paisible, son adaptation du *Temps de l'innocence* d'**Edith Wharton**, en apparence du moins : une fresque historique et sentimentale sans violence physique, où la Grande Guerre mondiale de 1917 (du point de vue américain) semble totalement absente. Dans la vraie vie, c'est le contraire : plusieurs de ses écrits ont pour objet spécifiquement la Grande Guerre, comme *Un fils sur le front* (1923, soit trois ans après *Le Temps de l'innocence*) ou le retour à la maison des soldats, le traumatisme causé par les combats et l'horreur de la guerre comme dans *The Marne* (1918). Ces récits témoignent de l'engagement d'**Edith Wharton** pour couvrir journalistiquement les lignes de front, afin d'informer les Américains; l'autrice s'est même occupée personnellement de recueillir et soigner des soldats blessés, de fournir refuges et hébergements sur ses propres fonds pour eux; ses efforts et son courage ont été récompensés par une Légion d'Honneur de la France.

Dans son adaptation, Scorsese privilégie l'importance du rythme et du montage, qui mettent en valeur le désir et les passions chez les personnages, en particulier masculins; la scène de l'opéra qui ouvre le film est hachée par les mitraillages voyeurs des lunettes de théâtre, avec des raccords syncopés, qui fixent les objets du désir masculin, en particulier les projecteurs qui seront braqués sur la « scandaleuse » Madame Olenska, interprétée par Michelle Pfeiffer. Les conciliabules entre hommes, en fumant le cigare, ressemblent à des réunions d'état-major, où les femmes sont comme des cibles potentielles, secrètes croient-ils, dans une sorte de solidarité masculine de club. Malgré la voix-off féminine, qui pourrait être celle même de la narratrice, c'est-à-dire l'autrice elle-même, **Edith Wharton**, Scorsese opère donc une sorte de masculinisation du récit, du seul fait d'insister sur le point de vue de Newland, qu'il fait sien.

Une scène de travelling abrégé par des fondus, et pivotant en léger panoramiques suivant l'escalier dans la maison de Mme Manson Mingott (aménagée essentiellement au rez-de-chaussée, à cause de sa corpulence) montre toute une série de tableaux : surtout des portraits de chiens faisant suite à ceux qui peuplent la couche depuis laquelle Madame Mingott (interprétée par Miriam Margolyes, la nurse de Juliette, dans *Romeo + Juliette* de Baz Luhrman en 1996, avec Leonardo Di Caprio en Roméo, lequel deviendra, sur les conseils de Bob De Niro, comme le fils spirituel de Scorsese dans les années 2000, avec toute une série de succès dont *Aviator* en 2004 ou *Shutter Island* en 2010) reçoit ses visiteurs, mais aussi un tableau représentant des tableaux, selon le style d'accrochage ancien où les œuvres s'accumulaient du sol au plafond, de sorte à couvrir tous les murs – mais le dernier tableau sur lequel ce plan s'arrête est tout à fait significatif de la violence au moins symbolique à venir : une scène d'agression, et sans doute de meurtre, d'une femme par deux Indiens, prêts à scalper cette personne effrayée, que l'un d'entre eux tire par les cheveux tandis que l'autre, à gauche, brandit une hachette.

Ainsi le motif canin n'est peut-être pas en rien comique, car Marty, le réalisateur, a vécu pendant vingt-cinq ans avec une chienne nommée Zoe, un bichon frisé blanc, qui l'aida notamment à combattre son asthme (il restait allergique aux chats). L'animal est même apparu dans un plan de l'une de ses créations, *La Couleur de l'argent*, en 1986, sa scène préférée aimait-il à dire. Le côté débonnaire de cette amitié humain-animal rend peut-être encore plus choquante, par contraste, la violence interhumaine, finalement bien présente dans *Le Temps de l'innocence*, même si seulement par flashes, ou en filigranes successifs. La violence faite aux femmes, par les procédés que j'essaie de décrire, est absolument omniprésente, notamment dans les costumes serrés, empesés, qu'on imagine malaisés à porter. La revanche de May (Winona Ryder), en ce sens, est symbolisée par le tir à l'arc auquel elle excelle, et dont la dernière coche est dans le dispositif institué par elle auprès de leur fils : les dispositions à prendre avec Madame Olenska.

Ainsi lors d'un rendez-vous au musée entre May et Newland (lequel ne tire a contrario jamais aucune flèche), on peut observer une vitrine au premier plan avec un objet antique précieux, dont la fiche signalétique, au bas du vitrage, indique « usage inconnu ». Il y a ici une ressemblance frappante avec le style cinématographique de David Cronenberg (par exemple dans *Faux-semblants*, en 1988), à savoir une symbolique de l'horreur, de l'épouvante même, dans un objet qui pourrait être imaginaire – tandis que dans le film de Scorsese, il semble tout à fait réel, et donc encore plus inquiétant, tout à fait « l'inquiétante étrangeté » dont parle Freud.

Le moment où Newland Archer sort à la rencontre de la Comtesse, mais décide du mouvement d'un bateau comme compte-à-rebours, et de l'éventualité qu'elle se retourne, comme critère de sa décision, ce plan onirique, très esthétisant, n'est pas sans air de famille avec une scène de *Barton Fink*, en 1991, des Frères Coen, lorsque le tableau représentant la côte, la plage, la mer, devient réalité – à moins que ce ne soit le rêve qui l'envahisse. Tout se passe comme si Newland se livrait au destin, se livrait à l'Être, au lieu de décider, et comme si toute décision devait tuer son désir. Nous ne sommes pas loin de la « ligne de fuite » décrite par Gilles Deleuze, où le désir, pour accéder à une forme d'éternité, doit sans cesse être repoussé : dire « non » serait toujours plus puissant que de dire « oui ». Scorsese filme ici la mise en abyme de son propre désir d'images, s'arrêter pour toujours recommencer de nouveaux films : la souffrance de la création, au lieu de décourager, entraîne comme un mouvement perpétuel. Ainsi rien n'est consommé, tout est toujours encore possible, un peu comme dans le *Bartleby* de Melville, puisqu'à ne rien conclure, tout reste en puissance, en germe pour toujours, dans un inachèvement sans fin (la plupart des films de Scorsese restent dans cet en-suspens, dans cet époché de la fin ouverte).

Scorsese et la revanche sociale

Martin Scorsese a désiré depuis longtemps, dès les années soixante-dix, dépeindre l'histoire de l'Amérique, et singulièrement de sa ville natale, New York : pas nécessairement la Little Italy, et le monde de la mafia, comme dans *Les Affranchis* ou dans *Casino*; mais aussi l'histoire des Irlandais telle que dans *Gangs of New York*. Scorsese exprime cette tendresse pour l'étranger au cœur de la société américaine, ou bien secrètement ou même ouvertement rejeté, et qui doit toujours se battre pour se faire admettre, d'où son amour des Irlandais, des Juifs, des Noirs et des Indiens, ceux à qui la Terre ne peut plus être rendue, les sans-terres, lui qui avait toujours à se justifier de son origine italienne, sicilienne exactement (en plus de son asthme et de son 1,63 mètre bien tassé). La Comtesse Olenska est comme un de ces personnages de Dostoïevski (que Scorsese connaît dans le texte) pour qui la liberté, la force intérieure, est le seul sens possible à l'existence, voire le dernier rempart avant le nihilisme. Michelle Pfeiffer incarne la beauté et surtout l'indépendance d'esprit, cette liberté d'organiser son existence à sa guise, qu'aucune autre femme à l'époque, et même dans les années vingt lorsqu'Edith Wharton écrivit son roman, n'aurait osé revendiquer (celle des flappers aux cheveux courts). Son ingéniosité à arranger esthétiquement et pratiquement son salon est un point soigneusement noté par Archer, dans l'interprétation voulue de Scorsese par Daniel Day-Lewis : cette figure masculine est plus pacifique que le personnage du Boucher dans *Gangs of New York* mais, quand même, il serre les dents de rage lorsque la jalousie le prend, l'impulsivité se remarque dans son jeu, et le refus de revoir Madame

Olenska, alors que son fils avait tout prévu, ce renoncement à Paris, ville de l'amour par excellence, est comme une sorte de violence faite à lui-même, et une violence définitive, sacrificielle.

L'hypocrisie généralisée de toute société est un point que Scorsese a profondément dénoncé et décrit, peut-être plus subtilement dans *Le Temps de l'innocence* que dans tout autre de ses films. Quoique sans violence physique d'aucune sorte, le fait que May ait ce sourire condescendant et apitoyé pour dire « tout le monde est au courant », est une révélation particulièrement cruelle aux dires mêmes de Scorsese, avec recul sur son propre film (qu'il a pu regarder par la suite, alors que ses films des origines, *Mean Streets*, *Taxi Driver*, et *Raging Bull*, il lui est impossible de les revoir, puisque ce serait pour lui comme raviver les souffrances que ses créations lui avaient permis d'exorciser).

À l'heure d'écrire ces lignes, le film est visible sur Netflix. DVD et Blu-ray sont également disponibles.

Une première adaptation par Philip Moeller en 1934

Philip Moeller est l'auteur d'une première adaptation, avant-guerre, de l'œuvre d'Edith Wharton. Ce réalisateur est issu du monde du théâtre, ce qui se voit notamment à l'importance des dialogues filmés en gros plan, voire en plan italien (deux tiers du corps à partir des genoux). Il est connu pour deux films sortis dans la foulée, *The Age Of Innocence* en 1934, avec Irene Dunne dans le rôle de Madame Olenska, et *Break Of Hearts*, en 1935, avec Katharine Hepburn qui incarna plusieurs rôles de femmes fortes à cette époque. Deux longs-métrages où une place importante est donnée à la parole des femmes.

Le film de 1934 qui nous intéresse le plus est difficile à se procurer, car sa version restaurée en DVD n'est sortie (à ma connaissance, et au moment de la rédaction) qu'aux États-Unis, en 2011, dans la collection Warner Classics (et au format NTSC uniquement, tandis que le format vidéo en Europe et en Grande-Bretagne est le PAL) ; en revanche, le second, qui peut avoir un intérêt culturel et historique certain, est disponible sur TCM cinéma qui est la chaîne des films du patrimoine pour la Warner.

- **Patrice Begnana** : Agrégé de philosophie, a enseigné pendant dix-sept ans le français-philosophie en classes préparatoires scientifiques. Professeur en CPGE littéraire, économique et scientifique au lycée Bellevue de Fort de France en Martinique.
- **Nathalie Blaise** : Agrégée de Lettres modernes, professeure de français-philosophie en classe préparatoire scientifique au lycée Gustave-Eiffel d'Armentières (Nord). Responsable de la section « Français » dans la publication Les Citations pour gagner des points au bac (2015), puis Français, 242 citations pour gagner des points au bac (2020) aux éditions de L'Étudiant. Collaboration entre 2002 et 2010 à la revue psychanalytique Savoirs et clinique. Publication en 2004 et 2006 de deux ensembles de poèmes dans la revue L'Arbre à paroles.
- **Audrey Blind** : Agrégée de lettres modernes, licenciée de philosophie, elle enseigne en lycée ainsi qu'en CPGE scientifiques depuis 2014 à Mulhouse. Depuis 2019, elle est également membre de jury de concours. Ses travaux de recherche ont porté sur la poétique et la dramaturgie de Paul Claudel, au sujet duquel elle a publié trois articles issus de participations diverses à des colloques.
- **Brahim Boumeshouli** : Professeur agrégé de lettres, titulaire d'un Master de recherche en littérature de l'Université de Dijon, doctorant en lettres (sur l'œuvre de Jean Echenoz). Il enseigne le français-philosophie au centre des classes préparatoires aux grandes écoles, Salmane Al Farissi, à Rabat-Salé. Il enseigne Français-Philosophie au lycée d'excellence (CPGE) de Benguérir au Maroc.
- **Michel Delattre** : Agrégé de philosophie, a été tour à tour professeur de philosophie en lycée (dont classes préparatoires scientifiques) et dans le supérieur, enseignant en philosophie politique à Sciences Po Saint-Germain-en-Laye. Auteur des ouvrages *Le Devoir*, *La Raison* et *Platon* aux Éditions Quintettes, d'une édition commentée des *Méditations Métaphysiques* de Descartes aux Éditions Hatier, où il a été directeur de collection pour la Philosophie, et de contributions à des ouvrages collectifs aux Éditions Ellipses.
- **Dalie Farah** : Romancière et dramaturge. Agrégée, elle enseigne la littérature et la philosophie à des classes préparatoires au lycée Jean Zay de Thiers. Elle publie ses romans aux Éditions Grasset : *Impasse Verlaine* (2019, Poche 2021) ; *Le Doigt* (2021, Poche 2023) ; *Retrouver Fiona*, (2023, Poche 2024) Dalie Farah entreprend un travail d'écriture théâtral ancré dans sa ville : *Gens de Clermont*. Elle utilise aussi la comédie

pour aborder des sujets philosophiques comme *L'apocalypse de Suzanne* qui interroge la manière d'aimer au XXIe siècle. Elle écrit et publie aussi des critiques et des chroniques (littérature, théâtre, danse, cinéma). daliefarah.com

- **Lahoucine El Merabet** : Docteur en littérature française, Agrégé de lettres modernes, ancien élève de la faculté des lettres d'Ibn Zohr à Agadir, de la faculté des sciences de l'éducation et de l'École Normale Supérieure à Rabat, membre du Laboratoire d'études et de recherches en langue, littérature, culture et identité (LLCI) à la Faculté des Lettres et des Sciences Humaines d'Agadir, auteur de *L'écriture du temps dans Sylvie de Gérard de Nerval* (2016) , de *La Sensibilité pensante à l'œuvre dans Le Livre du sang de Khatibi* (2018), de *La vérité littéraire entre la sensibilité et la pensée chez Gérard de Nerval* (2020)et d'une trentaine d'articles littéraires et philosophiques parus aux Éditions Ellipses. Il enseigne Français-Philosophie au lycée d'excellence (CPGE) de Benguérir au Maroc.
- **Philippe Henry** : Professeur de philosophie au lycée Pierre de La Ramée à St-Quentin, après avoir été principal-adjoint d'un collège, et professeur de lettres-histoire en lycées professionnels. Auteur de 3 recueils de poésie en autoédition chez Amazon.
- **Mustapha Jbilou** : Ancien élève de l'ENS Martil au Maroc, agrégé de français et major de sa promotion, il enseigne Français-philosophie dans le centre CPGE Al Khansa à Casablanca et la communication à L'université Mohamed VI des sciences et de la santé (UM6SS). Il publie fréquemment des articles chez Ellipses.
- **Laurence Lecarpentier** : Agrégée de lettres modernes, ancienne élève de l'université de Tours et de l'université Paris-IV Sorbonne, correctrice de plusieurs concours d'écoles d'ingénieurs, elle enseigne en CPGE scientifiques depuis treize ans au lycée Vaucanson de Tours.
- **Pascal Melmoux** : Professeur agrégé de Lettres modernes, ancien élève de l'ENS Fontenay-Saint-Cloud, enseigne au Lycée Mimard de Saint-Etienne en CPGE (PT, TSI, PSI).
- **Milène Moris** : Agrégée de lettres modernes et docteure en lettres. Elle enseigne en filière scientifique en CPGE au lycée Richelieu de Rueil-Malmaison et au lycée Jacques Prévert de Boulogne-Billancourt. Sa thèse : « Vision et poésie dans l'œuvre romanesque de Sylvie Germain », a été publiée aux éditions Honoré Champion.
- **Vincent Puymoyen** : Professeur certifié de lettres modernes, enseigne au lycée Jules Lesven à Brest, interrogateur en CPGE au lycée La Pérouse-Kerichen. A publié des textes poétiques dans diverses revues ainsi que trois romans aux éditions Ovadia
- **Julie Reynaud** : Agrégée et docteur en Philosophie, enseigne en Classes Préparatoires ECG et PCSI au Lycée Joffre à Montpellier, en ECG au lycée La Merci à Montpellier. Elle est, d'autre part, chargée de cours en licence de Philosophie à l'Université Montpellier III, Paul Valéry.

- **Sophie Rochefort-Guillouet** : Ancienne élève de l'ENS en lettres classiques et de l'Institut d'Études Politique de Paris, enseigne l'Histoire comparée de l'Europe et de l'Asie et l'Histoire de l'Art à Sciences Po Paris ainsi que la Littérature à l'Université de Rouen, dans la section Humanités et Monde contemporain du département des Lettres et Sciences Sociales.
- **Christophe Rouge** : Professeur de français-philosophie en CPGE scientifique au Lycée Paul Constans de Montluçon, professeur de philosophie-culture générale en CPGE économique au Lycée Mme de Staël de Montluçon.
- **Charlotte Simonin** : Agrégée de lettres modernes, ancienne élève de l'ENS-LSH, docteure en littérature française, enseigne au Lycée Poincaré de Nancy en classes préparatoires scientifiques et littéraires. Elle est l'auteur d'une quarantaine d'articles sur les femmes auteures et sur le théâtre de l'Ancien Régime.

numérique
Impression & brochage - France
Numéro d'impression : N19367240514 - Achevé d'imprimer : juin 2024
Dépôt légal : juin 2024
IMPRIM'VERT®
PEFC
10-31-3532